Als Missionar in Grönland

Günter Fillbrunn

Als Missionar in Grönland

Johann Valentin Müller – ein vergessener Sohn Neckarhausens

Edition Ralf Fetzer

Nachweis der Umschlagabbildung:
Missionsstation Lichtenau. Aquarell von Karl Julius Spindler (1838–1918) (Herrnhuter Unitätsarchiv, GS 329); Blick auf das Schloss und die Kirche von Neckarhausen. J. Mali um 1850 (Willi Hund, Stuttgart).

Bibliografische Information der Deutschen Bibliothek
Die Deutsche Bibliothek verzeichnet diese Publikation in der Deutschen Nationalbibliografie; detaillierte bibliografische Daten sind im Internet über http://dnb.ddb.de abrufbar.

Gesamtherstellung: Edition Ralf Fetzer, 2006

ISBN 3-9809492-2-2

Druck: Hirsch Printmedien, Bretten

Edition Ralf Fetzer
Postfach 1136 · 68527 Edingen-Neckarhausen
Tel.: 06203/839375 · Fax: 06203/839376

„Darum gehet hin und lehret alle Völker
und taufet sie im Namen des Vaters und
des Sohnes und des heiligen Geistes."
(Matthäus 28,19)

VORWORT

Kurz vor seinem Weggang aus Neckarhausen im Jahr 1999 überließ der evangelische Ortspfarrer Manfred Diegel dem Autor Kopien zweier in dem kirchlichen Ortsarchiv befindlichen Dokumente. Sie enthalten die Lebensläufe des 1787 in Neckarhausen geborenen und dort aufgewachsenen Grönlandmissionars der Herrnhuter Brüdergemeine Johann Valentin Müller und seiner Frau Johanne Dorothea, geborene Glafe. Die Papiere sind dem früheren Neckarhausener Seelsorger und Pfarrvikar Dr. Erich Roth zu verdanken. Dieser hat sie 1932 auf eigene Bitte hin von der Herrnhuter Missionsdirektion erhalten. Danach hat er offenbar keine weiteren Nachforschungen über das Leben und das Werk Johann Valentin Müllers angestellt. Ungeklärt ist leider, auf welche Weise Dr. Erich Roth auf den heute in Neckarhausen vergessenen Mann gestoßen ist.

Der hochinteressante Inhalt der dem Verfasser übergebenen Papiere fesselte ihn ungemein. Er beschloss, das ungewöhnliche, ereignisreiche und erfüllte Leben des frommen Kirchenmanns, des intelligenten Autodidakten, des vielseitig begabten und tätigen Missionars und harten sowie unerschrockenen Arbeiters zu erforschen, die Ergebnisse festzuhalten, die beachtlichen Leistungen des Sohns Neckarhausens zu würdigen und damit der unverdienten Vergessenheit zu entreißen. Aufgrund seines außerordentlichen Lebenswerks ist Johann Valentin Müller eine der herausragenden Persönlichkeiten aus der Geschichte Neckarhausens. Gekrönt wird das Schaffen Müllers nicht allein von der Verkündigung der biblischen Botschaft, sondern auch von seinen exzellenten Kenntnissen der grönländischen Sprache, den teilweise in Druck gegangenen Übersetzungen fundamentaler christlicher Texte sowie von der erfolgreichen Tätigkeit als Lehrer, Erzieher und Entwicklungshelfer auf weiteren Gebieten am Rande des ewigen Eises. Sein Leben und Wirken sind festgehalten in einer Fülle von größtenteils aus eigener Hand stammenden Dokumenten. Aus ihnen sticht die an eine Abenteuerergeschichte grenzende Schilderung einer dramatischen Seereise von Dänemark nach Grönland, die er und seine Frau 1832 mitgemacht haben, besonders hervor.

Für seine Recherchen reiste der Autor nach Herrnhut/Oberlausitz, um im dortigen Archiv der Brüdergemeine die umfänglichen und ertragreichen Akten zu sichten und die relevanten Dokumente verfilmen und vervielfältigen zu lassen. Die Auswertung des mehrere tausend Seiten umfassenden Materials kostete sehr viel Zeit und Aufwand. Es war erforderlich, den Kontakt zum Unitätsarchiv für längere Zeit aufrecht zu erhalten und sukzessive von dort weitere Unterlagen und Auskünfte zu erbitten. Aus dem in Herrnhut lagernden Quellenmaterial kann auch einiges über frühere Geschehnisse in Neckarhausen in Erfahrung gebracht werden.

Da die Originale der Lebensläufe von Johann Valentin Müller und seiner Frau im Unitätsarchiv nicht mehr vorhanden sind, dürften sie 1945 während der ersten Nachkriegswirren verloren gegangen sein. Dem Autor war es eine große Freude, als er dem Archiv bei seinem Besuch Kopien der Dokumente überreichen konnte.

Zu außerordentlichem Dank verpflichtet ist der Verfasser Herrn Pfarrer i. R. Manfred Diegel für die Überlassung der beiden Lebensläufe. Ein ganz besonders herzlicher Dank geht an das Herrnhuter Unitätsarchiv, insbesondere an seinen ehemaligen Leiter, Herrn Dr. Paul Peucker, und die drei Mitarbeiterinnen Frau Ursula Hommel, Frau R. Przyluski und Frau Esther von Ungern-Sternberg für die überaus hilfreiche und unbürokratische Unterstützung bei der Durchsicht der vielfältigen Quellen, für die präzise Anfertigung der Kopien, die gewissenhafte Erledigung der Nachbestellungen und kleinerer Forschungsaufgaben, für die Beantwortung etlicher Fragen sowie für die Genehmigung zum Abdruck zahlreicher Bilder und anderer Dokumente. Dankbar ist der Autor dem ehemaligen Archivar der Brüdergemeine in Königsfeld/Schwarzwald, Herrn Heinz Burkhardt, sowie Frau Hildegard Kneis vom Stadtarchiv Ladenburg für Hinweise und sonstige Hilfen. Dank schuldet der Verfasser Herrn Professor Dr. Thorkild Kjaergaard von der grönländischen Universität Ilisimatusarfik sowie der Königlich-Dänischen Botschaft in Berlin für ihre Unterstützung bei den weitläufigen Forschungen. Dankbar ist der Verfasser Herrn Ernst Hormuth, Amtsrat i. R. der Gemeindeverwaltung Edingen-Neckarhausen, für seine Hilfe. Er sorgte für den reibungslosen Zugang zum Gemeindearchiv Neckarhausen und ermutigte den Autor, den Schwierigkeiten zu trotzen und die zeitintensive und kostspielige Erschließung des umfangreichen Materials zu Ende zu führen und mit einem Buch dem vergessenen Sohn Neckarhausens ein Denkmal zu setzen. Ein Dank gilt auch dem Kurpfälzischen Museum der Stadt Heidelberg sowie Herrn Willi Hund aus Stuttgart für die erteilten Abdruckgenehmigungen, den Apothekern Dr. Albert Borchardt aus Heidelberg und Michael Luft aus Neckarhausen, dem Institut für Geschichte der Pharmazie der Universität Marburg sowie dem Institut für Geschichte der Medizin der Universität Heidelberg für die Beantwortung von Fragen zur Pharmazie und zur Medizin im 19. Jahrhundert. Der Autor bedankt sich bei seiner Frau Erna für ihre unendliche Geduld bei der Entstehung des Buchs und für den steten Zuspruch, an dem Unternehmen festzuhalten, sowie bei seinen Kindern Frank Fillbrunn und Elke Meinecke sowie bei seinem Enkel Simon Meinecke für die kritische Durchsicht des Manuskripts und die Verbesserungsvorschläge. Ein Dank gebührt schließlich der Edition Ralf Fetzer für die Gestaltung des Buchs. Der Verfasser wünscht und hofft, dass sich die Verantwortlichen der Gemeinde Edingen-Neckarhausen in der Pflicht sehen, gleichfalls das ihrige zu tun, die Erinnerung an Johann Valentin Müller wach zu halten.

Bei der Darstellung von Müllers Leben in Grönland werden der Alltag und das Wirken des Missionars sowie sonstige Ereignisse nicht rein chronologisch, sondern in mehreren, nach sachlichen Gesichtspunkten geordneten Durchläufen geschildert. Dadurch ist der Gefahr begegnet, dass dem Leser durch ein ständiges Hin- und Herspringen zwischen Müllers breit gefächerten Tätigkeiten die Übersicht erschwert wird.

Das Werk ist weniger erzählerisch unterhaltender, sondern eher dokumentarischer Art. In dieses ist eine Vielzahl von Originalpassagen eingebaut. In ihrer manchmal antiquierten und holprigen Sprache erschweren sie zwar die Lesbarkeit des Textes, sie geben aber die Realität mit den scheinbaren Widersprüchlichkeiten unverstellt so wieder, wie sie Johann Valentin Müller, seine Frau, deren Missionsgeschwister und die anderen beteiligten Zeitgenossen erlebt und festgehalten haben. In dem Buch wird nicht nur auf die Stärken des Mannes, sondern auch auf dessen menschliche Schwächen eingegangen. Der Leser möge sich aber davor hüten, Johann Valentin Müllers Denken und Handeln ausschließlich mit der heutigen Elle zu messen. Er möge berücksichtigen, dass der Mann vor 150 bis 200 Jahren in einer Welt gelebt hat, die im Vergleich zur unsrigen in vielen Dingen so ganz anders gewesen ist. Beispielsweise muss Müllers Meinung über seinen Umgang mit den grönländischen Schützlingen auch im Licht der damaligen Zeit gesehen und entsprechend relativiert werden.

Der Autor möchte mit diesem Buch keinesfalls zugeschüttete Gräben zwischen den Konfessionen aufreißen. Er beabsichtigt nicht, das im Vergleich zu früher deutlich harmonischer gewordene und noch wachsende Miteinander der Katholiken und Protestanten Neckarhausens zu stören. Vielmehr möchte er neue Forschungsergebnisse mit lokalgeschichtlichem Einschlag zugänglich machen. Die Schilderung und Würdigung des Lebenswerks des Neckarhausener Mannes und die Beschreibung eines kleinen Segments der Kirchengeschichte sollen aber auch ein Beitrag zum Kennenlernen und Verständnis der Konfessionen untereinander und damit zur weiteren Verbesserung ihres Verhältnisses sein.

Günter Fillbrunn — Edingen-Neckarhausen, April 2006

Inhalt

Die Brüder-Unität.
Ein Einblick in die Entstehung, das Wesen und den Aufbau der Kirche

Zum besseren Verständnis des Berichts über das Leben und Wirken des Johann Valentin Müller jun. soll der Leser zunächst einiges über die Herrnhuter Brüdergemeine erfahren. Die Herrnhuter Brüdergemeine ist eine Kirche, die nach dem Ort ihrer Entstehung benannt ist. Das Wort „Gemeine" ist im 18. und 19. Jahrhundert die übliche Bezeichnung für „Gemeinde" gewesen und ist später bewusst beibehalten worden. Statt „Herrnhuter Brüdergemeine" wird auch von der „Brüder-Unität", was soviel wie „Gemeinschaft von Brüdern" heißt, gesprochen.

Die Herrnhuter Brüdergemeine hat ihre Wurzeln in dem Glauben des tschechischen Professors der Theologie und Reformators Johann Hus (geb. um 1370). Dieser wiederum vertrat die Lehren des um 1328 geborenen und 1384 gestorbenen englischen Reformators und Professors an der Universität Oxford John Wiclif. Wiclif hatte die Bibel für die einzige Richtschnur der Christen gehalten. Daher hatte er die Heilige Schrift ins Englische übersetzt und sich gegen den Anspruch des Papstes auf weltliche Macht und gegen den Ablass gewandt. Wiclif wurde 1415 auf dem Konzil zu Konstanz, also 31 Jahre nach seinem Tod, zum Ketzer erklärt. Man vernichtete seine Bücher, grub seine Gebeine aus, verbrannte sie und streute die Asche in einen Bach. Johann Hus wandte sich, gestützt auf die Schriften Wiclifs, mündlich und schriftlich gegen die Fehlentwicklungen in der herrschenden Kirche. 1412 wurde über ihn der Bann ausgesprochen. Kaiser Sigismund forderte ihn schließlich auf, sich bei freiem Geleit vor dem Konzil von Konstanz (1414–1418) zu rechtfertigen. Hus folgte der Vorladung.

Der Kaiser wurde aber wortbrüchig und ließ ihn als Ketzer zum Tod auf dem Scheiterhaufen verurteilen. Das Urteil wurde am 6. Juli 1415 vollstreckt. In der von Johann Hus ausgelösten Bewegung der „Hussiten" kam es am 1. März 1457 in Ostböhmen zur Gründung der „Brüder-Unität". Ihr Ziel war und ist es, ausschließlich nach den Worten des Neuen Testaments, insbesondere nach denen der Bergpredigt zu leben. Wanderprediger verbreiteten deren Lehre, die trotz harter Zeiten der Verfolgung zu Beginn des 16. Jahrhunderts in Böhmen und Mähren eine Blütezeit erlebte. Während der Gegenreformation wurden die Maßnahmen gegen die Brüder-Unität erheblich verschärft. Schließlich blieb von ihr nur noch ein kleines Häuflein Getreuer übrig. Der letzte Bischof war der berühmte Pädagoge Johann Amos Comenius (1592–1670). Immer wieder musste dieser mit seinen Brüdern und Schwestern vor den Verfolgern fliehen oder im Untergrund leben. Trotz vielfältiger Bemühungen gelang es Comenius nicht, im Westfälischen Frieden 1648 die offizielle Anerkennung seiner Kirche zu erreichen.

Die zentrale Persönlichkeit der Folgezeit war Graf Nikolaus Ludwig von Zinzendorf (26.5.1700–9.5.1760). Dieser verlor im Alter von 6 Wochen seinen Vater Georg Ludwig von Zinzendorf, der an einer Lungenerkrankung starb. Bereits 1702 starb Graf Nikolaus Ludwig von Zinzendorfs Großvater Nicol von Gersdorf. Schon lange vor seiner Geburt war der Großvater väterlicherseits, Maximilian Erasmus, verschieden. Von 1710 bis 1716 wurde der junge Graf im Halleschen Pädagogium des August Hermann Francke erzogen. Von 1716 bis 1719 studierte er in Wittenberg Jura und unternahm anschließend eine ausgedehnte Bildungsreise, die ihn über Frankfurt, Bacharach, Köln und Düsseldorf nach Holland, Belgien und schließlich nach Frankreich führte. Dort traf der junge Mann auch mit Elisabeth Charlotte von Orleans, die unter dem Namen Liselotte von der Pfalz bekannt ist, zusammen. Ein sehr wichtiges Ergebnis seines Unternehmens war das Kennenlernen verschiedener Religionen und die Entdeckung der ökumenischen Möglichkeiten. Im Oktober 1721 nahm er in Dresden die unbezahlte Stelle eines Hof- und Justizrats an. Dort blieb er bis 1727. Am 7. September 1722 hatte der Zweiundzwanzigjährige Erdmuthe Dorothea Gräfin Reuß aus Ebersdorf in Thüringen geheiratet.

Kurz vor seiner Hochzeit hatte Nikolaus Ludwig von Zinzendorf das Gut Berthelsdorf in der Oberlausitz übernommen. Dieses stellte er böhmisch-mährischen Religionsflüchtlingen zur Verfügung. Die Ankömmlinge errichteten hier eine Siedlung, die sie „unter des Herrn Hut“ stellten und deshalb „Herrnhut“ nannten. Doch bald traten schwerwiegende Gegensätze auf, die Zinzendorf nötigten, einzugreifen. Er entwarf Statuten und ließ sie von den Einwohnern Herrnhuts unterschreiben. Darin wurde der Ort als „eine für Brüder und um der Brüder willen errichtete Anstalt“ bezeichnet. Die Bestimmungen brachten die Bewohner dazu, ihre Standpunkte zu überdenken und sich weniger starr zu verhalten. Am 13. August 1727 konnte in einem bewegenden Abendmahl die vom Grafen von Zinzendorf herbeigeführte Versöhnung der in Glaubensfragen zerstrittenen Brüdergruppen gefeiert werden. Dieser Tag gilt als Beginn der Herrnhuter Brüdergemeine, der erneuerten Brüder-Unität.

Später entstanden neben Herrnhut weitere Brüderorte wie Gnadenfrei und Gnadenfeld in Schlesien, Niesky und Kleinwelka in der Oberlausitz sowie Herrnhaag in der Wetterau. Der letztere Standort musste nach einer kurzen Blütezeit 1750 aufgegeben werden. 1806 wurde die Niederlassung Königsfeld im Schwarzwald gegründet. Die Brüder-Unität konnte u.a. auch in Holland, im Baltikum, in England, in der Schweiz, in Dänemark und in Russland Fuß fassen.

Die Mitglieder der Brüdergemeine sprachen und sprechen sich noch heute untereinander mit „Bruder“ und „Schwester“ an. Kinder, Jugendliche, ledige Männer, ledige Frauen, Ehepaare, Witwer und Witwen waren in eigenen Kreisen, die „Chöre“ genannt wurden, zusammengeschlossen. Die ledigen Männer und Frauen wohnten in getrennten und klosterähnlichen Brüder- und Schwesternhäusern mit strenger Disziplin. Heute sind diese Lebensform und die Chöre überholt und letztere nur noch symbolisch vorhanden.

Jede Siedlung der Unität war nicht nur eine religiöse Gemeinde, sondern auch eine wirtschaftliche Einheit. In ihr bildeten Handwerks- und Gewerbebetriebe sowie der Handel die wirtschaftliche Existenzgrundlage. Florierende Geschäfte deuteten die Geschwister als Zeichen von Gottes Wohlgefallen.

Von den Brüdern und Schwestern verlangte man ein hohes Maß an Mobilität. Berufsbedingte Versetzungen von der einen Gemeine in eine andere und Berufungen in ein mit einem Ortswechsel verbundenes kirchliches Amt waren üblich. Daher spielte die Landwirtschaft wegen der mit ihr einhergehenden Immobilität keine Rolle. Neben privaten Arbeitgebern existierten in den Brüder- und Schwesternhäusern gemeineeigene Betriebe wie z.B. Bäckereien, Metzgereien, Schneider- und Schusterwerkstätten. Um 1900 arbeiteten in den Chorhäusern nur noch wenige Handwerker.

Graf von Zinzendorf wechselte nach einer theologischen Prüfung in den geistlichen Stand. Seine Theologie war von lutherischer, pietistischer und brüderischer Prägung. Am 20. Mai 1737 wurde er von David Ernst Jablonski, einem Enkel des Johann Amos Comenius, zum Bischof der Brüder-Unität geweiht. Besonderes Gewicht legte Zinzendorf auf die Mission. Die Sendboten kamen aus den Chorhäusern der Brüder. Bereits 1732 schickte die Herrnhuter Brüdergemeine die ersten beiden Botschafter Christi in die Karibik. Ab 1733 kamen als Missionsgebiete u. a. Grönland, Labrador, Nord- und Mittelamerika, Südafrika, Australien, Westtibet, Alaska und Tansania hinzu.

Die ersten Herrnhuter Missionare in Grönland waren Christian David und die Cousins Matthäus und Christian Stach. Das Missionsgebiet Grönland wurde 1899 vor allem aus finanziellen Gründen aufgegeben und die Einrichtungen wurden der dänischen Landeskirche übergeben. Im Jahr 1886 bekannten sich insgesamt 1.556 Grönländer, also rund 15 Prozent der damaligen Inselbevölkerung, zur Herrnhuter Brüdergemeine.

Die Missionare beschränkten und beschränken sich bei ihrer Tätigkeit nicht auf die Verkündigung des Wort Gottes, sondern leisteten und leisten vor Ort materielle Hilfe sowie Erziehungs- und Bildungsarbeit. Außerdem mussten sie möglichst viel zu ihrem eigenen Unterhalt beitragen. Zur besseren Vorbereitung der angehenden Missionare auf ihren Beruf wurde am 1. Februar 1869 in Niesky eine Missionsschule eröffnet.

1742/43 versuchte Graf Nikolaus Ludwig von Zinzendorf, in Nordamerika existierende deutschstämmige Gemeinschaften wie Baptisten, Ephrataner, Mennoniten, Quäker, Schwenckfelder, Tunker u.a. zur „Congregation of God in the Spirit" zu vereinigen. Die auf den Schriesheimer Alexander Mack (1679–1735) zurückgehenden Brethren, auch Tunker genannt, nahmen nur anfangs an den hierzu geführten Verhandlungen teil. Sie gaben dann aber wegen der bei einer Vermischung verschiedener Religionen bestehenden Gefahr des Verlusts ihrer Identität und wegen des dominanten Auftretens des Grafen von Zinzendorf die Mitarbeit auf. Nach dem Tod seiner Frau Erdmuthe Dorothea im Jahr 1756 heiratete Zinzendorf 1757 die Bauerntochter Anna Nitschmann aus Mähren.

An der Abschlussversammlung der im Juli 1769 in Marienborn stattgefundenen Synode der Brüder-Unität nahm Johann Wolfgang von Goethe als Gast teil. Einige seiner Eindrücke schrieb er in Teil 3, Buch 15, von „Dichtung und Wahrheit" nieder.

Die außerhalb der Ortsgemeinen lebenden Freunde der Brüder-Unität gehörten verschiedenen Konfessionen an. Gemäß dem Anliegen Zinzendorfs waren sie bemüht, sich innerhalb der etablierten Kirchen gegen die Verwässerung des Christentums zu stemmen. War an einem Ort oder Bezirk eine größere Anzahl von „Diasporageschwistern" ansässig, wurden sie zu einer so genannten „Sozietät" zusammengefasst.

Die Brüder-Unität hat heute weltweit zirka 750.000 Mitglieder; von diesen leben rund 80 Prozent in Afrika und in der Karibik. In Deutschland, wo sich etwa 7.200 Mitglieder zu ihr bekennen, ist sie eine evangelische Freikirche.

Die Gottesdienste der Brüdergemeine werden von den Mitgliedern „Versammlungen" genannt. Sie wollen so den Eindruck vermeiden, der „Dienst für Gott" beschränke sich auf die sonntäglichen Treffen der Gemeine. Vielmehr müsse das gesamte Leben als solcher gestaltet werden.

Die Versammlungen finden in einem schlichten, gewöhnlich in Weiß gehaltenen Raum, dem „Kirchensaal", statt. In ihm gibt es keine Kanzel. In der Mitte der Längsseite steht der „Liturgustisch", der auch als Abendmahlstisch dient. Im Unterschied zur evangelischen Kirche hält die Brüdergemeine das im Neuen Testament verankerte Liebesmahl. Das tun auch die amerikanischen Brethrenkirchen. Die von der gesamten Gemeine eingenommene symbolische Mahlzeit, bei der es heute Tee und süße Brötchen gibt und die mit Gesang, kurzen Musikdarbietungen und Berichten bereichert wird, dient der Förderung des Zusammenhalts und soll zum Teilen mit den Ärmeren anregen.

Neben der sonntäglichen Versammlung findet am Samstagabend für die ganze Gemeine eine Singstunde statt, in welcher aus dem 1063 Lieder umfassenden Gesangbuch um die 20 thematisch zueinander passende Verse gesungen werden.

Nikolaus von Zinzendorf (1700–1760). Ölgemälde von Antoniette Sophie Emilie von Damnitz (Herrnhuter Unitätsarchiv, GS 423).

Frauen haben Zugang zu allen Ämtern der Kirche. Der Pfarrer/die Pfarrerin heißt Gemeindiener/Gemeindienerin oder Gemeinhelfer/Gemeinhelferin. Auf der untersten Stufe der Hierarchie der Geistlichen steht der Diakon beziehungsweise die Diakona. Höherrangig sind der Presbyter beziehungsweise die Presbyterin und der Bischof beziehungsweise die Bischöfin. Sie tragen nur bei der Taufe, beim Heiligen Abendmahl und bei der Ordination einen Talar.

Die Brüdergemeine pflegt die Taufe an Kleinkindern. Mit 18 Jahren werden die getauften Jugendlichen gefragt, ob sie in der Kirche bleiben wollen. Ein Mitglied der Brüdergemeine kann auch einer anderen Kirche angehören.

Die Herrnhuter Brüdergemeine erhebt keine Kirchensteuer. Stattdessen zahlen die Mitglieder einen vom Einkommen abhängigen „Gemeinbeitrag", der in der Regel wesentlich über dem entsprechenden Kirchensteuersatz liegt. Hinzu kommen Spenden zur Finanzierung der vielfältigen Werke.

Die weltweite Brüdergemeine ist in 19 Provinzen organisiert. Diese sind: Provinz Alaska, Provinz Labrador, Nördliche Provinz in Amerika, Südliche Provinz in Amerika, Provinz Honduras, Provinz Nicaragua, Provinz Costa Rica, Provinz Jamaika, Provinz

Westindien-Ost, Provinz Guayana, Provinz Surinam, Britische Provinz, Europäisch-Festländische Provinz, Tschechische Provinz, Provinz im südlichen Tansania, Provinz im westlichen Tansania, Provinz im südwestlichen Tansania, Rukwa Provinz in Tansania und Provinz im südlichen Afrika. Darüber hinaus existieren noch das Rehabilitationszentrum der Brüder-Unität Sternberg bei Ramallah in Palästina und die Brüdergemeine in Nordindien. Die deutschen Brüder und Schwestern gehören zur Europäisch-Festländischen Provinz. Sie umfasst die Länder Dänemark, Deutschland, Estland, Niederlande, Schweden und Schweiz. Für den Zusammenhalt der 19 Provinzen sorgt die alle sieben Jahre tagende Unitätssynode. In ihr sind alle Provinzen vertreten. In jeder Provinz tritt alle zwei Jahre eine eigene Synode zusammen, in die jede Gemeine zwei Delegierte entsendet.

Um den Willen Gottes zu befragen und zu beachten, wurden früher viele wichtige Angelegenheiten wie beispielsweise die Aufnahme in die Gemeine, die Besetzung von Ämtern und die Wahl des Ehepartners durch Los entschieden. Den jungen Männern und Frauen war es also nicht erlaubt, den Partner ihrer Wahl ohne Losentscheid zu ehelichen. Vielmehr bat die Ältestenkonferenz den heiratswilligen Bruder, eine oder mehrere in Frage kommende Schwestern zu benennen. Über sie wurde dann in der

Herrnhut von der Nordseite. Lithografie von Laurin nach einer Federzeichnung von L. F. Schmuz (Herrnhuter Unitätsarchiv, TS. Mp. 3.5).

Ältestenkonferenz der Reihe nach und so lange das Los befragt, bis sich eine Zustimmung einstellte. Das Ergebnis wurde dem Bruder mitgeteilt. Akzeptierte er die ihm zugeloste Schwester, unterbreitete er ihr einen Heiratsantrag. Den konnte diese annehmen oder verwerfen. Manche Brüder waren so ergeben, dass sie keine Vorschläge machten und die Auswahl der Schwester(n) völlig in das Ermessen der Ältestenkonferenz stellten. Bereits 1789 schaffte man in den Missionsgebieten das Losverfahren bei Heiraten ab. Darauf wurde dann nach und nach in der gesamten Unität verzichtet. Heute gibt es das Losverfahren nur noch bei der Zusammenstellung der jährlich von der Herrnhuter Brüdergemeine herausgegebenen und weit verbreiteten Losungen. Die Worte aus dem Alten Testament werden aus 1780 Texten herausgegriffen. Dazu wird jeweils eine Stelle aus dem Neuen Testament gestellt. Die Losungshefte erschienen 1995 in einer Gesamtauflage von 1,7 Millionen in den Sprachen Afrikaans, Amerikanisch, Balinesisch (Indonesisch), Basaa, Batak, Bulgarisch, Chichewa, Chinesisch, Dänisch, Deutsch, Englisch, Eskimo, Estnisch, Finnisch, Französisch, Hindi, Hmong, Italienisch, Japanisch, Lettisch, Miskito, Niederländisch, Odiya, Papiamento, Pedi, Polnisch, Portugiesisch, Rongmei, Rumänisch, Russisch, Schwedisch, Simalungun, Slowakisch, Spanisch, Suaheli, Surinamisch, Thai, Tibetisch, Tschechisch, Tswana, Ungarisch, Venda, Xhosa und Zulu. Die Losungen in Deutsch hatten eine Auflage von nicht ganz 1 Million.[1]

Johann Valentin Müllers Jugend. Einiges über seinen geistlichen Hintergrund und seine Zeit in der Oberlausitz

Johann Valentin Müllers Zeit in Neckarhausen

Johann Valentin Müller jun. erblickte am 1. Mai 1787 als sechstes von sieben Kindern der Eheleute Johann Valentin Müller sen. und Maria Barbara, geborene Reineli oder Remelius, in Neckarhausen das Licht der Welt. Am gleichen Tag wurde er reformiert getauft. Der Pate war Johann Adam Müller, der Bruder seines Vaters.[2] Seine Müllervorfahren lassen sich in Neckarhausen bis in das Jahr 1673 zurückverfolgen.[3]

Im Geburtsjahr des jungen Johann Valentin Müller gehörte Neckarhausen zur Kurpfalz, dessen Regent Karl-Theodor seit 1778 in München residierte. 1779 hatte Neckarhausen 503 Einwohner, 95 Wohnhäuser und 66 Scheunen.[4] Schultheiß von Neckarhausen war von 1746 bis 1786 Ferdinand Härtel. Ab 1786 bekleidete Johann Michael Keller das Amt.[5]

Um 1750 hatte sich in Frankreich der Geist der Kritik erhoben, der schließlich das ganze Volk erfasste. Zusammen mit der Freiheitsforderung von Jean-Jacques Rousseau mündete dieser in die französische Revolution von 1789, deren Prinzipien der Freiheit und Gleichheit sich über Europa und die übrige Welt ausbreiteten. Vor, während und nach den umwälzenden Ereignissen strahlten die deutschen und benachbarten Staaten im Glanz der Leistungen zahlreicher Dichter, Dramatiker, Erzähler, Komponisten und Gelehrten. Übrigens fand am 13. Januar 1782, also etwas mehr als fünf Jahre vor der Geburt von Johann Valentin Müller jun., am Nationaltheater Mannheim die Aufsehen erregende Uraufführung von Schillers „Die Räuber“ statt. Ihr wohnte der Dramatiker und Dichter selbst bei.

Johann Valentin Müller sen. hatte das Schuhmacherhandwerk gelernt. Später betrieb er in Neckarhausen neben einer Schusterwerkstatt noch etwas Landwirtschaft. Als im Ort angesehener Bürger bekleidete er die Ämter eines Gerichtsverwandten und Spritzenmeisters der lokalen Feuerwehr.[6] Johann Valentin Müller sen. war zu seiner Zeit als gottesfürchtiger und rechtschaffener Mann bekannt. In Neckarhausen oder als wandernder Geselle erfuhr er vom Glauben und Wirken Zinzendorfs. Davon fühlte er sich innerlich angesprochen und schloss sich deswegen vermutlich einem der locker organisierten Freundeskreise von Diasporageschwistern der Herrnhuter Brüderbewegung an.[7] Ein Vollmitglied der Brüdergemeine war er sicherlich nicht, sonst hätte er in einer der so genannten Ortsgemeinen leben müssen. Wahrscheinlich begegnete Johann Valentin Müller sen. in Neckarhausen oder Umgebung dem einen oder anderen „Diasporaarbeiter" der Herrnhuter Brüdergemeine. 1769 wurden 170 derartige Amtsträger eingesetzt. Sie hatten die Aufgabe, die in Deutschland in zirka 800 Orten lebenden Anhänger zu betreuen.[8] Johann Valentin Müller sen. traf sich sicherlich mit Gleichgesinnten zum Gebet, zu Bibellesungen, Textauslegungen, zum Gesang und zum Hören von Nachrichten aus der Brüdergemeine und deren Mission. Bekannt ist, dass in Neckarhausen eine Gemeinschaftspflege mit mehreren Anhängern der Herrnhuter Brüdergemeine stattgefunden hat. So hat sich 1784 der ausgesandte Bruder Duvernoy im Ort mit Gleichgesinnten getroffen. Seinem Bericht entnehmen wir: „In Neckershausen hat die überschwemmung und Eisgang eine gewaltige verwüstung angerichtet; einer von unsern Brüder daselbst hat sein Haus und Scheine" (= Scheune) „dabey verlohren; allein ich fand ihm wie alle andre geschwister, die in dem Fall gewesen sind, nemlich das" (= dass) „sie durch ihre gelaßenheit und ergebenheit in dem Wille Gottes ihren übrigen mit einwohnern" (= Miteinwohnern) „zur erbauung gewesen sind. Es traf sich gelegentlich, das" (= dass) „ich mit einem Mann daselbst von selig werden zu reden kam. Er sagte, das" (= dass) „er glaube, es wäre nicht genug, wen" (= wenn) „er die Gebothe Gottes hielt, er sich ehrlich gegen jedermann verhielt. Ich frug ihm, ob er sie den" (= denn) „hielt. Da er darauf die achsel zugte" (= zuckte), „sagte ich under andern, das" (= dass) „es mich sehr befremde, das" (= dass) „er nicht in der Bibel gelesen hatte, worauf es zum selig werden ankäm, nemlich allein durch den glauben an Jesum Christum. Ja, erwiederte er, vor diesem stund ich viel bester als jezt, indem ich gnade an meinem Herzen erfahren und mit den Brüder umgang hatte, nun aber, sezte er hinzu, weis ich nicht, ob noch gnade vor" (= für) „mir zu hoffen ist. Ich bat ihn unverzuglich, sich zu dem zu wenden, der gesagt hatte: Er wolle niemand von sich Stoßen, der zu ihm käm."[9] Namen von Teilnehmern aus Neckarhausen sind in dem Bericht leider nicht genannt.

Johann Valentin Müller sen. engagierte sich in der reformierten Gemeinde Neckarhausen und wurde ihr Kirchenvorsteher.[10] Damit war er der Empfehlung der Unität gefolgt, als Diasporaglied der Brüdergemeine aktiv in seiner Ortskirche zu wirken und sich mit seinen Fähigkeiten gegen die Verweltlichung des Christentums zu stemmen. Die Tätigkeit zielte also nicht darauf ab, der Brüdergemeine neue Anhänger zuzuführen, sondern einen Beitrag zur inneren Erneuerung der reformierten Kirche zu leisten.[11]

Woher die Mutter von Johann Valentin Müller jun. stammte, ist nicht bekannt. Sie war nie Mitglied der Brüder-Unität.[12]

Das durch den Eisgang und das Hochwasser des Jahres 1784 verwüstete Neckarhausen. Ferdinand Kobell (1740–1799) (Gemeinde Edingen-Neckarhausen; Leihgabe des Kurpfälzischen Museums der Stadt Heidelberg).

Johann Valentin jun. wuchs in seinem Geburtsort auf. Im Dorf waren damals gerade die schlimmsten Schäden des schon erwähnten verheerenden Eisgangs und des Jahrhunderthochwassers des Jahres 1784 beseitigt.[13] Zum Schutz gegen weitere derartige Katastrophen baute man neue Dämme.[14]

Die Kindheit des jungen Johann Valentin Müller war überschattet von den Wirren der beiden ersten Koalitionskriege. Kämpfende, durchziehende und einquartierte Truppen forderten in Dörfern und Städten ihren Tribut. Auch Neckarhausen wurde hart getroffen. Mehrere Schiffsbrücken waren hier teilweise für längere Zeiträume über den Neckar geschlagen. Eine stand von September 1796 bis Dezember 1797.[15] In Angst und Schrecken versetzt wurde die Bevölkerung Neckarhausens am 16. Oktober 1799, als sich österreichische und französische Reiter in der Gegend ein Gefecht lieferten. Bereits am 18. September 1799 hatten die Österreicher Neckarau und Mannheim gestürmt.[16]

Sonntags begab sich Johann Valentin Müller jun. in Begleitung seiner Eltern und Geschwister mit der Fähre oder über eine Schiffsbrücke nach Ladenburg. Dort nahmen die Familie und andere ortsansässige Protestanten im ehemaligen Mönchhof am Gottesdienst der reformierten Gemeinde teil. Dabei dürfte der Knabe Müller erstmals seinem späteren Lehrherrn begegnet sein. Johann Valentin Müller jun. besuchte ab dem sechsten Lebensjahr in Neckarhausen die reformierte Schule. In ihr lernte er bei Lehrer Scholl[17] das Alphabet, Lesen und Schreiben, Lieder und Gebete sowie die Grundrechenarten, das Einmaleins und einfache Anwendungen. Als Lesestoff benutzte man vorwiegend biblische und andere christliche Texte. Das Lernen bereitete dem intelligenten Jungen viel Freude, und er machte gute und schnelle Fortschritte. Zu seinem großen Bedauern „beschränkte sich der Unterricht [...] nur auf das Notwendigste."[18] Der Besuch der Schule war damals noch freiwillig. Erst 1803 wurde in Baden die Schulpflicht eingeführt.[19] Weshalb Johann Valentin Müller jun. in der Landwirtschaft seiner Eltern nur bis zu seinem „11. Jahr thätig sein mußte," ist unbekannt. Vielleicht gab der Vater den Nebenerwerb frühzeitig auf, oder der Sohn lernte ab 1898/1899 beim Vater die ersten Handgriffe des Schusterhandwerks. Möglicherweise ist diese Angabe in Johann Valentin Müllers Lebenslauf, den er im Alter verfasst hat, wie manches andere darin enthaltene Detail nicht ganz korrekt.[20]

Vater Müller erzählte seinen Kindern sicherlich die biblischen Geschichten und berichtete ihnen von der Herrnhuter Brüdergemeine und deren Zielen. Davon dürfte ganz besonders der junge Johann Valentin geprägt worden sein. Der sah schon bald in Jesus Christus seinen Heiland und Erlöser. In der Familie sprach man bestimmt auch über das Geschehen, das sich zirka 90 Jahre zuvor in Schriesheim zugetragen hatte: 1706 hatten sich in Schriesheim zahlreiche Menschen in der Talmühle, in Hauskreisen und auf den Straßen um den dort aufgewachsenen und bereits erwähnten Alexander Mack (dessen Mutter Anna Christina, geborene Fillbrunn, übrigens aus Neckarhausen stammte) und andere Radikalpietisten geschart. Nach der Vertreibung Alexander Macks aus seiner Heimat dauerten in Schriesheim und Umgebung die von den Behörden bekämpften Aktivitäten seiner Anhänger noch einige Zeit an. Alexander Mack fand vorübergehend in Schwarzenau an der Eder Zuflucht und sammelte eine Schar von Glaubensfreunden um sich. 1720 emigrierte er mit ihnen nach Holland und später, 1729, nach Pennsylvania. In den Vereinigten Staaten von Amerika existieren gegenwärtig noch einige auf Alexander Mack zurückgehende Brethrenkirchen. Zahlreiche Brethren halten heute durch Besuche den Kontakt mit Schriesheim, Ladenburg, Neckarhausen, Eberbach und anderen Heimat- und Wirkungsorten ihrer Vorväter aufrecht.[21]

Johann Valentin Müller jun. wurde „am Charfreytage, den 16ten April 1802" in Ladenburg von Abraham Horn, „zeitlichem ersten reformierten Prediger [...] nach abgelegtem, öffentlichen Glaubensbekäntnis der Gemeinde vorgestellt und eingesegnet" und damit konfirmiert.[22]

Aus seinem Lebenslauf erfahren wir noch Folgendes: „Nach meiner Konfirmation kam ich zu einem gottesfürchtigen Schuhmachermeister in das Städtchen Ladenburg

Blick auf das Schloss und die Kirche von Neckarhausen. J. Mali um 1850 (Willi Hund, Stuttgart).

in die Lehre. Um der damals so gefürchteten Aushebung zum Napoleonischen Kriegsdienst zuvorzukommen, wurde meine Lehrzeit nur auf 2 Jahre festgesetzt, damit ich nach Beendigung derselben bald in die Ferne gehen könnte. Indessen würde ich derselben dennoch nicht entgangen sein, wenn mir nicht der bekannte, mit meinem Vater befreundete Hofrat Jung Stilling beim Großherzog einen besonderen Freischein erwirkt hätte. Mit demselben versehen verließ ich in meinem 17. Jahr die Heimat und wandte mich, da mein Vater bereits seit längerer Zeit mit der Brüder Gemeine in Verbindung stand, nach Sachsen, um in einer der dortigen Gemeinen Arbeit zu suchen. Ende März 1804 langte ich in Kleinwelka" in der Oberlausitz „an und fand dort die gewünschte Arbeit."[23]

Die Befürchtung des Ehepaars Müller und vieler anderer Eltern, ihre wehrfähigen Söhne zum Dienst an der Waffe in einer unter französischem Oberbefehl stehenden Armee abstellen zu müssen, war berechtigt. Denn 1796 hatte der Markgraf von Baden insgeheim mit den Franzosen Frieden geschlossen und war damit aus der gegen Frankreich gerichteten Allianz ausgeschieden. Im Reichsdeputations-Hauptschluss zu Regensburg im Jahr 1803 war die Haltung des badischen Herrschers mit einer Vergrößerung seines Landes und mit der Gründung des Kurfürstentums Baden belohnt worden. Damals waren Neckarhausen und weitere Orte badisch geworden. 1806 bildeten Karl Friedrich von Baden und andere deutsche Fürsten unter dem Protektorat Napoleons den Rheinbund. Die Rheinbundakte sprach Karl Friedrich von Baden den Titel eines „Großherzogs von Baden" zu. In dem Vertrag verpflichtete sich dieser, Napoleon im Kriegsfall eine 8000 Mann starke Truppe zur Verfügung zu stellen. Unter den 450.000 Soldaten des französischen Kaisers, die 1812 nach Russland zogen, waren 150.000 Deutsche und davon über 7.000 Badener mit 13 Mann aus Neckarhausen. Letztere hatten alle in etwa das Alter des jungen Johann Valentin Müller. Es waren dies Jakob Betzwieser, Matthias Brug, Jakob Fohr, Philipp Fohr, Johann Josef Friedrich, Jakob Friedrich, Georg Graf, Michael Kinzig, Heinrich Mohr, Adam Orth, Johann Reichert, Georg Stahl und Peter Winkler. Von nur einem der ausgerückten Neckarhausener Soldaten ist bekannt, dass er das Desaster des Feldzugs Napoleons überlebt hat und in den Heimatort zurückgekehrt ist. Es ist dies der am 27. August 1785 geborene Michael Kinzig,[24] Sohn der Eheleute Michael und Margaretha (Müller) Kinzig.[25]

Die Bekanntschaft mit Johann Heinrich Jung-Stilling privilegierte Johann Valentin Müller sen., für seinen Sohn ein amtliches Schreiben zu erhalten, das diesem ermöglichte, unbehelligt das Land zu verlassen und sich dem drohenden Militärdienst zu entziehen.

Über das Leben und das Werk des Johann Heinrich Jung-Stilling[26]

Die Zugehörigkeit des Schuhmachermeisters Johann Valentin Müller sen. zum Freundeskreis des Arztes, Schriftstellers, Bewunderers der Brüder-Unität und Wegbereiters der Erweckungsbewegung Jung-Stilling, legt nahe, dass der Neckarhausener Handwerker und sein Sohn Johann Valentin jun. von dessen Religiosität beeinflusst, ja sogar geprägt worden sind. Daher soll hier auf das Leben und Werk Jung-Stillings eingegangen werden. Wegen dessen Verbindungen zur Kurpfalz und zu Baden sowie dem Bezug zu Neckarhausen soll dies etwas ausführlicher geschehen.

Johann Heinrich Jung-Stilling, der eigentlich Jung hieß und später Stilling genannt wurde, erblickte am 12. September 1740 als Sohn armer und streng pietistischer Eltern aus Grund bei Hilchenbach (Westfalen, 15 km nordnordöstlich von Siegen) das Licht der Welt. Er bildete sich teilweise als Autodidakt. Begierig las er Bücher, nahm Unterricht in Latein, befasste sich auch mit der Mathematik und baute mit primitiven

Mitteln funktionierende Sonnenuhren. Zunächst arbeitete er als Schneider sowie Schulmeister und verwaltete einige Jahre mit Erfolg eine kleine Fabrik. Zwischendurch lernte er noch Griechisch und Französisch. Von 1769 bis 1772 studierte er in Straßburg Medizin. Dort verkehrte Jung-Stilling u.a. mit Goethe, dem er auch im späteren Leben begegnete. Der große Dichter setzte seinem Kommilitonen und Tischgenossen im 9. Buch von „Dichtung und Wahrheit" ein Denkmal: „Unter den neuen Ankömmlingen befand sich ein Mann, der mich besonders interessierte; er hieß Jung, und ist derselbe, der nachher unter dem Namen Stilling bekannt geworden. Seine Gestalt, ungeachtet einer veralteten Kleidungsart, hatte bei einer gewissen Derbheit etwas Zartes. Eine Haarbeutelperücke entstellte nicht sein bedeutendes und gefälliges Gesicht. Seine Stimme war sanft, ohne weich und schwach zu sein, ja sie wurde wohltönend und stark, sobald er in Eifer geriet, welches sehr leicht geschah. Wenn man ihn näher kennen lernte, so fand man an ihm einen gesunden Menschenverstand, der auf dem Gemüt ruhte, und sich deswegen von Neigungen und Leidenschaften bestimmen ließ, und aus eben diesem Gemüt entsprang ein Enthusiasmus für das Gute, Wahre, Rechte in möglichster Reinheit. Denn der Lebensgang dieses Mannes war sehr einfach gewesen, und doch gedrängt an Begebenheiten und mannigfaltiger Tätigkeit. Das Element seiner Energie war ein unverwüstlicher Glaube an Gott und an eine unmittelbar von daher fließende Hülfe, die sich in einer ununterbrochenen Vorsorge und in einer unfehlbaren Rettung aus aller Not, von jedem Übel augenscheinlich bestätige. Jung hatte dergleichen Erfahrungen in seinem Leben so viele gemacht, sie hatten sich selbst in der neuern Zeit, in Straßburg, öfters wiederholt, so daß er mit der größten Freudigkeit ein zwar mäßiges, aber doch sorgloses Leben führte und seine Studien auf's Ernstliche oblag, wiewohl er auf kein sicheres Auskommen von einem Vierteljahre zum andern rechnen konnte. [...]"[27]

Die erste Begegnung mit Goethe schilderte Jung-Stilling wie folgt: „Des andern Mittags gingen sie," Jung und sein Begleiter Troost, in Straßburg „zum erstenmal ins Kosthaus zu Tische. Sie waren zuerst da, man wies ihnen ihren Ort an. Es speiseten ungefähr zwanzig Personen an diesem Tisch, und sie sahen einen nach dem andern hereintreten. Besonders kam einer mit großen hellen Augen, prachtvoller Stirn und schönem Wuchs mutig ins Zimmer. Dieser zog Herrn Troosts und Stillings Augen auf sich. Ersterer sagte gegen letztern: ‚Das muß ein vortrefflicher Mann sein.' Stilling bejahte das, doch glaubte er, daß sie beide viel Verdruß von ihm haben würden, weil er ihn für einen wilden Kameraden ansah. Dieses schloß er aus dem freien Wesen, das sich der Student ausnahm. Allein Stilling irrte sehr. Sie wurden indessen gewahr, daß man diesen ausgezeichneten Menschen Herr Goethe nannte." Bei der Abreise Goethes aus Straßburg schlossen dieser und Jung-Stilling „einen ewigen Bund der Freundschaft."

In Straßburg traf Jung-Stilling auch mit dem Philosophen und Dichter Johann Gottfried von Herder zusammen.

Nach dem Studium wurde Jung-Stilling Korrespondent der „Kurpfälzischen Gesellschaft der Wissenschaften." Den Arztberuf übte er zunächst in Elberfeld aus. Hier machte er sich vor allem durch Staroperationen einen Namen. Im 16. Buch von Goethes „Dichtung und Wahrheit" wird über zwei derartige Eingriffe berichtet, die Jung-Stilling im Jahr 1775 am Frankfurter Patrizier Maximilian Friedrich von Lersner und an einem Juden vorgenommen hat. In der Schilderung befinden sich aber auch kritische Anmerkungen Goethes zur Überzeugung Jung-Stillings, dass „alles, was uns vernünftigerweise Gutes begegnet, einer unmittelbaren göttlichen Einwirkung zuzuschreiben" sei, und „daß Alles, was aus unserem Leichtsinn und Dünkel [...] schlimme, schwer zu ertragende Folgen hat, gleichfalls für eine göttliche Pädagogik" zu gelten habe.[28]

Die beiden erwähnten Staroperationen sind auch in der Autobiographie des Mediziners aufgeführt. Nicht unterschlagen werden soll hier die eigentlich belanglose, aber nette Begebenheit, die Jung-Stilling festgehalten hat. Im vorangegangenen Jahr 1774 „wurde Stilling einsmals des Morgens früh in einen Gasthof gerufen. Man sagte ihm, es sei ein fremder Patient da, der ihn gern sprechen möchte. Er zog sich also an und ging hin. Man führte ihn ins Schlafzimmer des Fremden. Hier fand er nun den Kranken mit einem dicken Tuch um den Hals und den Kopf in Tücher verhüllt. Der Fremde streckte die Hand aus dem Bett und sagte mit schwacher und dumpfer Stimme: ‚Herr Doktor, fühlen Sie mir einmal den Puls, ich bin gar krank und schwach.' Stilling fühlte und fand den Puls sehr regelmäßig und gesund. Er erklärte sich auch so und erwiderte: ‚Ich finde gar nichts Krankes, der Puls geht ordentlich.' So wie er das sagte, hing ihm Goethe am Hals. Stillings Freude war unbeschreiblich. Er führte ihn alsofort in sein Haus. Auch Christine," Jung-Stillings erste Ehefrau, „war froh, diesen Freund zu sehen, und rüstete sich zum Mittagessen. Nun führte er Goethe hinaus auf einen Hügel, um ihm die schöne Aussicht über die Stadt und das Tal hinauf zu zeigen."

Einige Abhandlungen über Nationalökonomie brachten Jung-Stilling die Ernennung zum auswärtigen Mitglied der „Kurpfälzischen Staatswirtschaftlichen Gesellschaft" ein. 1778 ging er an die „Kameralschule" (= Schule für Staatswissenschaften) in Kaiserslautern, wo er als Professor den Lehrstuhl für „Landwirtschaft, Technologie, Handlungswissenschaft und Vieharzneikunde" übernahm. 1784 verlegte der Kurfürst das Kaiserslauterner Institut nach Heidelberg und gliederte es der dortigen Universität ein. An ihr setzte Jung-Stilling seine Lehrtätigkeit fort. Nebenbei führte er „seine Star- und Augenkuren wie bisher noch immer mit vielem Glück und unentgeltlich" durch.

Die erfolgreiche Lehrtätigkeit des Wissenschaftlers belohnte der Kurfürst Karl Theodor mit der Verleihung des Titels Hofrat. Außerdem ernannte ihn die „Deutsche Gesellschaft" zum ordentlichen Mitglied. Auf der Feier zum 400-jährigen Bestehen der Universität Heidelberg im Jahr 1786 hielt Jung-Stilling einen Vortrag über den „Geist der Staatswirtschaft." „Und als er [...] vom Katheder herabstieg, dankte ihm der" mit einem sechsspännigen Galawagen angereiste „Stellvertreter des Kurfürsten, der Herr Minister von Oberndorf, sehr verbindlich." Dieser Franz Albert Fortunat Leopold von Oberndorff war unter dem in München residierenden Kurfürsten Karl Theodor Statthalter in der Pfalz. Er hatte 1777 für 26.000 Gulden von Maria Magdalena Frederica Adriana von Brentano geb. von Susmann die von ihren Eltern geerbten Fillbrunnschen-Susmannschen, „zu Neckarhausen und Edingen gelegenen eigenthumliche und Administrations Erbbestands Güther samt Hauß, Hof, Scheuern und übriger Zubehörde einschließlich deren in dem Wohnhauß zu gedachtem Neckarhausen oder sonsten daselbsten annoch vorfindender Meubles und übriger Geräthschaften" erworben.[29] In den an der Speyerer Straße gelegenen Gebäuden war früher die Posthalterei Neckarhausens gewesen.

1787 wurde Jung-Stilling zum Professor der „Ökonomie-, Finanz- und Kameralwissenschaften" der Universität Marburg berufen und am 1. Januar 1792 zu deren Prorektor gewählt. Ab 1795 gab er die Zeitschrift „Der graue Mann" heraus. Auch während der Marburger Zeit operierte er kostenlos eine große Zahl Patienten am Star und verhalf dadurch den meisten von ihnen zu einer erheblichen Verbesserung ihrer Lebensqualität. Die ärztliche Tätigkeit machte so manche längere Reise nötig. Daneben führte Jung-Stilling hauptsächlich dank seiner religiösen Publikationen eine sehr rege Korrespondenz. Unvergessen blieben ihm die Worte des großen Philosophen Immanuel Kant, die dieser in einem an ihn gerichteten Brief schrieb: „Auch darinnen tun Sie wohl, daß Sie Ihre einzige Beruhigung im Evangelio suchen, denn es ist die unversiegbare Quelle aller Wahrheiten, die, wenn die Vernunft ihr ganzes Feld ausgemessen hat, nirgends anders zu finden sind."

Privat kämpfte Jung-Stilling viele Jahre mit Schulden. Da er nicht den „Kaufmannsgeist" besaß, lebte er lange, jedoch mit der absoluten Zuversicht eines unerschütterlichen Christen mit dieser Last.

Jung-Stilling hatte auch Beziehungen zur Herrnhuter Brüdergemeine. Um das Jahr 1798 wurden diese enger. Er erhielt Besuch von durchreisenden Brüdern und las viele ihrer Schriften. Jene wiederum studierten mit wachsendem Interesse von ihm verfasste Glaubensbücher. Sein theologischer Wirkungskreis wurde ständig „größer, fruchtbarer und bedeutender. [...] Zugleich nahm auch seine religiöse Korrespondenz und nicht weniger die Praxis seiner Augenkuren zu." Gleichzeitig erschien ihm der ausgeübte „akademische Beruf immer unfruchtbarer."

Nicht bekannt ist, wann, wo und bei welcher Gelegenheit der Neckarhausener Johann Valentin Müller sen. den berühmten Jung-Stilling kennen gelernt hat. Vielleicht hat er ihn nicht persönlich getroffen, sondern hat mit ihm über Glaubensfragen korrespondiert. Ist der Schuhmachermeister gar der „arme Handwerksmann aus einem von Marburg sehr weit entfernten Ort“ gewesen, von welchem Jung-Stilling am 5. Juli 1802 einen Brief erhalten hat? In der Mitteilung hat der namentlich nicht genannte Mann über einen „merkwürdigen“ Traum geschrieben. Im Schlaf habe er den Professor „auf einem großen Felde, auf welchem viele Schätze auf Häufchen umher zerstreut gelegen hätten, hin und her gehend und beschäftigt gesehen. Und er habe nun den Auftrag bekommen, ihm zu schreiben und ihm zu sagen: er solle nun alle diese Schätze beisammen auf einen Haufen tragen, dann sich dabei zur Ruhe setzen und dieses einzigen Schatzes warten.“ Die Botschaft des Briefes hat mit Jung-Stillings inneren Gefühlen „im Einklang“ gestanden. Der Traum und weitere Ereignisse, wie das Ableben des bei ihm wohnenden und dahinsiechenden Vaters, haben ihn veranlasst, die Zeichen Gottes einer bevorstehenden Änderung seines Lebens zu beachten, also die Aufgabe der Professur in Marburg anzustreben und sich künftig nur noch mit den Dingen zu beschäftigen, die ihm wichtig erschienen. Auf einer Reise in die Schweiz, die er im Jahr 1802 unternahm und bei welcher er dem Pädagogen und Sozialreformer Johann Heinrich Pestalozzi begegnete, wurde Jung-Stilling in Karlsruhe von einem Bediensteten des Hofes gebeten, beim badischen Landesherrn vorzusprechen. Der „flößte Stilling ein solches Zutrauen ein, daß er,“ Stilling, „sich geradeaus so erklärte, wie es in seinem Innern lag. Hierauf sagte der große und edle Fürst: ‚Ich hoffe, Gott wird mir Gelegenheit verschaffen, Sie aus dieser drückenden Lage herauszubringen. [...] Sie müssen von allen irdischen Geschäften und Verhältnissen ganz frei gemacht werden.‘“

1803 erfüllte sich für den frommen Gottesmann Jung-Stilling der sehnlichste Wunsch, vom Lehrauftrag entbunden zu werden, um sich ausschließlich der „religiösen Schriftstellerei,“ der Abfassung „erbaulicher Schriften für den gemeinen Mann,“ der Korrespondenz sowie den kostenfreien Staroperationen und Augenkuren widmen zu können. Der Kurfürst von Baden berief ihn als Justizrat nach Mannheim und wies ihn formell dem Kurfürstlichen Hofgericht Mannheim zu. Das Jahresgehalt wurde auf vorläufig 1200 Gulden festgesetzt. Seine Wohnung wählte Jung-Stilling in Heidelberg. Sehr bald nach seiner Ankunft in der alten Universitätsstadt am Neckar erwirkte er beim Landesherrn auf Bitten des Neckarhausener Schuhmachermeisters Johann Valentin Müller sen. für dessen gleichnamigen sechzehnjährigen Sohn einen „besonderen Freischein,“ damit jener ungehindert das Land verlassen könne. Im März 1804 bat die Brüdergemeine in der Oberlausitz Jung-Stilling, dort „Blinde und an den Augen Leidende“ zu heilen. In dieser Gegend war er bereits ein Jahr vorher gewesen. Nach einer zweieinhalbwöchigen Reise traf er am 19. April 1804 in Kleinwelka ein. Ob er dort dem Ende März angekommenen Johann Valentin Müller jun. begegnete, ist unbekannt.

Um in der Nähe seines Gönners, des Kurfürsten Karl Friedrich von Baden, zu sein, zog Jung-Stilling 1806 nach Karlsruhe. Dort starb er am 2. April 1817.

An weiteren für die Region um Heidelberg im Zusammenhang mit Jung-Stilling interessanten Details sind noch zu nennen, dass dessen Schwiegersohn Dr. F. H. C. Schwarz Großherzoglich Badischer Kirchenrat und Professor der Theologie zu Heidelberg und dessen Sohn Wilhelm Schwarz „Rektor an der Schule zu Weinheim an der Bergstraße und Diakonus daselbst" sowie später „Hofmeister und Erzieher des einzigen Sohnes unsers würdigen Staatsministers des Herrn von Berkheim" gewesen sind, und dass Jung-Stillings Tochter Karoline als Vorsteherin die Führung des Graimbergischen Instituts innegehabt hat.

Der tiefgläubige und ökumenisch gesinnte Christ Jung-Stilling lehnte in seinem „prophetischen Bewußtsein" die Vernunftreligion ab und erging sich in „apokalyptischen Spekulationen." Als begnadeter Arzt führte er in seinem Leben rund 2000 erfolgreiche Staroperationen aus. Nur wenige Eingriffe missglückten ihm. Er verfasste Romane, eine sehr stark beachtete und zu Herzen gehende Autobiographie, weitverbreitete pietistisch-mystische Erweckungsschriften, Gedichte sowie elf Lehrbücher zu den Staatswissenschaften. Den Druck des ersten Teils der Beschreibung seiner Jugend veranlasste 1777 Goethe. Das Büchlein erschien unter dem Titel „Heinrich Stillings Jugend".

Aufnahme des Johann Valentin Müller in die Brüdergemeine und einige Bemerkungen zu seinem leiblichen Bruder Georg Michael Müller

Wie vom Vater geplant, traf Johann Valentin Müller jun. in Kleinwelka mit seinem leiblichen Bruder Georg Michael zusammen. Letzterer wurde am 14. Dezember 1782 in Neckarhausen geboren und war wie sein Vater Schuhmacher.[30] Er verließ wohl aus dem gleichen Grund wie später sein Bruder, nämlich um nicht als Soldat in eine von den Franzosen geführte Armee gezwungen zu werden, bereits im Jahre 1800 seinen Heimatort Neckarhausen. Er ging zunächst zur Brüdergemeine von Neuwied, das wenige Kilometer nördlich von Koblenz liegt, um bei ihr Aufnahme zu finden. Die dortige Ältestenkonferenz verwies ihn am 18. Juni an das Aufseherkollegium, um zuerst „gesprochen" zu werden.[31] Das Gremium empfahl ihn am 27. Juni der Ältestenkonferenz,[32] die am folgenden Tag durch Los über seine Aufnahme befand. Da dabei das „Negativum" gezogen wurde,[33] riet man Georg Michael Müller, nach Niesky in der Oberlausitz zu gehen. Die Ältestenkonferenz dieser Gemeine nahm sich am 6. September 1800 ausführlich seines

Gesuchs an. Im Protokollbuch ist dazu u. a. Folgendes vermerkt: „Von Neuwied wird ein lediger Schumacher Georg Michael Müller, aus der Pfalz gebürtig, wegen seines Verlangens zur Gemein mit einem guten Zeugnis hieher empfohlen. Unsre Schumacher sind zwar hinlänglich besorgt. Der Bruder Bratke aber will seiner schwachen Augen wegen von hier, wo hauptsächlich Schuhe und leichte Stiefeln gefertigt werden, weg nach Schlesien etwa nach Gnadenbg. gehen, wo gröbere Arbeit, als Reuterstiefel etc., wie er hofft, gemacht werden," weshalb „dann ein Platz offen wird. Wir fragten also, ob der ledige Georg Michael Müller Erlaubniß erhalten solle, bey hiesiger Gemeine zu wohnen und zogen aus 3 Looßen das" leere Los, „dessen Bedeutung war, daß er zuerst nach Herrnhut empfohlen werden soll. Dieses war von Neuwied gewünscht worden, wenn er hier nicht Erlaubniß erhalten solte."[34] Schon am 8. September musste auch die Ältestenkonferenz von Herrnhut aufgrund eines Losentscheids Georg Michael Müller „aus Neckerhausen in der Pfalz" das Wohnrecht verweigern.[35] Daraufhin befasste sich die Ältestenkonferenz von Niesky am 13. September 1800 erneut mit dem Fall und zog „aus 3 Looßen das Negativum."[36] Auf Empfehlung des Namensvetters Constantin Müller aus Niesky gelang es Georg Michael Müller am 20. September 1800 das „Ja" für das Wohnrecht in Kleinwelka zu erhalten. Nach einem vergeblichen Anlauf genau drei Monate danach schaffte er am 3. Januar 1801 die Aufnahme in die dortige Gemeine.[37]

Kleinwelka um 1850. Lithografie von Möckel/Renner/Ketzschau (Privatbesitz).

Ende 1800 weilte Georg Michael Müller für eine kurze Zeit in Neuwied und Neckarhausen. Das wissen wir aus dem Bericht des Bruders Adam Heisser „von seinem Besuch unter unsern auswärtigen Geschwistern und Freunden in der Wetterau, dem Vogelsberg und einem Teil der Pfalz in den letzten Monaten des Jahres 1800." Dort lesen wir u.a.: „Und da ich wegen Familien-Angelegenheiten eine Reise in die Pfalz zu thun hatte, so verband ich diese miteinander und reiste zu dem Ende den 20ten October in Gesellschaft der beyden Brüder Sebastian Gund und Georg Michael Müller von Neuwied ab. Beyde Brüder hatten zum Zweck, ihre Eltern in der Pfalz zu besuchen. Wir kamen den 21ten in Franckfurt bey Bruder Sprenger an und ruhten den 22ten daselbst aus. Ich besuchte hier unter andern auch den Pfarrer Claus. [...] Den 23ten besuchten wir in den Mittagsstunden einige Brüder in Darmstadt und trafen Abends in Weinheim ein. Den 24ten früh verließ uns Bruder Müller und ging nach Neckerhausen zu seinen Eltern, und wir trafen zu Mittag bey den Brüdern in Handschusheim ein."[38]

Ergänzend sei hier Folgendes angemerkt: Anna Barbara (Schrank) Seitz, Tochter des Handschuhsheimer Ehepaars Johann Michael und Anna Barbara (Mutschler) Schrank und Witwe des Johann Georg Seitz,[39] erhielt am 18. Juni 1800 von der Ältestenkonferenz Neuwied die Erlaubnis, in ihrer Gemeine zu wohnen. Die Witwe hatte bereits 1797 ihr Anliegen vorgebracht, aber keine Erlaubnis erhalten. „Da sich aber seitdem ihre Umstände wesentlich geändert" hatten, „indem sie nicht nur alles das Ihrige verkauft" hatte, „sondern auch noch fester in ihrem Entschluß geworden" war, „ihre noch übrigen Tage in der hiesigen" (= Neuwieder) „oder in einer andern Gemeine zu verbringen," hatte die Neuwieder Ältestenkonferenz am 10. Mai 1800 ihre Bitte erneut behandelt. Diesmal war „ein leeres Loos" gezogen worden, „welches bey der Untersuchung" hatte sagen wollen, „daß die Frage noch anstehen soll."[40]

In Kleinwelka fiel Georg Michael Müller seinen Geschwistern im Glauben offenbar sehr bald positiv auf. Denn bereits am 30. August 1801 übergab „Bruder Baumeister" der Ältestenkonferenz von Kleinwelka „ein Promemoria" (= Voranfrage) „des Bruders Hübner [...], worin er anfragt, ob er die zwey ledigen Brüder Georg Pirkar und Georg Michael Müller" als Missionare „für Litiz in Nordamerika könne in Vorschlag nehmen lassen. Vom ersteren bitten wir," die Mitglieder der Ältestenkonferenz Kleinwelka, „abzusehen [...]. Letzterem ist es angetragen worden. Er hat sich auch geneigt dazu erklärt, nur ist der Consens seiner Eltern dazu nöthig, weil er noch nicht mündig ist." Am 24. Oktober 1801 nahm die Ältestenkonferenz Kenntnis von der ablehnenden Haltung des Vaters. Wenige Monate vor seinem 21. Geburtstag, es war am 28. September 1803, ergriff Georg Michael Müller die Initiative und bewarb sich „zum Dienst des Heylands unter den Heiden."[41] Zu seiner Aussendung kam es jedoch nicht.

Nun wollen wir uns wieder Johann Valentin Müller jun. zuwenden. Bald nach seiner Ankunft in der Oberlausitz im Frühjahr 1804 bemühte er sich um die Aufnahme in die Brüdergemeine von Kleinwelka. Die dortige „Ältestenkonferenz“ verwies am 6. Juni 1804 seinen Antrag an das „Aufseherkollegium“. Im zugehörigen Protokoll ist dazu vermerkt: „Es ist seit ein paar Monaten ein lediger Schumacher Müller, 17 Jahr alt, aus der Pfalz hieher gekommen, um die Gemeine kennen zu lernen. Derselbe hat nun sein Verlangen, ein Mitglied der hiesigen Gemeine zu werden, angebracht und wird deshalb in dem nächsten Aufseher-Collegio gesprochen werden.“[42] Das Gremium behandelte am folgenden Tag das Anliegen Müllers wie folgt: „Erschien der ledige Valentin Müller aus Neckerhausen in der Pfalz vor dem Aufseher Collegium und legte sein Verlangen, ein Mitglied der Gemeine werden zu wollen, dar. Er ist 1787, den 1. May, geboren, hat die Schuhmacher Profession bey seinem Vater, der ein Bruder ist, gelernt. Seine Mutter, welche auch noch lebt, ist in keiner Connexion mit Geschwister, hat dem ohngeachtet nichts dagegen, wenn er Erlaubniß in die Gemeine krigt. Die eigentliche Veranlassung, seine Heimath zu verlassen und auf die Wanderschaft zu gehen, war die Furcht vor den Soldaten. Beym Abschied von seinen Eltern rieth ihm der Vater, seinen einzigen“ leiblichen „Bruder hier zu besuchen. Dieses befolgte er und kam vor Ostern“ 1804 „hier an. Hier hat er nun bisher auf seiner Profession gearbeitet, sich still und ordentlich betragen, fleissig die Gelegenheiten besucht und seinem Pfleger oft zu erkennen gegeben, daß er sehnlich wünsche, hier zu bleiben, um das Gute mit geniessen zu können. Eben dieses bezeugte er auch heute vor dem Aufseher Collegium. Auf die Frage, ob er die Gemeine Ordnungen gelesen, antwortete er: ‚Ja, ich habe sie zweymal mit grossem Bedacht gelesen. Sie gefallen mir sehr und ich will alles gern befolgen und vor dem Heiland leben.‘ Man führte ihn hierauf an, daß unser einziger Zweck sey, im Eigenthum Jesu zu seyn und für Ihn zu leben und nach Seinem Wort und Vorschrift einher zu gehen. Auf die Anmerkung, daß man auch draußen selig werden könne, erwiederte er: ‚Aber man ist da vielen Verführungen ausgesetzt und hört nicht so viel Gutes als in der Gemeine.‘ In Verbindungen hat er sich nicht eingelassen. Ihm ists einerley, in welche Gemeine ihm der Heiland Erlaubniß schenkt. Er wurde mit der liebreichen Ermahnung, sein Anliegen dem Heiland im Gebet vorzutragen, entlassen. Das Collegium hatte keine Bedenken, ihn der Ältestenconferenz zu empfehlen, daß sein Verlangen dem Heiland vorgelegt werde.“[43] Die obige Behauptung, dass Johann Valentin Müller bei seinem Vater das Schuhmacherhandwerk gelernt habe, steht in einem gewissen Widerspruch zu der im Lebenslauf enthaltenen Bemerkung, wonach sein Lehrherr ein Ladenburger Meister gewesen sei.[44]

Einem Gesuch, in die Gemeine aufgenommen zu werden, ging immer die Frage voraus, ob der Antragsteller überhaupt in dem Ort wohnen darf. Die Ältestenkonferenz von Kleinwelka behandelte Johann Valentin Müllers Anliegen am 13. Juni 1804. Wie in allen anderen derartigen Fällen versuchte sie, durch Ziehen eines von drei Losen den Willen Gottes zu ermitteln. Das eine Los bedeutete die Annahme, ein anderes die Ablehnung des Bewerbers. Wurde das dritte Los gezogen, verschob man die Entscheidung. Im Protokoll des Müllerschen Antragsverfahrens lesen wir: „Wir fragten daher mit 3 Loosen, ob der Heiland approbier“ (= billige), „daß dem ledigen Schumacher Valentin Müller aus Neckershausen Erlaubnis ertheilt werde, in hiesiger Gemeine zu wohnen.“ Da das Ablehnungslos gezogen wurde, musste Müller den Ort verlassen.[45] Dieser wandte sich nun an die Ältestenkonferenz von Niesky, die am 30. Juni 1804 „dem Heiland die Frage über seine Erlaubniß zur hiesigen Gemeine,“ d. h. dort wohnen zu dürfen, vorlegte. Sie erhielt „aus 3 Loosen für ihn das Affirmatio,“ also die Zustimmung. Damit war der erste Schritt des Bewerbers, Mitglied der Brüdergemeine zu werden, getan. Die endgültige Aufnahme erfolgte durch einen Losentscheid, den die Ältestenkonferenz von Niesky am Sonnabend, dem 22. September 1804, vornahm. Johann Valentin Müller besaß damit jedoch noch nicht alle Rechte eines ordentlichen Gemeinemitglieds. Am 6. Oktober 1804 wurde von dem gleichen Gremium abermals durch Los festgelegt, dass er an diesem Tag zum ersten Mal beim Abendmahl zusehen dürfe. Am 3. November dieses Jahres wurde ihm auf Grund des Ergebnisses eines analogen Vorgehens das „zweite Zusehen“ verweigert. Erst am 29. Dezember 1804 gewährte ihm das Los die nächste und letzte passive Teilnahme am Abendmahl.[46]

Niesky gegen Abend. Lithografie von Carl Meinhold nach einer Zeichnung von F. D. Reichel (Herrnhuter Unitätsarchiv, TS. Mp. 38.10).

Über Müllers Leben in Niesky und Kleinwelka

Über die Zeit in Niesky, in der Johann Valentin Müller als Schuhmacher im Brüderhaus arbeitete und Ämter in der Gemeine bekleidete, lesen wir in seinem Lebenslauf Folgendes: „Hier in Niesky habe ich äußerlich und innerlich mir unvergeßlich vergnügte und glückliche Jahre verbracht; der Herr segnete mich bei der Arbeit meiner Hände, so daß ich mein reichliches Bestehen hatte, ja Überfluß hatte, und ließ mich innerlich einen seligen Gnadengang vor ihm, meinem Heiland, gehen, indem ich mich seiner und des mir gewordenen Gnadenloses kindlich freuen konnte. Dabei war es eine Gnade, ihm auf mancherlei Weise bei der Aufsicht der größeren Knaben sowie bei der Gemein-Musik dienen zu können.“[47]

1811 wurde der „vice Meister in der Schuhmacherey des Brüderhauses“ Niesky, Johann Valentin Müller, gebeten, als Meister die Leitung der Schusterwerkstatt des gleichen Hauses in Kleinwelka zu übernehmen. Nach der Zustimmung der Ältestenkonferenz von Niesky nahm er das Angebot an und zog um.[48] Vernehmen wir ihn dazu selbst: „Obwohl es mich viel kostete, mein liebes Niesky zu verlassen, wo ich so viel Gutes aus der Hand meines ersten Herrn im geistlichen wie im leiblichen genossen habe, so gewöhnte ich mich doch in Kleinwelka, wo ich mit vieler Liebe aufgenommen wurde, bald ein und arbeitete mich bald in mein Geschäft hinein. Besonders erwünscht war es mir, daß ich hier mehrere Brüder in meinem Chor traf, die mit mir eines Sinnes waren. Und in freien Stunden kamen wir öfters zusammen, um uns zu erbauen und in unserem Beruf zu stärken, namentlich auch in dem Sinn, uns zu verbinden, dem Heiland, was sein Wille sei, einmal unter den Heiden zu dienen.“[49]

In der Gemeine und bei den Kirchenoberen dürfte sich der junge Schuhmacher wegen seines felsenfesten Glaubens und seiner weitgespannten Fähigkeiten sowie wegen des Wunsches, Missionar zu werden, für eine höhere Aufgabe empfohlen haben. So war es nicht verwunderlich, als am 12. November 1812 an Johann Valentin Müller die Bitte erging, als Bote Christi nach Grönland zu gehen. „Einmal unter den Heiden zu dienen“ hatte er sich gewünscht, aber als es tatsächlich so weit war, kam ihm der Ruf „doch jetzt gerade unerwartet, ja fast ungelegen, so daß“ er „schon im Begriff stand, denselben zurückzugeben.“ Nach gutem Zureden eines Mitbruders und reiflicher Überlegung gab er schließlich das „Ja“ zu dem Schritt, der sein Leben völlig verändern sollte.[50]

Als Missionar in Grönland

Grönland und seine Bewohner

Grönland ist die größte Insel der Erde. Sie hat eine Fläche von 2.175.600 km² und ist damit mehr als sechsmal so groß wie die Bundesrepublik Deutschland. Eisfrei sind davon lediglich 341.700 km². 1959 bevölkerten die Insel circa 30.000 Einwohner. Früher lebten dort ausschließlich Inuit. Heute hat ein großer Teil der Bewohner auch europäische Vorfahren. Die Haupterwerbszweige bestanden und bestehen aus der Jagd sowie dem Fisch- und Seehundefang. Die Kleidung der Inuit war aus Fellen und Häuten hergestellt. Im Sommer wohnten sie in Fellzelten, im Winter in Schneehütten, den Iglus, und in Erd- oder Steinhütten.

Ursprünglich gehörte Grönland zu Norwegen. Besonders ab 1721 kamen Dänen ins Land, die die Vorherrschaft übernahmen. Gefördert wurde diese Entwicklung durch den dänischen Pfarrer Hans Egede (1686–1758), den Apostel der Inuit. Egede

Eishütten der Inuit (Privatbesitz).

missionierte von 1721 bis 1736 im Land und wurde 1740 Superintendent der grönländischen Missionskirche. Der Streit um Grönland zwischen Norwegen und Dänemark wurde 1933 vom Haager Schiedshof zugunsten Dänemarks entschieden. Im dänischen Parlament sitzen heute zwei grönländische Vertreter.

Johann Valentin Müller auf dem Weg nach Grönland

Bereits am 2. Dezember 1812 trat Johann Valentin Müller in Herrnhut die lange, beschwerliche und teilweise abenteuerliche Reise nach Grönland an.[51] Zuvor hatte er seinem leiblichen Bruder Georg Michael Müller noch „gerichtliche Vollmacht" über seine materiellen Angelegenheiten gegeben.[52] Dieser Schritt sollte ihn um sein von den Eltern stammendes Erbe bringen. Mit einem „kleinen Frachtwagen" und begleitet von einigen Brüdern und Schwestern, die nach Westindien (Karibik) wollten, fuhr Müller bei eisiger Kälte nach Christiansfeld in Dänemark, wo die Gruppe am 23. Dezember ankam.[53] Sicherlich verfolgte der junge Mann zu jener Zeit das Kriegsgeschehen in Europa. Bekannt war ihm bestimmt die Beteiligung von Truppen des Kurfürsten von Baden am Russlandfeldzug Napoleons im Jahre 1812.

„Nach langem sehnsuchtsvollem Warten" ging Müller am 4. März 1813 bei Christiansfeld an Bord eines Zweimasters, der am 7. desselben Monats mit dem Ziel Grönland lossegelte. Dieser musste auf Druck der englischen Regierung, die sich gerade im Krieg mit Dänemark befand, zunächst eine Ladung Weizen nach England schaffen. Am 18. März, das Schiff befand sich im Kattegat, war der Wind günstig und es bestand die Hoffnung, in drei Tagen in Edingburgh einlaufen zu können. Der Zweimaster segelte sehr schnell. Fast alle Passagiere wurden seekrank und einige beinahe bewusstlos. Doch alsbald näherte sich eine englische Fregatte und gab einen Warnschuss ab. Der Grönlandsegler verlangsamte die Fahrt und hisste als Zeichen friedlicher Absichten eine Flagge. Nach einem zweiten Schuss legte das Kriegsschiff an. Ein Offizier kam an Bord und zwang den Kapitän, die Schiffspapiere auszuhändigen und auf die Fregatte umzusteigen. Bald darauf kehrte der Kapitän in Begleitung von zwei Offizieren, sieben Matrosen und zwei Soldaten zurück. Die dänische Mannschaft musste daraufhin das Schiff verlassen. Während sich die englischen Offiziere korrekt benahmen, ließ das Verhalten der übrigen Kommandomitglieder zu wünschen übrig. Die Passagiere trauten sich nicht einmal, die Kajüten zu verlassen.

Am 27. März blies ein ungünstiger Wind. Als sich dann noch Nebel einstellte, verlor die an Bord gegangene und unerfahrene Mannschaft die Übersicht. Sie wußte nicht mehr, wo sich das Schiff befand. Fast unweigerlich lief der Segler auf einen Felsen auf. Nach sechs Signalschüssen eilten vier andere Schiffe herbei, mit deren Hilfe es gelang, den Zweimaster wieder flott zu machen. Am folgenden Tag konnte unter Aufbietung aller Kräfte ein zweites derartiges Unglück gerade noch vermieden werden. Am 2. April 1813 wurde den Passagieren zu verstehen gegeben, vier von ihnen, und zwar zwei in die Karibik und zwei nach Grönland reisende Personen, nach Gothenburg (= Göteborg in Schweden) zu entsenden, um dort die Aussagen ihres Kapitäns zu bezeugen. Unter den vier Vertretern waren Johann Valentin Müller und Schwester Petersen. Die Gruppe wurde am 5. April zum englischen Konsulat von Göteborg gebracht, wo sie nach dem Verhör wieder auf freien Fuß kam. In Göteborg konnten die Herrnhuter Passagiere den Bruder und Agenten Staave über ihre Lage informieren. Der Mann setzte sich sofort mit dem dort befindlichen englischen Admiral in Verbindung. Auf die Intervention hin kehrte die alte Mannschaft an Bord des Seglers zurück, worauf die Reise fortgesetzt werden konnte.[54] Am 24. April 1813 erreichte das Schiff den englischen Hafen Leith bei Edinburgh. Hier trennten sich die Wege Johann Valentin Müllers und der in die Karibik reisenden Gruppe. Bei dem Zwischenstopp traf Müller Mitglieder seiner Kirche, die auf dem Weg von Grönland zu einem Besuch in Europa waren. Hier gewann er auch englische Freunde, die der Herrnhuter Mission gegenüber sehr aufgeschlossen waren. Kurzerhand bildeten sie einen Verein, der sich zum Ziel setzte, die grönländische Bevölkerung mit Kleiderstoffen sowie Jagd- und Fischfanggeräten zu unterstützen.

Nach einem einmonatigen Aufenthalt in Edinburgh bestieg Müller am 24. Mai 1813 wieder das Schiff. Von hier aus war die Reise nach Grönland relativ ruhig und nicht allzu beschwerlich. Allerdings litten die weiblichen Passagiere sehr unter der Seekrankheit. Am 30. Juni erreichte der Segler Westgrönland in der Gegend um den 69. Breitengrad. Obwohl der Kapitän vor der Abreise versprochen hatte, bei günstigen Eis- und Windverhältnissen weiter südlich und näher bei Neu-Herrnhut anzulegen, hielt er nicht Wort. Daher musste Müller bei der Niederlassung Godhaven umsteigen, um von dort noch eine längere Strecke südwärts zu segeln. Bis zur Abfahrt des Einmasters logierte er in Godhaven bei dem „Handelsinspektor“ Motzfeld, wo er „freundschaftlich bewirtet“ wurde.[55] Nach zehn Tagen Zwischenstopp segelte Müllers Schiff die Küste entlang fünf Breitengrade nach Süden und landete am 17. August bei Neu-Herrnhut, seinem Wirkungsort während der nächsten vier Jahre.[56]

Einige Vorbemerkungen zu den schriftlichen Aufzeichnungen der grönländischen Missionare

In den grönländischen Missionsstationen Neu-Herrnhut, Lichtenfels, Lichtenau und Friedrichsthal, die in der Regel mit drei oder vier Brüdern besetzt waren, wurde das Geschehen in Tage- und Kirchenbüchern sowie Konferenzprotokollen festgehalten. Zusammen mit der umfangreichen erhalten gebliebenen Korrespondenz, die die

Karte (Ausschnitt) von Südgrönland mit den vier Missionsstationen Neu-Herrnhut, Lichtenfels, Lichtenau und Friedrichsthal (Herrnhuter Unitätsarchiv, TS. Mp. 129.1).

einzelnen Missionskonferenzen der vier grönländischen Orte sowie der schreibfreudige Johann Valentin Müller und seine Kollegen mit der Missionsdirektion im deutschen Berthelsdorf führten, geben sie einen guten Einblick in die Ereignisse auf den einzelnen Stationen, in Johann Valentin Müllers tiefen und unerschütterlichen Glauben, in sein Denken, Fühlen, Tun und Handeln, in seine weitläufigen und größtenteils autodidaktisch erworbenen Kenntnisse, in seine Probleme, in sein aufopferungsvolles, karges, entbehrungsreiches, hartes und mitunter gefahrvolles Leben sowie in das der europäischen Mitbrüder und Mitschwestern. Die Quellen zeichnen lebendige Bilder vom Wesen der Grönländer, deren Glauben und alltäglichen Überlebenskampf.[57]

Johann Valentin Müller schrieb noch zahlreiche weitere Briefe. Über deren Verbleib hat der Autor kein gesichertes Wissen. In Heinrich Müllers Lebenslauf lesen wir zur Korrespondenz seines Vaters Johann Valentin Müller: „Von besonderem Wert war ihm", Johann Valentin Müller, „die briefliche Verbindung, in der er in der Zeit seines Missionsdienstes mit mehreren warmen Freunden unserer grönländischen Mission stand, so namentlich" mit „Dr. Barth in Calw, Pastor Licht in Zülchow, Gräfin Stolberg in Wernigerode" und „Baron Güldenstubbe in Ösel."[58 59]

Bei der Missionsdirektion waren jeweils ein oder zwei Brüder als „Korrespondenten" für die grönländischen Niederlassungen tätig. Sie hatten die Aufgabe, im Auftrag des heimatlichen Leitungsgremiums den umfangreichen Schriftwechsel mit Neu-Herrnhut, Lichtenfels, Lichtenau und Friedrichsthal zu führen, Ratschläge zu erteilen, Unterstützung zu organisieren und nach Möglichkeit die dort tätigen Missionare seelsorgerlich zu betreuen. Da der Schiffsverkehr zwischen Grönland und dem europäischen Festland in der langen Winterzeit unterbrochen war, beschränkte sich der Briefwechsel auf die wärmere Jahreszeit.

Aus dem Neu-Herrnhuter Tagebuch

Die Ankunft Müllers in Neu-Herrnhut ist im Tagebuch der dortigen Station wie folgt festgehalten: „Zu Mittag" des 17. August 1813 „wurden wir unerwartet durch ein paar Kajakke aus dem Sund" (= Meerenge) „mit der Nachricht überrascht, daß Geschwister Gorkes und Kleinschmidts, der ledige Bruder Valentin Müller und die ledige Schwester Johanne Salome Goll, letztere 2 zum ersten mal, im Sunde angekommen wären und unser Weiberboot" (= ein von Frauen gerudertes größeres Lastenboot) „zur Hülfe beym buxiren verlangten. Wir fuhren sogleich mit unserm Boot hin, um genante Geschwister abzuholen, wo sie dann gegen Abend recht glücklich und mit uns dem lieben Heiland von Herzen dankbar für die gnädige Bewahrung und Durchhülfe, die Er ihnen auf der ganzen beschwerlichen Reise hat angedeihen laßen, hier ankamen und von uns in vieler Liebe empfangen und aufgenommen wurden."[60]

Der verwitwete Bruder Kleinschmidt war vor der Abreise aus Edingburgh „mit der ledigen Schwester Petersen zur heiligen Ehe verbunden" worden.[61] Die ledige Schwester Johanne Salome Goll heiratete fünf Tage nach ihrer Ankunft in Neu-Herrnhut den dort tätigen Bruder Lehmann.[62] Auf der Station Neu-Herrnhut taten nun die Missionare Mentzel, Lehmann, Fleig und Müller Dienst.

Um einen ersten Eindruck vom Alltag der Europäer und Grönländer in Neu-Herrnhut zu geben, bringen wir im Folgenden eine Auswahl von teilweise sprachlich nicht ganz einwandfreien Tagebucheintragungen des Missionspostens aus den Jahren 1813/14.

Die nachfolgenden Tagebucheintragungen sind für den Leser/die Leserin nicht unbedingt wichtig. Deswegen kann er/sie gegebenenfalls mit dem Kapitel „Lehrjahre in Neu-Herrnhut" ab Seite 53 fortfahren.

Am 2. September 1813 „fuhren wir mit beyden Booten aus, Graß zu hauen. Bruder Fleig fuhr mit dem einen Boot nach Kariet und dortige Gegend und die Brüder Lehmann und Müller mit dem andern Boot nach Kangek und dortige Gegend."

Am 4. September „kamen lezt genannte 2 Boote mit einer Bootsladung Graß von Kangek nach Hause. Hatten aber noch eine Bootsladung daselbst verlassen" (= zurückgelassen), „die auch so bald als möglich geholt werden wird."

Am 11. September „fuhren die Brüder Fleig und Müller nach Korok" (=Kornok ?), „um das im Frühjahr loßgemachte Strauchholz, welches damals nicht alles gehackt werden konnte, zu hacken und wo möglich noch etwas dazu loßzumachen und zu hacken, weil wir wegen Mangel an Treibholz sonst nicht Brennholz genug haben würden auf den Winter. Am Abend wieder eine Rede an die versammlete Gemeine gehalten, so wie jezt die Zeit her alle Abende eine Versammlung gehalten worden und ferner fortgesezt wird, weil mehrere" grönländische „Geschwister hier angekommen sind, um ihre Häuser bauen und repariren zu wollen."

Am 14. September „fuhr Bruder Lehmann auf die nach mehrmaligem Bitten endlich erfolgte Erlaubniß des hiesigen Herrn Inspektors Myhlenphorts mit dem Weiberboot nach Norden, um zu sehen, ob er noch eine Bootsladung Treibholz zusammen suchen konnte. Und die andern Geschwister waren unterdeßen zu Hause mit Graßtrocknen beschäftiget, weil gestern und heute ein starker Nordost Wind wehete. Und sie waren auch so glücklich, 2 gute Bootsladungen unters Dach zu bringen."

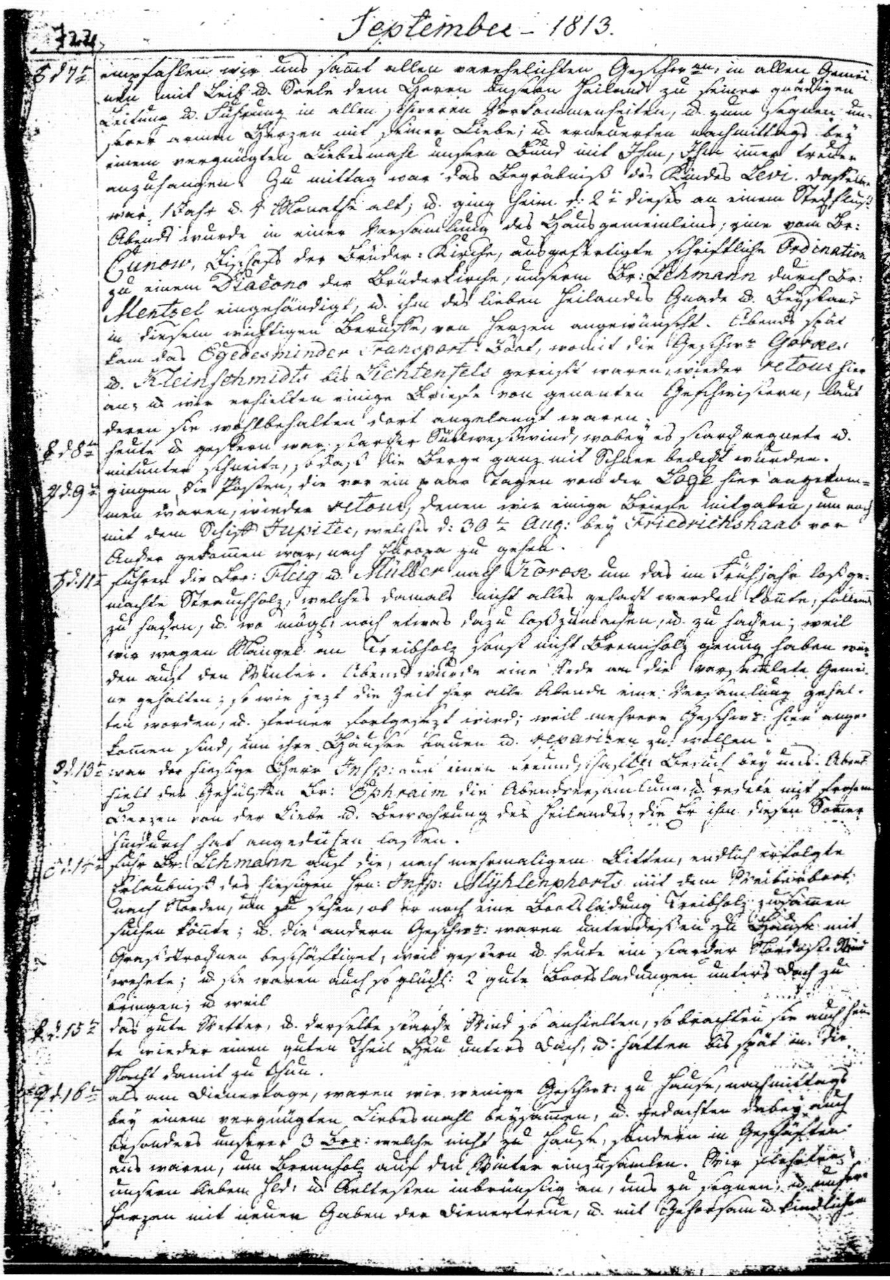

September – 1813.

Seite aus dem Tagebuch der Missionsstation Neu-Herrnhut vom September 1813 (Herrnhuter Unitätsarchiv, R. 15. J. b. I. 4. a).

Weiberboot. Druck von Jnke, Niesky (Herrnhuter Unitätsarchiv, TS. Mp. 129.10).

Am 21. September „kam Bruder Lehmann nachmittags mit einer guten Bootsladung Treibholz von Norden nach Hause. Er hatte auf der Reise eine große Bewahrung Gottes erfahren, da sein Boot unversehens an einer blinden Klippe mehrere Löcher bekam und augenblicklich zu sinken anfing. Doch war er noch so glücklich, zu rechter Zeit, ehe das Boot ganz gesunken war, ans Land, welches nicht sehr weit war, zu kommen, wo er ausladen und sein Boot wieder ausbessern konnte.

Bald darauf kamen auch die andern 2 Brüder Fleig und Müller mit einer guten Bootsladung Strauchholz aus der Fiorde, wo sie noch ein paar Bootsladungen desselben ausgerissen und gehackt hatten, welches wir auch noch so bald als möglich, da der Winter bereits vor der Thüre ist, nach Hause holen wollen.

Wir nahmen auch heute wieder einen Theil Heu unters Dach, welches aber nicht sehr trocken war, doch aber wegen dem drohenden Südwind und Regen unters Dach gebracht werden mußte.“

„Heute“, am 29. September 1813, „und gestern nahmen wir unsere Gartenfrüchte, als Rüben und Kohl hinein, welche aber ferner bey weitem nicht so gut gewachsen sind als voriges Jahr. Doch danken wir billig unserm lieben himmlischen Vater dafür, daß Er uns soviel bescheret hat. Auch nahmen wir heute unser letztes Heu unters Dach.

Neu-Herrnhut. Aquarell (Herrnhuter Unitätsarchiv, TS. Mp. 122.6).

Heute [...] *am Engelsfeste, dankten wir Abends in der Versammlung unserm lieben Heiland von Herzen für den treuen und unermüdeten Schutz seiner Himmlischen Engel, die Er uns auch dieses ganze Jahr hindurch täglich und stündlich zu unserer Bewahrung in allen Fällen gesendet hat und baten Ihn, dieselben ferner aus Gnaden uns zu unsern Hütern zu bestellen. Und sangen darauf die Litturgie zum Engelsfeste Nr. 42 mit froher Stimme."*

„Nachdem der Südwestwind wieder abgestillt hatte, fuhren" am 15. Oktober 1813 „abermalls mehrer Boote von hier aus, um Beeren zu pflücken. Abends hielt Bruder Müller seine erste Passions-Litturgie sowie er auch schon am vergangenen Mittwoch seine erste Singstunde gehalten hatte."

Am 18. Oktober „kamen meist alle unsre" grönländischen „Geschwister, die hier überwintern werden, hier bey uns an, weil die Erde voll Schnee liegt, so daß sie keine Beeren mehr bekommen können."

Am 25. Oktober wurden zwei grönländische „Helfer Brüder zu denen in Kangek wohnenden Geschwistern" gesandt, um „sie zu dem auf den künftigen Sonnabend zu begehen-

den Heiligen Abendmahl einzuladen und ihnen zugleich Versammlungen" zu halten. „Der rauhen und stürmischen Witterung ohnerachtet waren diese 2 Brüder willig, ihren Auftrag zu besorgen."

Am 5. November *„bekamen unsere Grönländischen Brüder ganz hübsch Seehunde."* Darüber waren sie glücklich, *„da sie bis jetzt wegen Mangels an denselben in der See noch sehr wenige bekommen hatten. Es scheint nun, daß sich die Seehunde erst einfinden werden."*

Am 7. November *„nach der Litturgischen Versammlung der Kinder, hielt Bruder Mentzel die Predigt über das Sonntags-Evangelium. Und Abends, nach dem Gebet der Kirchen-Littaney, wurde den Geschwistern angezeigt, daß von nun an die im Winter gewöhnlichen Versammlungen, als"* (= das sind) *„Frühstunden und Chorversammlungen, Schulen und Unterricht für die Jugend, ihren Anfang nehmen werden, wozu sich unser lieber Herr in Gnaden bekennen und seinen Seegen aufs neue geben wolle. Hernach hatte das Ehechor ihre erste Chorviertelstunde, welche mit einem Gebet auf den Knien beschlossen wurde."*

Am 11. November 1813 *„erfuhr der Gehülfen-Bruder Boas eine ausgezeichnete Bewahrung Gottes, indem ihm beym herum fahren auf dem Vogelfang sein Ruder zerbrach, womit sich sonst die Kajakfahrende einzig und allein aufrecht erhalten können, daß sie nicht kentern. Er mußte daher, weil er nichts hatte, sich aufrecht erhalten zu können, kentern, wodurch er leichte sein Leben hätte verlieren können, da er schon ausgestiegen war und so sich an seinen umgestürzten Kajak haltend lange Zeit in der See herum schwimmen mußte und niemand in der Nähe"* war, *„ihm helfen zu können. Aber auf sein Schreien hörte doch endlich ein kleiner Knabe, der so geschwind als möglich zu ihm kam und ihn solange zwischen den 2 Kajakken in die Höhe hielt, daß er nicht sinken that, bis mehrere ihr Rufen hören und ihnen zu Hülfe kommen konnten. Wo sie ihm sodann gleich trockne Kleider gaben von ihren eigenen, ihn in seinen Kajak setzten und hieher buxirten. Und so kam er innig gerührt und voll Lob und Dank gegen den Heiland für diese gnädige Erhaltung seines Lebens hier bey den Seinigen an."*

Am 17. November *„bekamen unsre Grönländischen Brüder doch wieder einige Seehunde, worüber sie sehr froh und dankbar waren."*

Am 22. November *„besuchte uns der Bruder Leonhard von Kangek, durch welchen wir den dortigen Geschwistern sagen ließen, daß wir das Heilige Abendmahl auf den künftigen Sonnabend begehen werden und daß sie sich bey zeiten zum Sprechen"* (= zum individuellen seelsorgerlichen Gespräch als Vorbereitung auf die Teilnahme am Abendmahl) *„dazu einfinden möchten."*

Am 23. November *„wurde abends in der* [...] *Versammlung den Communicanten das auf den künftigen Sonnabend zu begehende Heilige Abendmahl angesagt und sie im Namen Jesu aufgefordert, ihre Herzen vor den allwissenden Augen des Heilands in Demuth zu* *untersuchen und mit allem, was ihnen dabey hinderlich seyn könnte, gerade heraus zu gehen und zu offenbaren."*

„Heute," am 26. November, *„und in diesen Tagen sprachen wir unsere Abendmahls-geschwister, unter welchen sich die meisten sünderhaft und gefühlich wegen ihrer Nichtswürdigkeit und Verdorbenheit äuserten. Mehrere sagten mit Thränen in den Augen: ‚Dank sey dem lieben Heiland, daß Er so gnädig und barmherzig ist und uns arme und elende Menschen nicht verachtet. Wir betrüben und kreuzigen Ihn täglich aufs neue mit unsern unnützen Worten und Gedanken. Aber dennoch verstößt Er uns nicht und zieht seine Gnade nicht von uns ab.' Abends nach dem Gesang der Passions Litturgie Nr. 29 war in einer besonderen Versammlung der Communicanten die Confirmation der 2 Geschwister zum erstmaligen Genuß des heiligen Abendmahls."* (Anmerkung: Die Konfirmation wurde nicht einmal im Jahr begangen, sondern immer dann, wenn ein Gemeinemitglied anstand, zum ersten Mal das Heilige Abendmahl zu empfangen.)

Am 27. November 1813 *„hatten wir dann den seligen Genuß des Leibes und Blutes unsers lieben Herrn im Heilgen Sacrament"* des Abendmahls, *„wobey unsere hungriche und durstige Herzen aufs neue aus dem Lebensquell getränket und aus seiner Gnadenfülle gesättiget wurden zum gläubigen Lauf durch dieses Thränenthal. Einige Brüder von Kangek sind dazu hergekommen, welche nichts im Wege hatten, dieses hohe Guth mit zu genießen. Ein Bruder wurde dazu readmitirt"* (= ein Ausgestoßener wurde wieder in die Gemeine aufgenommen) *„und die 2 Geschwister, die gestern dazu Confirmirt wurden, genoßen dasselbe zum erstenmal mit der Gemeine. Zwei Geschwister sahen als Confirmanten und drey Geschwister als Canditaten dabey zu. Der Abendmahls Genossen waren mit uns 133 Geschwister."*

Am 4. Dezember *„abends 8 nach der Gemeinstunde, welche Bruder Fleig hielt, hatten wir Beterversammlung mit unserer Abendmahls Gemeine, so wie sonst alle Wochen an diesem Tage gewöhnlich ist."*

Am 10. Dezember *„bekamen unsere Grönländischen Brüder wieder einmal einige Seehunde. Es giebt heuer gegen andere Jahre ausserordentlich wenig Seehunde und es ist was rares, wenn einmal einige derselben gefangen werden. Doch aber bekamen wir heute und in diesen Tagen einen hübschen Theil Alken"* (= mit Möwen verwandte Schwimmvögel) *„für Tabak und auch Ripper"* (= Vögel) *„von unsern Grönländern. Welche letztere wir mit unsern Flinten und Pulver schießen laßen. Einen Theil Ripper schießen auch wir selber, wenn es uns die Witterung und die übrigen Umstände erlauben auszugehen."*

Am 15. Dezember *„kamen meist alle in Kangek wohnende Geschwister in 3 Weiberbooten zu den bevorstehenden Weynachts-Feyertagen hier bey uns an. Sie hatten eine angenehme Fahrt bey ziemlich stiller und nicht allzu kalter Witterung."*

Am 16. Dezember *„wurde das am 21. November dieses Jahres in Kangek geborne Söhnlein unserer Geschwister Amos und Anne Dorothea, welches sie gestern hieher zur Tauffe ge-*

bracht, in Jesu Tod getauft mit Namen Thomas. Nachdem es einige Tage hübsch stille und helle Witterung gewesen war, erhob sich heute der Südwestwind wieder, welcher mit Schneegestöber begleitet war und den ohnehin sehr kurzen Tag durch die trübe Luft zu einer bloßen Dämmerung machte.“

Am 24. Dezember 1813 *„nach einem allgemeinen Morgensegen versamleten sich sämtliche hier anwesende Kinder, welche in diesen Tagen alle gesprochen sind, 117 an der Zahl, zu ihrem Festmorgensegen, in welchem 6 Arme Kinder, nämlich 5 Knäbchen und 1 Mägdchen unter die größern Kinder versetzt wurden. Nachmittags nach 12 Uhr hatten sie ihr Festliebesmahl und abends 1/2 7 Uhr kamen sie zu ihrer Christnacht zusammen, um den für sie Menschgewordenen Heiland der ganzen Welt in der Krippe liegend anzubeten, wo sie zum Schluß der Versammlung brennende Lichter bekamen. Nachher, um 1/2 9 Uhr, versamleten sich die Erwachsenen zur Begehung der Christnacht, um auch sie in ihrem geringen Theil dem lieben Heiland für seine unaussprechliche Liebe, daß Er, Mensch, geboren ist, von Herzen zu danken.“*

Am 25. Dezember *„begingen wir den Christtag mit frohem und dankbarem Herzen. Erst früh Morgens war Morgensegen und dann um 10 Uhr hielt Bruder Mentzel die Predigt über das heutige Evangelium von der Geburt Jesu, unsers Heilandes. Und Abends versammleten sich die Abendmahls Geschwister, mit uns 165 an der Zahl, zum Genuß des Leibes und Blutes unsers aus unergründlicher Liebe Menschgewordenen und aus erbarmender Liebe in den Tod gegangenen Herrn und Gottes. Wobey unsere Herzen mit seiner lieben Nähe kräftig gestärkt wurden. Eine verwitwete Schwester wurde dazu readmitirt. Zwey Geschwister waren erstmalige Mitgenossen dieses hohen Guthes“* des Heiligen Abendmahls. *„Drey Geschwister sahen als Confirmanten und vier als Canditaten dabey zu.“*

Am 26. Dezember *„war erst frühmorgens die Danksagungs-Litturgie und Anbeten der Abendmahls Genossen. Und darauf hatte das Ehechor ihren Festmorgensegen auf die gewöhnliche Weise. Um 9 Uhr hielt Bruder Lehmann die Predigt und um 11 Uhr hatten die Ehe Geschwister ihr Festliebesmahl und Chorrede, in welcher sie herzlich gebeten wurden, daß sie ihren Ehestand vor den allsehenden Augen Jesu mit Treue führen, alles, was die Liebe stören könnte, aus dem Wege räumen und ein wachsames Auge auf ihre Kinder haben sollten, daß sie für den Heiland erzogen werden möchten. Abends in der Gemeinversammlung wurde die Litturgie Nr. 9 gesungen und zum Schluß derselben das Ehechor in ein paar Seegensversen dem liebevollen Herzen Jesu zum segnen empfohlen, worauf dasselbe ihren Festabendsegen hatte.“*

Am 28. Dezember *„früh fuhren 3 Familien von den in Kangek wohnenden Geschwistern in einem Weiberboote dahin zurück. Die meisten dort wohnenden Geschwister aber blieben noch hier, um den Jahreswechsel mit uns zu begehen.“*

Am 2. Januar 1814 „fuhren alle auswärts wohnende Geschwister, die diese Weynachtsfeyertage über hier besucht haben, vergnügt und fröhlich wieder nach Kangek und Illuilek nach Hause. In Gesellschaft der in Kangek wohnenden Geschwister fuhr der" grönländische „Helffer Bruder Johann Michel mit seiner Familie mit, um daselbst eine Zeitlang zu wohnen und den Geschwistern Versammlungen zu halten, weil sie sonst niemenden haben, der ihnen Versammlungen halten könnte. Die Predigt wurde zahlreich besucht und abends wurde die Kirchen Littaney gebetet."

Am 4. Januar „fuhren einige Brüder von hier nach Kariet, um in dortiger Gegend Seehunde zu fangen. Auch kamen einige hiesige Brüder, die vorgestern mit nach Kangek gefahren waren, mit einem Theil Alken wieder nach Hause."

Am 8. Januar „bekamen mehrere von unsern Grönländischen Brüdern Seehunde, welche ihnen dermalen sehr willkommen waren, da sie ohnehin jezt nicht sehr reich an Seehundsspeck sind."

Am 10. Januar „feyerte der kleine C. H. Mentzel," Sohn des Ehepaars Mentzel, „seinen 11. Geburtstag, an welcher Feyer das gantze Hausgemeinlein herzlichen und segnenden Antheil nahm und ihn nachmittags bey einem vergnügten Liebesmahl in einigen Versen dem liebevollen Herzen Jesu zur steten Bewahrung an Seel und Leib angelegentlich empfahl."

„Nachdem wir seit langer Zeit her ins Ganze recht schöne und nicht allzu kalte Witterung gehabt hatten, so änderte es sich heute", am 16. Januar, „und fing an, stark zu schneyen. Welcher Schnee vermuthlich nun Kälte mit sich führen wird."

Am 1. Februar 1814 „nach der Frühstunde war das Begräbniß des gestern verschiedenen Kindes Siegmund."

Am 4. Februar „erfuhr ein großer Theil unserer Grönländischen Brüder, worunter sich auch ein kleiner Knabe von 12 Jahren befand, eine besondere Bewahrung Gottes, da sich ein Orcan mäßiger Sturm von Südwest mit starkem Schneegestöber auf einmal erhob, indem sie in ihren Kajakken auf Erwerbung aus waren. Sie kamen aber doch alle durch die gnädige Obhut des Heilands eine Strecke von hier ans Land, von wo sie zu Lande nach Hause gehen konnten voll Lob und Dank für die ausgezeichnete Beschützung des Herrn."

Am 10. Februar „hatten wir diesen Winter das erste Mal eine äußerst angreifende Kälte, welche [...] in den vorhergehenden Tagen schon angefangen hatte. Das Thermometer stand auf 18 Grad unter 0 Reaumur" (= -22,5 Grad Celsius), „wobey der sehr starke Nordostwind die Kälte noch um ein beträchtliches vermehrte. In diesen Tagen hörten wir auch, daß sich draussen vor Kangek sehr viel Treibeis befinden soll, welches, wenn es in die Fiorde hinein kommen sollte, den Grönländern bey dieser Kälte viel Noth verursachen kann, weil die Fiorde gleich zugefrieren würden."

Am 13. Februar „milderte sich die Kälte um etwas, so daß die Grönländischen Brüder wieder ungehinderter ihrer Erwerbung nachfahren konnten."

Am 14. Februar „machten die Grönländischen Brüder einen guten Fang an Alken, von welchen sie uns auch einige für Tabak überließen.“

Am 17. Februar „früh erhob sich plötzlich ein fliegender Südweststurm mit ausserordentlich starkem Stöberwetter, wobey es jedoch, Gott sey Dank, ohne Schaden abging. Der Wind drehte sich nach und nach“ Richtung „West um, worauf es ganz stille wurde. Das Thermometer stand früh 3 Grad überm Gefrierpunkte“ (= 4 Grad Celsius) „und zu Mittag war schon wieder 6 Grad Kälte Reaumur“ (= -7,5 Grad Celsius). „Heute war der Herr Inspektor Mühlenphort und der Kaufmann, Herr Wolff, auf unsere Einladung bey uns zu Mittag zu Tische, und verbrachten einige Stunden recht vergnügt bey uns.“

Am 20. Februar „begingen wir mit unserer Gemeine einen gesegneten und vergnügten Gemeintag, an welchem früh ein allgemeiner Morgensegen und um 1/2 10 Uhr die Predigt war, in welcher die Zuhörer den Saal ganz anfüllten und aufmerksam und andächtig zuhörten. Nachmittags wurde eine Lection übersetzter Heidennachrichten von der Negergemeine in Paramaribo der Gemeine vorgelesen und sie zum Schluß der Versammlung in einigen Segensversen der Gnade und Obhut unsers lieben Herrn und Heilands angelegentlich empfohlen. Abends in der Gemeinstunde hatten wir die Gnade, 3 große Knaben in die Gemeine aufnehmen zu können, wobey die Nähe unsers ungesehenen Freundes kräftig zu fühlen war.“

„Heute“, am 23. Februar, „und in diesen vergangenen Tagen stand das Thermometer meistens immer auf 18 bis 19 Grad unter 0 Reaumur“ (= -22,5 bis -24 Grad Celsius), wobei es „aber doch noch stille war, so daß die Kälte nicht so angreifend war als beym starken Winde. Die Grönländer bekamen heute ganz hübsch Eydervögel, von welchen sie uns auch einige für Tabak überließen.“

Am 11. März „redete“ der grönländische „Gehülfen Bruder Ephraim in der Frühstunde und sagte unter andern: ‚Ihr, meine Lieben! So ofte ich auf dieser Stelle etwas reden soll, so fühle ich mich so arm, daß ich nichts zu reden weiß, als daß der Heiland mein einziger Trost und Zuversicht ist und daß, so ofte ich zu Ihm komme und Ihm meine Noth und Sündigkeit klage, Er mich niemalen verachtet, sondern in Gnaden annimmt, mir meine Sünden vergiebt und Seine Liebe fühlen läßt. Da danke ich ofte. Wenn doch die ganze Gemeine, jung und alt, groß und klein, so zum Heiland gehen möchte, so würden sie vergnügt und selig leben können. Wie glücklich sind doch unsere Vorfahren gewesen! Diese haben einen viel größeren Glauben an den Heiland gehabt als wir. Sie haben den Heiland viel mehr geliebt, Ihm treuer angehangen und Seine Gebote treuer befolgt als wir. Wir haben uns gewiß sehr zu schämen über unser zurückbleiben und haben Ursache, den Heiland zu bitten, daß er uns auch so zubereiten wolle wie unsere Vorfahren, daß Er unsern kleinen Glauben zu Ihm wolle wachsen lassen, damit Er auch zu uns sagen könne, als wie wir erst neulich gehört haben von dem Cananaischen Weibe, da der Heiland zu ihr sagte:

‚O Weib, dein Glaube ist groß, dir geschehe wie du willst.'" (Matthäus 15, 28) „‚Auch ist es sehr dankenswerth, daß der Heiland uns immer Lehrer zusendet, die uns alle Tage ermuntern und zum Heiland hinweisen und uns unterrichten, wie wir dem Heiland zum Wohlgefallen leben können. Laßt uns dem Heiland danken, daß wir immer von seinem Tod und Leiden hören können. Usw.'"

Am 16. März „erhielten wir von einem Bruder Eliahar j. von Kangek heuer das erste Stück Hellflunder, worüber wir sehr froh waren, weil es zu jetziger Zeit was rares ist. Die Brüder in Kangek hatten nämlich gestern probiert zu fischen und bekamen zu ihrer und unserer Freude gleich mehrere von obgedachten Fischen, weil die Witterung jetzt seit vorgestern etwas gelinder und die Kälte nicht so stark ist wie vor einigen Tagen. Selbige Brüder waren aber sehr in Gefahr gekommen und wußten nicht, wie sie wieder zu Lande kommen sollten, weil der Fischplaz so sehr weit draussen in der See ist und das frischgefrorene Eis, welches dort herumtrieb, sie ganz eingeschlossen hatte. Aber endlich fanden sie doch durch Gottes Hülfe eine Öfnung, wo sie wieder zu Lande kommen konnten."

Am 24. März kamen die am 17. März in den Pißikharbik Fjord abgereisten drei Brüder „wieder glücklich hier an und waren sehr froh darüber, daß sie zusammen 9 Seehunde bekommen hatten, welches unter den hiesigen Geschwistern ins ganze eine Freude verursachte, weil da die Armen und Wittwen auch gewöhnlich etwas Fleisch und Speck davon bekommen. Selbige Brüder erzählten, daß in genannter Fiorde beynahe gar kein Eis mehr sey und der Schnee auch schon sehr abgenommen habe. Es wurden auch heute wieder mehrere Hellflunder hieher aufs Land gebracht."

„An dem heutigen Ostertage," dem 10. April 1814, „wurde die ganze Gemeine früh um 4 Uhr mit Trompeten geweckt, worauf sich dieselbe um 5 Uhr auf dem Saal versamlete, wo nach dem Gesang des Verses ‚Jesus, Er mein Heiland lebt' ein Theil aus der Osterlittaney gebetet wurde und dann sich dieselbe in Procession auf den Gottesacker begab, woselbst der übrige Theil der Littaney gebetet und der seit vorigen Ostern im Herrn entschlafenen und da ruhenden gedacht wurde, wobey aber das ausserordentlich starke Schneien die Freude um etwas dämpfte. Um 8 Uhr wurde die Auferstehungs-Geschichte unsers lieben Herrn gelesen und darnach hielt Bruder Mentzel die Predigt, worin diese Materie beherziget wurde. Nachmittags wurde der Lobgesang über die Auferstehung Christi mit froher Stimme gesungen und abends war Gemeinstunde, in welcher 2 große Knaben und 1 großes Mädchen in die Gemeine aufgenommen wurden."

Am 12. April „fuhren sämtliche hier besuchende Geschwister wieder an ihre Wohnorte nach Kangek und Kariet voll Lob und Dank für alles, was sie hier in diesen Freudenvollen Tagen vom Heiland genossen haben. Ein Boot von den Kangekern ist schon vorgestern nach Hause gefahren. Abends in der Versamlung der Abendmahlsgeschwister wurde die Litturgie 52 gesungen."

Am 14. April „kamen heuer die ersten Posten von der Fischer-Loge“ (Logger = Fischereifahrzeug) „hieher, durch welche wir mehrere Briefe von unsern lieben Geschwistern in Lichtenfels erhielten, nach welchen sie sich dermalen alle recht wohl und gesund befanden und an Erfrischungen diesen Winter keinen Mangel gehabt hatten. Ihre Grönländer befanden sich auch durchgängig gesund und hatten im Winter keinen Mangel gehabt an Lebensmitteln.“

Am 18. April „fuhren die Posten wieder retour zur Loge, welchen wir einige Briefe an unsere Geschwister in Lichtenfels und Lichtenau mitgaben.“

Am 26. April „fuhren die ersten 2 Familien in 2 Booten hinauf in die Pißikharbik Fiord, um dort den Sommer über auf Erwerbung“ zu gehen „und auch Heringe, wenn dieselben kommen, für sich einzusameln auf den Winter.“

„Da es nun,“ am 28. April, „scheint, wirklich Frühjahr zu werden, so zogen wir heute von unserm einen Boote das alte Fell herunter, um es wieder mit frischen Fellen zu überziehen. Wobey sichs aber fand, daß mehreres von dem Holzwerke daran zerbrochen war, welches wir erst wieder repariren müssen.“

Am 1. Mai 1814 „feyerte unser lieber Bruder Müller seinen 28. Geburtstag“ (es muss 27. Geburtstag heißen). „An welcher Feyer das ganze Hausgemeinlein nahen und segnenden Antheil nahm und ihm nachmittags bey einem vergnügten Liebesmahl in einigen Segensversen, die Nähe des lieben Heilands und seinen theuren Frieden im Herzen beständig zu fühlen von Herzen anwünschte. Zu Mittag legten die Geschwister Eliahars nebst Familie von Kangek mit ihrem Boote hier auf unserm Strande an, um uns zu besuchen und Abschied von uns zu nehmen. Welche wir liebreich baten, sich an Leib und Seele dem lieben Heiland zu seiner treuen Obhut und Bewahrung diesen Sommer fernerhin zu übergeben. Worauf sie ihre Reise in die Pißikharbik Fiorde fortsezten, woselbst sie diesen Sommer stehen wollen. In ihrer Gesellschaft kamen auch heuer die ersten Posten von Holsteinsburg hier bei der Colonie Godthaab an, durch welche wir einen Brief von daher erhielten, woraus wir ersahen, daß mitte April 10 Schiffe dort vorbey nordwärts gesegelt waren, von welchen sie aber keine Nachricht von Europa hatten erhalten können, indem ein starker Südwestwind gewehet hatte und sie daher nicht zu denselben hatten kommen können. Der Winter war dort ebenfalls nicht sehr hart gewesen. Und die Grönländer hatten auch keinen erheblichen Mangel gehabt, da sie auf Handels-Rechnung 4 Wallfische gefangen hatten.“

Am 3. Mai „überzogen wir eins von unsern Booten mit neuen Fellen. Nachmittags erhob sich ein ziemlich starker Südwestwind, wobey es stark anfing zu regnen. Welcher Regen bis abends anhielt,“ der „sich wieder ins Schneewetter verwandelte und“ am 4. Mai „ein starkes Schneegestöber verursachte, so daß es wieder aussah wie im stärksten Winter.“

Am 8. Mai „früh fuhren [...] 3 Boote“ mit Geschwistern aus Kangek „wie auch noch 5 Boote von den hier wohnenden Geschwistern auf ihre Sommerplätze, so daß jezt nur noch ein kleiner Theil hier übrig blieb und daher auch die Predigt [...] *ausgesezt wurde.* [...] *Nachmittags besuchte uns der hiesige Herr Inspektor Mühlenphort und nahm freundschaftlichen Abschied, da er sich nächstens in die nördlichen Colonien in seinem District"* Godthaab *„auf Visitation begeben will. Abends wurde eine kurze Rede an die Geschwister gehalten."*

Am 10. Mai *„überzogen wir das zweyte Weiberboot mit neuen Fellen, so daß es nun auch wieder ohne Gefahr zu brauchen sein wird."*

„Nachdem sich das Wetter wieder aufgeklärt und der Wind gelegt hatte, fuhren heute," am 17. Mai, *„die Brüder Fleig und Müller in die Pißikharbik Fiorde, Stroh zu hauen und nach Hause zu bringen. Abends hörten wir, daß die Grönländischen Brüder im Sunde mehrere Weißfische bekommen haben. Daher sich auch noch in der Nacht 8 Familien von hier aufmachten und dahin fuhren, weil ihnen diese Fische wegen ihrer Größe viel ausgeben."*

Am 22. Mai abends kamen die zwei Brüder Fleig und Müller *„mit einer Bootsladung Stroh wieder glücklich und wohlbehalten von Pißikharbik hier an. Sie waren sehr froh, daß sie hier waren, da der Südwestwind sich gerade wieder, da sie ankamen, anfing, mit starkem Regen zu erheben und dauerte"* am 23. Mai *„meist den ganzen Tag so fort, bis er gegen Abend wieder abstillte."*

Am 24. Mai *„fuhren die lezten 2 Boote Grönländischer Geschwister von hier auf den Heringsfang, so daß nun niemand mehr von leztern hier auf unserm Lande ist als unsere Dienstschwestern und ein paar Wittwen. Und daher auch die täglichen Versamlungen, die bis jezt gehalten worden sind, für die Zeit aufhören werden."*

Am 25. Mai *„sandten wir auch unser Eines Boot auf den Heringsfang, womit 2 von unsern Dienstschwestern und ein paar Familien, die kein Boot haben, mit fuhren. Welche letztere auch für sich mit Heringe einschaffen werden. Die eine Familie war"* die *„des Helfer Bruders Leopoldus, welcher den Geschwistern auf dem Heringsfang Versamlungen halten soll. Die übrigen Dienstschwestern fuhren mit unserm 2. Boot auch mit, um das Stroh, welches"* die Brüder Fleig und Müller *„in Pißikharbik gehauen und noch verlassen hatten, follends nach Hause zu holen."*

„Heute," am 26. Mai, *„und gestern beschäftigten wir uns in unsern Gärten mit graben und der reparatur der Zäune wie auch mit dem erstmaligen Säen in diesem Frühjahr mit der Bitte zu unserm lieben Vater im Himmel, daß Er Sein Gedeihen zu dem Wachsen der Gartenfrüchte geben und uns doch etwas Gemüß auf den Winter bescheren wolle."*

Am 28. Mai *„kamen unsere Dienstschwestern, die am 25. dieses Monats nach Pißikharbik gefahren waren, mit einer guten halben Bootsladung Stroh wieder glücklich nach Hause. Durch selbige erfuhren wir, daß den Grönländischen Geschwistern Christian Friedrich und Beate auf dem Heringsfange in Pißikharbik am 22. dieses Monats ein gesundes Söhnlein geboren worden sey. Wir hörten auch, daß die Heringe sich daselbst* *bereits eingefunden hatten und daß die dortigen Geschwister schon zu schöpfen und einzusamlen anfingen."*

Am 1. Juni schneite es „den ganzen Tag unaufhörlich sehr stark bey einem angreifend kalten Südwestwinde, welcher sich abends in einen Sturm verwandelte und daher mehr Schnee herbeyführte, so daß das ganze Land dick damit bedeckt wurde."

„Da jezt," am 4. Juni, „schon über 8 Tage eine äuserst kalte und mit Schnee verbundene Witterung anhalten thut, so daß wir jeden Morgen genöthiget waren, die Wege zu schaufeln, und besonders heute und die vergangene Nacht fort unaufhörlich stark geschneit und in der Nacht gefroren hat, so sind wir nicht ohne Grund besorgt, daß der Samen in unsern Gärten, der gerade im aufkäumen ist, aller erfrieren wird und wir daher nicht viel Genuß aus den Gärten uns zu versprechen haben werden."

Am 8. Juni „fuhren die Brüder Fleig und Müller in die Fiorde, um zu sehen, ob sie nicht wieder auf einen Winter Strauchholz finden und loß machen könnten."

Am 10. Juni „besuchten uns einige Brüder aus dem Sunde, die uns heuer die ersten Eydervögeleyer brachten."

„Heute," am 12. Juni, „und gestern hatten wir wieder einmal ein paar schöne, helle Tage mit Sonnenschein, wo der ziemlich starke Nordostwind das durch den Südwestwind hereingetriebene Treibeis wieder etwas der See zu hinaus trieb. Aber das betrübendste war es für uns, daß es die Nächte her stark fror, wo der Samen, der eben im käumen war, meist aller erfroren ist."

Am 19. Juni „hörten wir, daß sich die Brüder Fleig und Müller oben in der Fiorde wohl befinden und schon einen hübschen Theil Strauchholz loß gemacht hätten."

Am 20. Juni „früh kamen die Grönländischen Geschwister Christian Friedrich und Beate in einem Weiberboote vom Heringsfang hieher und brachten ihr am 22. vorigen Monats geborenes Söhnlein zur Taufe, welche nachmittags in Jesu Tod getauft und Johannes genannt wurde."

Am 25. Juni „kamen die Brüder Fleig und Müller von ihrer mühsamen Holzarbeit wieder glücklich nach Hause, und wir waren dem Heiland mit ihnen von Herzen dankbar, daß Er sie vor allem Schaden gnädig behütet hat. Sie waren wegen des vielen Treibeises 2 1/2 Tage unterwegs gewesen auf einem Wege von" normalerweise „7 Stunden weit."

Am 2. Juli „hörten wir, daß die 2 von unsern Dienstschwestern, die sich seit dem 25. May auf dem Heringsfange befinden, nun auf dem Rückwege wären und 4 Stunden von hier Zelt gemacht hätten, weil sie wegen des vielen Treibeises nicht weiter könnten, bis sich dasselbe wieder etwas zertheilen wird."

Am 5. Juli „besuchte uns der Bruder Benjamin von Pißikharbik und brachte uns einen Theil Rennthierfleisch. Hätte aber dadurch beynahe seyn Leben verlohren, dieweil er nicht weit [...] von uns unversehens an ein Stück Eis gestoßen und gekentert war. Und da er das Fleisch auf seinem Kajak hatte, so hatte er nicht gut wieder aufstehen können," obwohl er

„in dieser Kunst gut geübt ist. Bis er ziemlich im ersticken war, wo er noch einmal seine ganzen Kräfte zusammen nahm und aufzustehen versuchte. Und so gelang es ihm durch Gottes Hülfe, daß er sich aufrichten und in die Höhe kommen konnte. Wir waren mit ihm dem Heiland für seine Errettung um desto dankbarer, da er doch bloß um unsertwillen, um uns etwas Fleisch zu bringen, hergekommen war.

Nachmittags kamen obige 2 Dienstschwestern nebst noch mehreren andern Geschwistern glücklich vom Heringsfang hier an. Hatten aber keinen guten Fang gehabt, weil so wenig Heringe gegeben und dabey noch nur schlechtes und nasses Wetter zum trocknen gewesen war. Nachdem unsere Schwester Lehmann durch des liebe Heilands Gnadenbeystand am“ 16. Juni 1814 „glücklich entbunden worden und sich einige Tage darnach ziemlich wohl befunden, bekam sie am 5. Tage ein sehr bedenkliches Fieber, welches täglich 4 Stunden anhielt und ihren ganzen Körper so riß, daß die ganze Bettstelle schüttelte und die darauf folgende Hitze die ganzen Nächte dauerte, so daß es ihr ihren Schlaf gänzlich raubte. Und da sie auch gar keinen Appetit zum Essen hatte, sie so sehr abmattete und entkräftete, daß sie nicht einmal über die Stube alleine gehen konnte, überfiel sie heute auf einmal eine solche Beklemmung auf der Brust, daß sie beynahe gar keinen Athem mehr bekommen konnte und wir nicht anders als durch einen geschwinden Steckfluß ihr baldiges Ende erwarten konnten.“ (Anmerkung: Steckfluss oder Stockfluss ist eine Erstickungserscheinung mit Erguss von Bronchial- und Lungenschleim.) „Sie selbst glaubte auch, daß das ihr leztes Stündgen seyn werde und nahm noch von allen Geschwistern im Hause Abschied. Der Heiland aber als der alleinige Arzt half selbst zu aller unserer Verwunderung auf einmal so weit, daß sie doch etwas Erleichterung bekam und endlich doch einschlafen konnte. Wofür wir Ihm herzlichen Dank brachten.“

Am 7. Juli „erhielten wir durch Posten von Norden einen Brief von unserm lieben Bruder Latrobe in London, in welchem er uns die so sehr lange erwünschte und nun für uns höchst erfreuliche Nachricht mittheilt, daß nun die Mächte Engelland und Dännemark Frieden miteinander geschlossen hätten, so daß wir nun Hoffnung haben können, daß wieder Schiffe direct von Copenhagen aus nach Groenland gehen werden und wir wieder in die vorige Lage werden kommen können. Nur war uns das sehr betrübend zu hören, daß unsere lieben Gemeinen in Deutschland abermals so sehr viel auf verschiedene Art des leidigen Krieges wegen zu leiden gehabt haben. Wobey wir jedoch nichts thun können, als den lieben Heiland herzlich bitten, daß Er denselben wieder gnädig helfen, sie segnen und alles zu seines Namens Ruhm und Ehre wolle gelingen lassen.“

Am 8. Juli „fuhren die Brüder Mentzel, Fleig und Müller in die Kobberfiorde, um einen Theil Birken und Weiden Reißer auf den Winter auszureißen.“

Am 10. Juli „kamen 2 Boote voll Geschwister aus der Amaralik Fiorde und brachten ihre Heringe hieher zur Verwahrung auf den Winter. Abends hielt Bruder Lehmann eine kurze Rede an die hier anwesenden Geschwister."

„Heute," am 12. Juli, „und gestern hatten wir ein paar sehr schöne, stille und warme Tage mit Sonnenschein, wobey sich die ganze Natur nach dem sehr lange anhaltenden, kalten und nassen Wetter wie zu erholen schien. Abends kamen die oben erwehnten 3 Brüder aus der Kobberfiorde mit einer Ladung Ruthen und Sträucher wohlbehalten wieder nach Hause."

Am 15. Juli „kamen unsere 2 Dienstschwestern, die den Heringsfang besorgt hatten, mit einer 2. Bootsladung derselben glücklich nach Hause. Abends hielt Bruder Mentzel eine kurze Rede an die versamleten Geschwister."

Am 20. Juli „fuhren die Brüder Mentzel und Müller nach Narksak" (= Narssak ?) „und dortige Gegend, um Treibholz zu suchen. Auch fuhren die Dienstschwestern mit dem andern Boote in die Kobberfiorde, um eine Bootsladung von den lezt ausgerissenen weidnen Sträuchern nach Hause zu holen und kamen" am 21. Juli „mit einer guten Ladung derselben glücklich nach Hause, wiewol sie wegen dem herumtreibenden Eise viele Schwierigkeiten gehabt hatten."

Am 22. Juli „in der Nacht, kamen auch lezt genannte 2 Brüder mit einem Theil Treibholz wieder glücklich hier an. Sie hatten einen großen Strich Landes umfahren, aber nicht zu Genüge Holz gefunden, weil heuer abermals sehr wenig vom selbigen gekommen ist."

Am 24. Juli „früh bekamen wir wieder 2 Bootsladungen von obigen weidenen Sträuchern nach Hause, welche wir nun aus Mangel des Treibholzes in der Küche brennen müßen. Heute besuchte uns der hiesige Herr Inspektor Myhlenphort, der gestern von seiner Reise von Norden gekommen, in Gesellschaft des Kaufmanns, Herrn Wolff."

Am 28. Juli „kam Bruder Lehmann, der am 25. dieses Monats nach Treibholz gefahren war, wieder glücklich nach Hause. Hatte aber eben auch nicht viel Holz bekommen, ob er gleich einen großen District umfahren hatte."

Am 29. Juli „bekamen wir die 6. und lezte Bootsladung von oben erwehnten weidenen Sträuchern."[63]

Lehrjahre in Neu-Herrnhut

Bald nach seiner Ankunft in Neu-Herrnhut überkamen Johann Valentin Müller starke Zweifel an der Richtigkeit seines eingeschlagenen Wegs. Die wegen des zunächst noch andauernden Kriegs zwischen England und Dänemark stark beeinträchtigte Verbindung mit den Brüdern und Schwestern in Deutschland, das ständige Zusammensein mit den anderen Mitgliedern der Missionsstation, die Hilflosigkeit und das dauernde Angewiesensein auf Unterstützung drohten anfangs, den jungen Mann aus der Bahn zu werfen. Er verspürte einen Drang zu mehr Freiheit und zu mehr Möglichkeiten, die ihm fehlenden Fähigkeiten zu erwerben, sich in die ihm bisher unbekannt gewesene Kultur einzugewöhnen und die riesigen Probleme mit der grönländischen Sprache zu meistern. Fast resignierend schrieb er in einem Brief vom 11. August 1814 Folgendes: „Allemal wünschte ich, lieber an einem Ort als lediger Bruder alleine zu wohnen als da, wo zwey sind. Denn den Arbeitstag ist man einander öfters mehr im Weg, als daß man einander helfen kann. Zweitens kriegt man da, wo nur wenige sind, viel mehr unter die Hände und hat demnach auch mehr Gelegenheit, was zu lernen, welches in Neuherrnhut bey der jetzigen Lage und Verfassung nicht der Fall ist." In seinem Lebenslauf vermerkte Müller ergänzend: Es „war manches der Willkür preisgegeben, was ich als neuer Ankömmling, der meist auf den Rath und die Hülfe anderer angewiesen war, am meisten zu empfinden hatte. Mein Gemüth kam dabei so in Unordnung, daß ich meinen lieben Herrn und meinen Beruf, ihm in Grönland zu dienen, fast aus den Augen verloren hätte, wenn er mich nicht aus Gnaden bei sich erhalten hätte, wofür ich ihm noch jetzt meinen Dank mit Thränen darbringe."[64] Obwohl Müller doch Fuß fasste, wurde er in Neu-Herrnhut nie so recht heimisch.

Johann Valentin Müller bedankte sich im Sommer 1815 bei Bruder Wied von der Missionsdirektion in Berthelsdorf bei Herrnhut für dessen Schreiben vom Februar dieses Jahres mit der darin ausgesprochenen Anteilnahme an seinen Schwierigkeiten sowie für die ihm zuteil gewordene Aufmunterung. Müller schrieb noch: „Ich werde mich [...] dem Wunsche der lieben Brüder gemäß durch des lieben Heiland Gnade und Beystand bemühen, an meinem angewiesenen Posten meine Zeit nützlich meinem Beruf gemäß zu verbringen suchen."

Der Missionar bedauerte seine vermeintlich zu langsamen Fortschritte bei der Erlernung der grönländischen Sprache und die darin begründete Furcht, mit den Einwohnern zu reden. Hatten die Einheimischen ein Anliegen, wandten sie sich lieber an Müllers Kollegen, die die Landessprache besser als er beherrschten. Darunter litt er sehr.[65]

Auf den Missionsstationen kam es in wechselnden Abständen zu personellen Veränderungen. 1816 ging das Ehepaar Lehmann von Neu-Herrnhut nach Lichtenfels und die Eheleute Grilchs von Lichtenau nach Neu-Herrnhut. Missionar Mentzel erkrankte im Mai dieses Jahres schwer. Es wurde sogar mit seinem Ableben gerechnet. Man diagnostizierte Skorbut, also eine Krankheit, die bei Mangel an Vitamin C entsteht. Der Patient hatte ganz dicke Beine. Obwohl die Beschwerden nachließen, baten

Mentzels Kollegen die Unitätsältestenkonferenz, ihm zu erlauben, nach 34 Jahren Dienst in Grönland 1817 nach Europa zurückzukehren.

Selbstverständlich lag den Herrnhuter Sendboten auch das körperliche Wohl der Grönländer sehr am Herzen. Sie registrierten mit Sorge, wie sich im Winter 1815/16 unter den Einheimischen eine ansteckende Krankheit ausbreitete, die sich als „Geschwulst im Halse" äußerte und an der einige Leute durch Ersticken starben.

Obwohl von Johann Valentin Müller kein Wort der Beschwerde über das so völlig andere Essen in Grönland bekannt ist, dürfte es für ihn nicht leicht gewesen sein, sich mit den dort üblichen Ernährungsgewohnheiten abzufinden. Die kleine europäische Gruppe in Neu-Herrnhut konnte im Sommer 1816 im stationseigenen Garten witterungsbedingt kein eigenes Gemüse ernten. Dagegen sorgten die halbe Tonne Sauerkraut, die Erbsen sowie die Kirschen- und Pflaumenmarmelade, die ihnen vom Festland als Spenden zugegangen waren, für einige Abwechslung im sonst eintönigen Speiseplan.[66]

Im Sommer 1816 machte Johann Valentin Müller die ersten Versuche, „etwas weniges zu der versamleten Gemeine zu reden; allein es" fiel ihm „immer sehr schwer. Das übersetzen der Missions-Nachrichten" ging „etwas leichter, weil" er „da den Sinn von einem ganzen Satz vor" sich hatte und genügend Zeit war, darüber nachzudenken.

Ein nicht ungetrübtes Verhältnis hatte Müller zu seinem Kollegen Fleig. Er räumte aber ein, sich in seiner „hitzigen Art" bisweilen gegen ihn, Fleig, zu vergehen.[67] Die auch später zutage getretene Schwäche war Ausdruck von Müllers Ungeduld, die genährt wurde von einem enormen Engagement, von seiner zupackenden Art, seiner entschiedenen Willenskraft sowie von der immer deutlicher sichtbar gewordenen geistigen Überlegenheit und den vielseitigen Begabungen.

Am 31. Oktober 1816 starb der Stationsleiter Heinrich Mentzel. Daher entschloss sich dessen Frau, mit ihren beiden Kindern nach Europa zurückzukehren.[68] Eine weitere Veränderung kündigte die Missionsdirektion mit ihrem Schreiben vom 3. März 1817 an. In ihm erfuhr Müller von seiner Versetzung nach Lichtenau. Über die bevorstehende Veränderung in seinem Leben war er nicht unglücklich und verließ mit dem nächsten Schiff sein Tätigkeitsfeld Neu-Herrnhut Richtung Süden.[69]

Die ersten Jahre in Lichtenau

Nach einer beschwerlichen Seereise erreichte Johann Valentin Müller am 30. August 1817 den neuen Wirkungsbereich Lichtenau, wo über 500 Menschen lebten. Der Ort schien für Müller „auch nichts empfehlenswertes zu haben," da der „Vorgänger in seiner gedrückten Lage den Verstand verloren hatte und deswegen aus dem Missionsdienst austreten und nach Europa zurückkehren mußte, aber auf der See samt dem Schiff total verunglückte." In Müllers Lebenslauf ist weiter zu lesen: „[Ich] wurde von der Missionsfamilie sowie von den Grönländern mit großer Liebe aufgenommen, so daß ich mich bald recht vergnügt und heiter auf meinem neuen Platz fühlen konnte. Da ich gleich zu Anfang meines Missionsdienstes allen Fleiß auf die Erlernung der grönländischen Sprache gewandt hatte und nach 4 Jahren schon einen guten Grund in derselben gelegt hatte, so konnte ich nun hier in Lichtenau beim Halten der Versammlungen neben den anderen Brüdern thätig sein und mich in diesem Teil meines Berufs immer mehr ausbilden."[70]

Während der zweijährigen Tätigkeit in Lichtenau gewann Müller zunehmend Freude an seiner Berufung zum Missionar. Ganz offenbar tat er dort auf vielen Gebieten einen gewaltigen Sprung nach vorne und wurde in seinem Tun und Handeln immer sicherer und selbstständiger. Verborgene und ihn qualifizierende Fähigkeiten traten zutage. Aus dem zweifelnden Lehrling wurde ein freudiger und fleißiger Geselle.

Aufenthalt in Deutschland

Im Sommer 1819 erhielt Johann Valentin Müller von der Missionsdirektion die Aufforderung, „auf einen Besuch nach Europa zu kommen und [...] eine Lebensgefährtin zu holen. Der Herr führte mir dieselbe in der" am 17. Oktober 1793 in Gnadenfrei, das 55 km südsüdwestlich von Breslau liegt, geborenen „ledigen Schwester Johanne Dorothea Glafe zu, die als Lehrerin in der Ortsschule zu Gnadenfrei angestellt war." Am 7. Januar 1820 machte ihr der nach Deutschland gereiste Johann Valentin Müller den Vorschlag und Antrag, „bei der Mission in Grönland zu dienen und mit" ihm „in den Stand der heiligen Ehe zu treten. Und obschon sie" ihn „kaum dem Namen nach kannte, bekam sie doch sogleich die Freudigkeit, [...] ihr Jawort zu geben, so daß" sie „am 9. Januar verlobt und am 30. desselben Monats [...] in Gnadenfrei, getraut wurden."[71] Am 10. Januar 1820 hatte die Braut geschrieben: „Den sehr unerwarteten Ruf, mit Bruder Müller in den Stand der heiligen Ehe zu treten und mit ihm bey der Mission in Grönland zu dienen, habe ich vor dem Heiland gründlich überlegt, und Er hat mir Freudigkeit geschenkt, denselben anzunehmen. Sehr arm und schwach fühle ich mich wohl dazu, aber doch im Vertrauen auf Ihn gestärkt, Leib und Leben dran zu wagen, wenn ich auch nur eine Seele für Ihn gewinnen könnte. Die Trennung von meinen lieben Eltern und Geschwistern ist

Gnadenfrei. Stahlstich von F. G. Endler nach einer Zeichnung von Böhm (Herrnhuter Unitätsarchiv, TS. Mp. 141.13).

mir wol sehr schmerzlich. Doch hoffe und glaube ich, der Heiland wird mir Kraft schenken, standhaft bey derselben zu seyn."[72]

Das hier geschilderte Verfahren, auch die im auswärtigen Missionsdienst tätigen ledigen Brüder nach geraumer Zeit zu verehelichen und zwar mit einer von der Direktion durch Los ermittelten Schwester, war zu jener Zeit in der Brüdergemeine noch üblich.

Über die bei der Herrnhuter Brüdergemeine geübte Praxis der Verehelichung lediger Missionare erfahren wir ein weiteres Detail aus dem Brief des Johann Valentin Müller vom 10. Juli 1833. Dort steht: Der ledige Bruder Baus sollte möglichst nicht übergangen werden, falls die Missionsdirektion beabsichtigte, „wieder einen ledigen Bruder zu verheyrathen."[73] Demnach war es in das Ermessen der Missionsdirektion gestellt, wann sich ein junger in der Fremde tätiger Bruder vermählte.

Am 20. Februar 1820 erhielt Johann Valentin Müller in Herrnhut von Bischof G. Martin Schneider die Weihe zum Diakon.[74] Wahrscheinlich waren wegen der großen Entfernungen weder bei der Verehelichung noch bei der Ordination Johann Valentin Müllers dessen Eltern anwesend. Er dürfte auch keine Zeit gefunden haben, dem Vater und der Mutter in Neckarhausen seine Ehefrau vorzustellen. Wie später noch dargelegt werden wird, war bereits 1816 der Bruder Georg Michael Müller in Unfrieden von der Brüder-Unität geschieden. Daher kann mit Sicherheit davon ausgegangen werden, dass auch er nicht an den Feierlichkeiten teilgenommen hat.

Wieder in Neu-Herrnhut

Alsbald begab sich Johann Valentin Müller mit seiner Frau auf die Rückreise nach Grönland. Mit einem „Extrapostwagen" fuhren die beiden von Christiansfeld nach Kopenhagen, wo sie unverzüglich an Bord des Seglers „Diana" gingen. Dieser legte am 12. April 1820 ab. Wegen ungünstiger Stürme musste das Schiff vier Tage später in einem norwegischen Hafen Schutz suchen. Eine Woche später lichtete es dort die Anker und segelte bis zum 6. Mai gegen Nordwinde und Stürme und erreichte schließlich nach wechselhaftem Wetter die Gegend von Lichtenfels in Grönland. Dort konnte das Schiff wegen Treibeis erst am 8. Juni einlaufen. Von hier aus fuhr das Ehepaar Müller mit einem „Weiberboot" nach Neu-Herrnhut, dem früheren und künftigen Tätigkeitsort des Mannes. Am 15. Juni kamen die beiden wohlbehalten am Ziel an.

Da es in Neu-Herrnhut „in aller Hinsicht sehr elend" aussah, waren der Rückkehrer und seine Gattin recht enttäuscht, obwohl in der Gemeine bereits wieder ein Aufwärtstrend zu verzeichnen war. Bereits 1819 hatte man wegen „sündhaften Lebens" 21 Grönländer von der Unität ausgeschlossen. Acht dieser Personen waren jedoch alsbald reuig in den Schoß der Kirche zurückgekehrt. Auch bei den Jugendlichen waren ungute Erscheinungen eingerissen, die sich inzwischen nach vielen Ermahnungen deutlich gebessert hatten. Gute Aufnahme hatte das neue grönländische Gesangbuch vor allem bei den des Lesens kundigen Frauen und Männern gefunden.[75]

Müller ackerte unter Einsatz aller seiner Kräfte und Fähigkeiten auf dem weiten Feld der Gemeine von Neu-Herrnhut. Er kümmerte sich um die großen und kleinen Sorgen, um die geistlichen und materiellen Nöte der Grönländer. Seine sich stetig verbessernden Sprachkenntnisse räumten auch die letzten Verständigungsbarrieren zwischen ihm und den Einheimischen aus dem Weg.

Müllers Frau musste schon wenige Monate nach ihrer Ankunft in Neu-Herrnhut wegen der Niederkunft von Schwester Lehmann, der Frau des Stationsleiters Johann Lehmann, von Anfang August bis Anfang November 1820, „wiewohl unerfahren in allen häußlichen Geschäften und ohne Unterricht, alle [...] Haus- und Küchengeschäfte" der Missionsniederlassung besorgen. Das Kind starb im Alter von neun Tagen „an einer Entzündung im Unterleibe und darauf folgenden Schlag."

Über seinen Vorgesetzten, Bruder Lehmann, zeigte sich der voller Elan und Ideen steckende Müller ziemlich enttäuscht. Bei ihm vermisste er „mehr Betriebsamkeit." Schließlich sah er keine andere Möglichkeit als sich „in Zukunft mehr zurückzuziehen." Auch bei seinem ledigen Kollegen Albert fand Johann Valentin Müller nur wenig Unterstützung. Ihn hielt er für einen bedauernswerten Mann von außerordentlicher Unselbstständigkeit und fehlender „gesunder Denkungskraft." Albert wäre seiner Meinung nach noch nicht einmal in der Lage, „lange alleine ohne Aufsicht" zu wohnen. Daher wäre dieser bestimmt nicht glücklich, Grönland je „gesehen zu haben, da ihm alles, ja alles" fehlen würde, „was ein Grönländischer Missionar nöthig" hat. Besserung könnte bei ihm nach Müllers Meinung nicht mehr erwartet werden.[76]

Das außerordentlich harte Urteil zeugt von einem starken Selbstbewusstsein Johann Valentin Müllers oder von beträchtlichen Mängeln des Ausleseverfahrens der Missionsdirektion. Wie so oft dürfte die Wahrheit in der Mitte liegen. Wie wir schon andeuteten, war Müller ein tief gläubiger, intelligenter, sprachbegabter, gewissenhafter, willensstarker und harter Schaffer, der Gleiches oder Ähnliches auch von seinen Kollegen wünschte beziehungsweise erwartete und ihnen gegenüber nicht immer die nötige Geduld aufbrachte. Vieles spricht auch für die zweite Annahme, dass nämlich die Sendboten nach völlig unzulänglichen Kriterien ausgewählt und ausgelost sowie meistens ohne die nötige Vorbereitung in die fremden Länder geschickt wurden. Gewöhnlich wurden ledige Brüder nach Grönland entsandt. Dort mussten sie zunächst die Landessprache lernen. Beherrschten sie diese einigermaßen und konnten aktiv und selbstständig in der Mission arbeiten, verheiratete man sie. Das Verfahren führte zu manchen Missgriffen und provozierte in seltenen Fällen auch Ungehorsam. Einmal verließ ein lediger Missionar seinen Posten, weil man ihm keine Frau aus Europa mitgebracht hatte. Der betreffende Bruder kehrte aber später wieder auf seine Stelle zurück.

Nach Johann Valentin Müllers Meinung unternahmen etliche Brüder, die nach Grönland ausgesandt wurden, nicht die erforderlichen Anstrengungen, um die schwierige Fremdsprache zu lernen. Er beanstandete auch das im Schnitt zu hohe Alter der nach dem hohen Norden geschickten Boten. Älteren Menschen falle es einfach schwer, so Müller, sich „in die bestehenden Ordnungen" einzugewöhnen. Sie „wollen gerne Meister seyn, bevor sie Geselle gewesen."[77]

Viele Jahre später forderte Müller von den Missionaren, unerbittlich danach zu trachten, sich in „die Denkweiß," den „Character" und was sonst noch dazu gehörte, das fremde Volk „recht kennen zu lernen," einzufühlen. Andernfalls arbeite man „schwer, ja sogar meist vergebens." Er behauptete noch, ein Missionar müsse mit den Grönländern umgehen „wie ein Arzt mit den Kranken. [...] Das nothdürftig die Sprache des Volks sprechen können macht noch lange nicht den Missionar“ aus. Einen großen Vorteil hätten nach seiner Meinung die Brüder, „die, bevor sie auf einen Posten“ in Grönland „kommen, Gelegenheit gehabt, bei der Jugend in Europa sich brauchbar zu zeigen.“[78]

Im Oktober 1821 traf die Familie des Missionarsehepaars Lehmann ein weiterer harter Schlag: Der von einem englischen Walfänger eingeschleppte Hautausschlag, der „Frieselkrankheit“ genannt wurde und „sehr bösartig und ansteckend“ war, grassierte im Sommer epidemieartig unter den Bewohnern ganzer Landstriche Grönlands und forderte zahlreiche Todesopfer. (Anmerkung: Die Frieseln äußern sich eigentlich in einem harmlosen Hautausschlag, der gewöhnlich als Begleiterscheinung fieberhafter Krankheiten auftritt.) Auch Bruder Johann Lehmann, seine Frau und ihre vier Kinder erkrankten zu jener Zeit sehr schwer. Die siebenjährige Tochter „verlohr nach ein paar Tagen die Sprache, denn der Hals schwoll ihr zu, und endlich auch das Bewußtseyn. Und nach 10 unbeschreiblich schweren Leidenstagen“ starb sie im Oktober 1821.[79]

Dem Ehepaar Müller wurde am 26. Juli 1821 eine Tochter geboren. Der Vater taufte sie am folgenden Tag auf den Namen Ernestine.[80] Im Oktober des gleichen Jahres erkrankte die Mutter. Allmählich versiegte ihre Milch, weshalb sie das Baby nicht mehr stillen konnte. Von nun an wurde Ernestine mit „Bier, Zucker und Zwiebackbrey“ ernährt. Obwohl auch der Winter 1821/22 nicht besonders streng war, hatten die Eltern Mühe, das Baby vor der Kälte zu schützen. Mehrere Male zeigte das Thermometer im Zimmer nachts einige Grad unter Null. Daher brachten sie an der Wiege ein Gestell an und behängten es mit wollenen Decken.

Große Freude herrschte 1821 in der Gemeine Neu-Herrnhut, als aus Christiansfeld eine kleine Orgel als Ersatz für das alte Instrument eingetroffen war. Sie musste aber vor ihrem Einsatz in den Versammlungen noch in einen „brauchbaren Stand“ gesetzt werden.

Aus Anlass des 100. Jahrestags des Beginns der Missionierung Grönlands durch den Dänen Hans Egede wurde 1821 in Neu-Herrnhut und an allen anderen Missionsplätzen eine „Jubelfeyer [...] zum Seegen“ der „lieben Grönländer“ veranstaltet.

Am 17. Juni 1822 erinnerten die europäischen Geschwister Neu-Herrnhuts mit einem Liebesmahl und einem feierlichen Gottesdienst an die Gründung des Orts Herrnhut, die vor genau 100 Jahren mit dem Fällen des ersten Baums erfolgt war.

Die Kluft zwischen Müller und dem Leiter der Station Neu-Herrnhut, Johann Lehmann, wurde immer größer, zumal sich letzterer über viele wichtige Dinge einfach hinwegsetzte. So hielt der Vorgesetzte einige Zeit keine Hauskonferenzen ab,

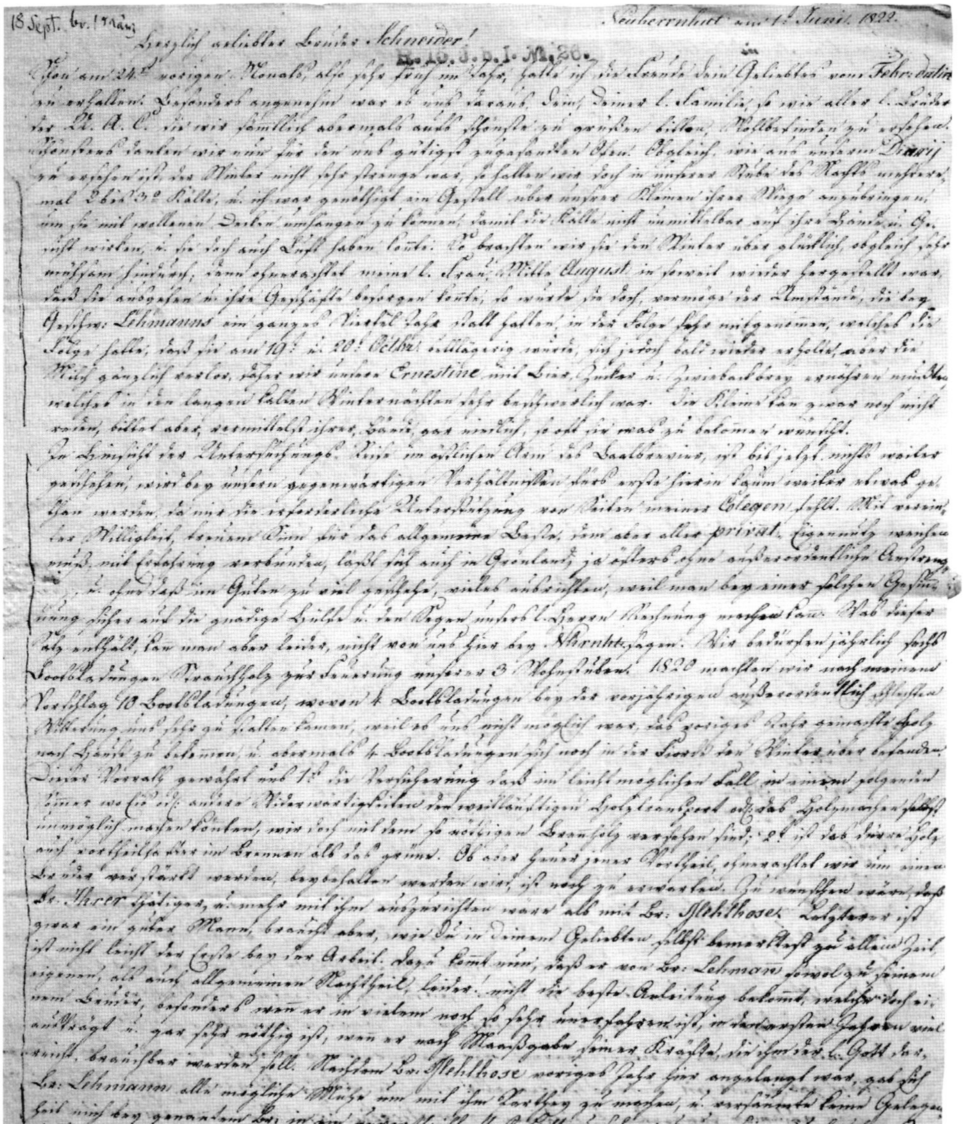

Neuherrnhut am 1. Juni 1822.

Herzlich geliebter Bruder Schneider!

Erste Seite des Briefes der Eheleute Müller vom 1. Juni 1822 an die Missionsdirektion (Herrnhuter Unitätsarchiv, R. 15. J. b. I. 24. b).

und die von ihm angefertigten Protokolle waren nach Müllers Ansicht „willkürliche Aufsätze," die er, Müller, nur unter großen Gewissensnöten unterschreiben konnte. Auch Müllers Frau litt darunter und hatte deswegen zusammen mit ihrem Mann manche schlaflose Nacht. Sogar die Grönländer spürten den Zwist unter den europäischen Brüdern und zogen sich sichtlich zurück. Daher bat Müller im Sommer 1822 die Missionsdirektion, ihn und seine Frau zu versetzen. Kurz vor dem Abgang des Schreibens entschuldigte sich Lehmann für das von ihm begangene Unrecht. Müller hielt dies aber nur für ein Ablenkungsmanöver, um eine Beschwerde bei der Entsendestelle zu verhindern.[81]

1823 löste sich der Konflikt auf tragische Weise. Bruder Lehmanns Frau starb im Kindbett und Johanne Dorothea Müller übernahm die Pflege des Neugeborenen. Neun Wochen nach der Geburt starb auch das kleine Mädchen. Zuvor hatte der leidgeprüfte Gatte und Vater bereits drei Kinder verloren. Der schwere Schlag veranlasste den Missionar, am 12. Juli 1823 in Begleitung der ihm verbliebenen Kinder die Heimreise anzutreten. Die Leitung der Geschäfte in Neu-Herrnhut übernahm daraufhin Johann Valentin Müller. Zur Unterstützung hatte er lediglich zwei neu angekommene und der Landessprache unkundige ledige Brüder.[82]

Aus den nach Deutschland geschickten Berichten schimmerten gelegentlich gewisse Eifersüchteleien, die zwischen den dänischen und den Herrnhuter Missionsstatio-

Neu-Herrnhut in Grönland (Herrnhuter Unitätsarchiv, NB. IX. 17.12).

nen bestanden, durch. Wie noch zu schildern sein wird, war das Verhältnis schließlich sogar frostig. Später besserte es sich aber ganz deutlich.

Die grönländische Gemeine, deren kirchliches Leben sich wegen der äußeren Zwänge auf die langen Winter konzentrierte, entwickelte sich mit der Zeit recht zufriedenstellend. Sehr willkommen waren ihr 150 Exemplare des grönländischen Neuen Testaments, eine Spende von Engländern. Im Gegensatz zu anderen Gruppen gab der Chor der ledigen Schwestern zu einiger Sorge Anlass. Unter ihnen befanden sich mehrere junge Mädchen, die nicht den Versuchungen widerstehen konnten, die in der Umgebung lockten.

Am 14. Mai 1824 erreichte Müller die Nachricht von seiner Versetzung nach Lichtenau, über die er und seine Frau sehr dankbar waren.[83]

Die Fahrt nach Lichtenau und ein erster Eindruck von der früheren Wirkungsstätte

Die Familie Müller verabschiedete sich am 14. Juni 1824 von Neu-Herrnhut. Kaum war sie auf See, mussten sich Johanne Dorothea Müller und die Tochter Ernestine mehrmals übergeben. Am zweiten Tag schlug das Wasser infolge des hohen Wellengangs in das Boot. Vater, Mutter und Tochter gingen deswegen an Land, um besseres Wetter abzuwarten. Dort kampierten sie in einem Zelt. Nach einem kurzen Aufenthalt konnten sie weiterfahren. Bei nun guten Wetterverhältnissen und ohne außergewöhnliche Gefahren erreichten sie am 1. Juli das Ziel. Beim Einlaufen in die Bucht Lichtenaus wurde ihnen als Willkommensgruß „vom Berge aus entgegen geblasen." Das nachgesandte Gepäck konnten sie erst sieben Wochen später in Empfang nehmen.[84]

Auch in Lichtenau stand damals nicht alles zum Besten, was Johann Valentin Müller sehr bald unangenehm auffiel. Nach seinem strengen Urteil agierten hier die Kollegen „im Handel und Wandel meist für sich selbst" und stellten eigene Interessen über das Gemeinwohl. Er gab daher seiner Entsendestelle den Rat, eine Visitation vorzunehmen. Diese fand jedoch nie statt. Müller übernahm an seiner neuen Stelle die Führung des Tagebuchs, des Kirchenbuchs und der Missionskonferenzprotokolle. Das „Hausvateramt sowie alle sonstigen vermeynten Ehrengeschäfte, worüber öfters Rangstreit entstanden, überlies" er „freywillig [...] Bruder Eberle." Mit diesem war er in wichtigen Angelegenheiten nicht immer „einerley Meynung." Er konnte aber durchsetzen, dass die Versammlungen wie in Neu-Herrnhut abgehalten wurden.[85]

Aus dem Tagebuch von Lichtenau

Das Leben auf der Missionsstation von Lichtenau soll zunächst mit einer Serie von Tagebucheinträgen aus dem Jahr 1825 in Details dargestellt werden. Diese Tagebucheintragungen sind für den Leser/die Leserin nicht unbedingt von Interesse. Deswegen kann er/sie gegebenenfalls mit dem Kapitel „Erfolgreiches Wirken in Lichtenau" ab Seite 72 fortfahren.

Am 3. Januar 1825 „fuhren die meisten von unsern auswärths wohnenden Geschwister wieder an ihre Wohnorte zurück."

Am 7. Januar „wurde abends nach der allgemeinen Versammlung der verwitwete Bruder Matthaus mit der verwitweten Schwester Euneca zur heiligen Ehe verbunden. Nachdem wir lange Zeit anhaltend strenge Kälte gehabt haben, so brach sie sich in den ersten Tagen des neuen Jahres, und [wir] *hatten mehrmalen starke Südstürme, welche das Dach auf unserem Saal Thurm ziemlich beschädigt hatten. Heute abend fieng es bey starkem Südwind an zu Regnen, worauf es aber früh morgens," am 8. Januar, „schon wieder 2 Grad Reaumur Kälte" (= -2,5 Grad Celsius) hatte.*

Am 28. Januar „empfahlen wir unsern geliebten König Friedrich den 6. an seinem heutigen Geburthstag dem Heiland zum Segnen. Und besonders geschah dieses Abends in der allgemeinen Versammlung, wo Ihm mit fröhlichem Herzen einige Segensverse von der ganzen Gemeine angestimmt wurden."

Unter dem 30. Januar lesen wir: „In den vergangenen Tagen sprachen wir unsere Communicanten zum Genuß des Heiligen Abendmahls. Ihre sünderhaften Erklärungen und ihr großes Verlangen nach dem Genuß im Heiligen Abendmahl waren uns abermals zur großen Freude. Ein Bruder sagte, als er gefragt wurde, wie er sich befinde: ‚Ich bin gar sehr vergnügt in meinem Herzen und freue mich auf den Genuß im Heiligen Abendmahl. Seitdem ich den Heiland kenne und im Umgang mit Ihm meinem Erwerb nachgehe, bin ich ein seliger Mensch. Denn wenn ich zuweilen auf der See bin und es scheint sich eine Gefahr zu nähern, so nehme ich sogleich meine Zuflucht zu meinem Heiland und bitte Ihn, mich Seine Nähe fühlen zu laßen und mich gegen die Gefahr zu schützen, da ich denn öfters das Versgen bete ‚Jesu komm doch selbst zu mir [...]*'. Wobey ich denn allezeit ein von aller Furcht befreytes Gefühl in mein Inneres bekomme und deß Heilands Gnadenanblick fühlbar inne werde. Als ich noch ledig war, war es ganz anders in meinem Herzen. Wenn ich auf der See war, dachte ich gewöhnlich nur an schlechte Dinge oder war sonst mit meines gleichen leichtsinnig. Das macht' (= Das kommt daher), ‚weil ich, obgleich getauft, doch noch nicht bekehrt war. Ein Vorgang, welcher der Anfang zu meiner Bekehrung wurde, ist mir bis jetzt noch eindrücklich: Ich war mit einem Cameraden auf der See, wo ich unversehens mit meinem Kajak umfiel. Und da mein Gefährte nicht vermögend war, mich wieder aufzurichten, so glaubte ich nicht anders, als daß ich nun mein Leben einbüßen werde. Mir fielen vor allem meine vielen Sünden ein, die mir noch nicht vergeben waren. Ich betete daher zum Heiland, daß Er mich nur dieses mal glücklich ans Land bringen möchte. Und Er erhörte mich auch und ließ mich nicht in meinen Sünden sterben. Ich kam, meinen Kajak umfaßend, schwimmend ans Land, wo ich mich hinsetzte und dem Heiland dankte für die gnädige Errettung, wobey ich ihm versprach, mich ganz zu Ihm zu bekehren, welches mir auch durch seine Gnade gelungen ist. Und seitdem erfahre ich täglich, daß ausser' (= ohne) ,Ihm weder Ruhe, Heil* [...] *zu finden ist.' Einen ledigen Bruder mußten wir vom Abendmahl ausschließen, weil er sich sündliche Dinge hat zuschulden kommen laßen, und einen verheirateten Bruder mußten wir für dißmal davon abweisen, weil er durch sein unanständiges Betragen Anstoß gegeben hat. 3 Geschwister waren erstmalige Mitgenoßen dieses hohen Gutes und 5 sahen zum Erstenmal dabey zu."*

Am 2. Februar „feyerten die verwitweten Schwestern ein recht vergnügtes und gesegnetes Chorfest. Nach ihrem Festmorgensegen wurden ihnen die weißen Bänder, welche ihnen eine Schwester von Neudietendorf geschickt hat, und auch ein Stück Tabak, welchen gute Freunde von England an die Armen geschickt haben, ausgetheilt, welches ihre Festfreude gar sehr erhöht hat und wofür sie ihren Wohlthätern von Herzen dankten und ihnen Gottes reichen Segen darfür wünschen." Am 19. Februar „kamen die 2 Postkajakke, welche wir mit Briefen und Gemeinnachrichten an unsre Geschwister in Friedrichsthal geschickt haben, von da zurück und brachten uns wieder Briefe von denselben mit, woraus wir mit Vergnügen ersahen, daß sie sich alle wohl befinden."

Am 28. Februar „fuhren mehrere Weiberboote von hier fort, um von ihrem aufbewahrten Proviant einige Stunden von hier zu holen, und kamen Abends wieder glücklich hier an. Dieser ganze Monath war anhaltend kalt, 10 bis 15 Grad Reaumur" unter Null (= -12,5 bis -19 Grad Celsius). Wir „bekamen auch eine große Menge Schnee. Doch konnten die grönländischen Brüder meist alle Tage auf Erwerbung ausfahren. Und [sie] *bekamen hübsch viele Seehunde, so daß unsre Geschwister bis jetzt an nichts Mangel haben."*

Am 16. März „war das Begräbniß des Knäbchen Johannes. Er wurde 1824 den 24. März hier gebohren und getauft. Vor einigen Tagen fieng er an zu Brechen und bald darauf fieng er an zu Schwellen, welches seinen Leiden bald ein seliges Ende machte. Heute hörten wir auch, daß der ledige Bruder Gideon j. in großer Lebensgefahr gewesen sey, da er mit seinem Kajak auf der See umgefallen und sich nicht selbst wieder aufrichten konnte. Zum Glück hörte ihn ein anderer Bruder schreyen, der sogleich auf ihn zu eilte und noch zu rechter Zeit rettete."

Am 19. März „kam der Assistent, Herr Matthiesen, der mit seinem kleinen Schiff eine Stunde von hier vor Anker liegt und mit welchem er das Bauholz für Friedrichsthal bis Nenortelik“ (= Nanortalik ?) „bringen und von da eine Ladung Seehundspeck zurück nehmen will, auf einen kurzen Besuch bey uns an.“

Am 23. März 1825 „erfreute der Heiland unsre Geschwister Müllers mit der Geburth eines gesunden Söhnchen, woran das ganze Hausgemeinlein herzlichen Antheil nahm. Und [sie] *dankten dem Heiland für Seine gnädige Durchhilfe, da sich Mutter und Kinde wohlbefinden. Und“ am 24. März „wurde es von seinem Vater in Jesu Tod getauft mit Namen Constantin.“*

Am 25. März „regnete es den ganzen Tag ziemlich stark, so daß Vormittag keine Versammlung gehalten werden konnte. Abends in einer aparten“ (= separaten) „Versammlung der Communicanten war die Confirmation der 7 Geschwister zum erstmaligen Genuß des Heiligen Abendmahls.“

Am 26. März „wurde unter Gebet und Flehen zum Heiland der Anfang gemacht mit Lesen der Leidensgeschichte Jesu, womit in den folgenden Tagen Vormittags und Abends fortgefahren werden wird.“

Am 28. März „kamen 2 Weiberboote voll von unsern auswärths wohnenden Geschwistern vom warmen Brunnen und Kenertok hier an, um die Festtage mit uns zu begehen.“

„Nachdem es bis jetzt noch immer 8 bis 10 Grad Reaumur Kälte“ (= -10 Grad bis -12,5 Grad Celsius) hatte, „so fängt es nun,“ am 15. April, „an, etwas gelinder zu werden, und der Schnee fängt an, abzunehmen. Auch sind schon einige Familien auf ihre Sommererwerbpläze gezogen, daher nur noch alle Abend eine Versammlung gehalten wird.“

Am 17. April „kam ein Weiberboot von unsern Geschwistern in Friedrichsthal hier an, um von ihrer Butter, Salzfleisch und Malz, welches der Kaufmann von Julianehaab vorigen Herbst hierher gebracht hat, abholen zu laßen. Aus den mitgebrachten Briefen ersahen wir, daß sich unsre Geschwister daselbst wohl befinden.“

Am 20. April „reiste das Friedrichsthaler Weiberboot wieder von hier ab und [sie] *nahmen alles mit, was von ihren Sachen hier gelegen hat.“*

Am 27. April „besuchten uns einige Brüder, die schon vor einiger Zeit von hier auf ihre Sommererwerbpläze gezogen sind. Durch welche wir erfuhren, daß sich unsre Geschwister daselbst alle wohl befinden. Seehunde bekommen sie aber noch keine. Doch haben sie keinen Mangel. Auch erzehlten sie uns, daß unsere Geschwister Jonathans, welche in Onartok wohnen, die vor einiger Zeit durch Krämpfe ihres Verstandes beraubte Witwe Ernenina (eine Taufcandidatin), und deßwegen von ihren leiblichen Geschwister verstoßen wurde, zu sich genommen haben, und daß sie wieder auf guter Besserung wäre, welches uns sehr angenehm zu hören war, indem“ (= nachdem) „wir sehr verlegen über sie waren.“

Ein Grönländer im Kajak. Kupferstich von J. Swertner, 1766 (Herrnhuter Unitätsarchiv, TS. Mp. 129.7. g).

Am 1. Mai 1825 „feyerte Bruder Müller seinen 38. Geburthstag, woran das ganze Hausgemeinlein herzlichen Antheil nahm, und empfahlen ihn besonders“ am „Nachmittag bey einem Liebesmahl durch einige Segensverse dem Heiland zum Segnen.“

Am 12. Mai „kamen [...] mehrere Kajakke aus der Fiorde mit frischem Häring beladen, worüber auf dem ganzen Lande grosse Freude war. Nur ist zu bedauern, daß wir so vom großen Treibeis eingeschlossen sind, daß für jetzt kein Weiberboot auf den Häringfang kommen kann.“

Am 16. Mai „kamen unsre Dienstschwestern aus der Fiorde, wohin sie den 14. gefahren sind, um Heeringe zu ihrem Winter Proviant zu schöpfen. Haben aber nur wenige bekommen.“

„Da der verheiratete Bruder Ludwig vor einigen Tagen in seinem Kajak fischen gefahren ist und er nicht wieder nach Hause kam, so fuhren“ am 17. Mai „einige Brüder aus, um ihn zu suchen.“ Es „wurde aber nichts von ihm gefunden als sein Pfeil und sein Kajakruder.“ Er „ist vermuthlich vom Treibeis zerdrückt oder erschlagen worden.“

Am 18. Mai „fuhren 2 Brüder von uns auf den Heeringfang, um Stroh für unser Vieh daselbst zu hauen, woher sie“ am folgenden Tag „mit 2 Bootsladungen nach Hause kamen.“

Am 20. Mai „fuhren unsre Dienstschwestern abermals in die Fiorde, um Heeringe zu schöpfen und kamen" am 21. Mai „mit einer guten Bootsladung nach Hause." Die Heringe „sollen hier auf dem Lande getrocknet werden. Heute hörten wir, daß ein Bruder, der im Kajak auf die See ausgefahren ist, des oben genannten verunglückten Bruders Kajak ganz unversehrt auf der See schwimmend gefunden hat. Daher nichts anders zu vermuthen ist, als daß er auf ein Stück Eis ausgestiegen und in die See gefallen und ertrunken ist."

Am 23. Mai „brachten einige Dienstschwestern abermals eine Bootsladung Heeringe aus der Fiorde auf unser Land zum trocknen."

Am 31. Mai „fuhr ein Bruder von uns nach Süden, um eine Bootsladung Stroh daselbst zu hauen. In diesen Tagen hörten wir meist von allen Plätzen, wo sich gegenwärtig unsre grönländischen Geschwister auf Erwerbung aufhalten, daß sie sich alle wohl befinden bis auf 2 Brüder, welche krank sind und für die Arzeney bey uns geholt wurde. Auch soll nun der Seehundfang überall gut gehen. Der Heeringfang wird auch recht gut ausfallen, da es bis jetzt sehr schönes Wetter zum trocknen war."

„Heute," am 1. Juni 1825, „war besonders der angehende Synodus der Brüder Unität der Gegenstand unseres herzlichen Andenkens und Gebets. Und [wir] *fleheten den Heiland, daß Er selbst unter Seinen Dienern seyn und Sie nach Seinem Herzen leiten wolle und daß Er dadurch ein neues Feuer Seiner Liebe, die Ihn in Noth und Tod für uns getrieben hat, in aller Herzen der Brüder Unität anzünden möchte.*

Heute kam auch der Bruder, welcher gestern nach Süden gefahren ist, mit einer guten Bootsladung Stroh wieder nach Hause. Abends fieng es an zu Regnen und Schneien."

Am 5. Juni „kam der Bruder, welcher den 3." Juni „nach Süden gefahren ist, in aller früh mit einer guten Bootsladung Stroh nach Hause."

Am 7. Juni „fuhren wir 3 Brüder in die Fiorde, um Strauchholz für unsre Stuben und Küche zu machen, welches eine sehr beschwerliche Arbeit ist und besonders, da es nun nicht viel mehr gibt und weit übers Land getragen werden muß, ehe man es ins Boot laden kann. Bruder Popp hatte dabey das Unglück, sich mit seinem Beil ins Knie zu hauen. Doch war es, dem Heiland sey Dank, nicht gefährlich und ist durch dienliche Mittel, die wir bey uns hatten, nun auf guter Besserung. Und früh Morgens," am 15. Juni, „da wir die ganze Nacht gefahren sind, kamen wir wieder glücklich hier an."

Am 22. Juni „kamen unsre Dienstschwestern mit einer Bootsladung Wachholdersträucher nach Hause. Sie erzehlten, daß sie auf der Hinreise in großer Lebensgefahr gewesen wären, indem nicht weit von ihnen ein großer Eisberg zusammengestürzt sey, wodurch die See in eine solche Bewegung kam, daß sie nicht anders glaubten, als sie würden mit samt ihrem Weiberboot von den Wellen verschlungen werden. Der Heiland half ihnen aber doch noch gnädig durch, daß sie ohne Schaden davon kamen. Auch bekamen wir heute Briefe von unsern Geschwistern in Friedrichsthal, woraus wir ersa-

hen, daß sie sich alle wohl befinden und an der Grundmauer ihres neuen Hauses beschäftigt waren."

Am 30. Juni „kamen unsre Dienstschwestern mit 2 Bootsladungen Wacholdersträucher nach Hause. Da nun der Häringsfang, welcher sehr gut ausgefallen ist, vorbey ist, und sich mehrere Grönländer wieder bey uns sammeln, so wird ihnen in der Woche einigemal Versammlung gehalten. Da wir lange Zeit sehr trockne Witterung gehabt haben, so hat sich nun das Regenwetter eingefunden und" es „regnet schon über 8 Tage, und das große Treibeis dringt wieder mit Macht in unsre Fiorde."

Am 1. Juli „kriegten unsre grönländischen Brüder einen großen, weißen Bär, welcher eine Stunde von hier in unserer Fiorde auf dem Lande war. Und nachdem sie ihn in die See gejagt hatten, haben sie ihn mit ihren Pfeilen getödet."

Am 7. Juli „reiste unser Bruder Popp nach herzlichem Abschied und mit unsern besten Segenswünschen begleitet seinem Ruf zufolge von hier nach Friedrichsthal ab." Am 21. Juli, „abends spät, hatten wir noch die Freude, unsern lieben Bruder Baus, der seinem Ruf zufolge von Friedrichsthal hierher kam, hier zu bewillkommen. So wol die Hinreise deß Bruder Popps als auch die Herreise deß Bruder Baus waren wegen Schlechtwetter und Eis sehr beschwerlich, doch half ihnen der Heiland glücklich durch."

Am 1. August „brachten unsre Dienstschwestern das letzte Strauchholz, welches wir in der Fiorde gemacht haben, nach Hause. Die Mücken sind diesen Sommer bey der beständigen südlichen Witterung wieder so arg, daß sie uns schon wieder 4 stück Schafe ums Leben gebracht haben, welches für uns ein großer Verlust ist. Es ist, als wenn sich das Ungeziefer mit jedem Jahr vermehrte und ist eine wahre Landplage, indem sie Menschen und Vieh keine Ruhe lassen."

Am 4. August „fuhren 2 Brüder von uns nach Westen, um Gras daselbst zu hauen, und kamen Abends mit 2 guten Bootsladungen nach Hause."

Am 10. August „besuchte Bruder Müller [...] *den an der Auszehrung krankliegenden verheirateten Bruder Christian Heinrich. Er war schon sehr schwach und konnte nur wenig reden, doch bezeugte er noch, daß er sich sehr freue, balde zum Heiland zu kommen, und daß er gar nichts mehr im Wege habe, was ihn daran hindern könnte. Auch war die Äußerung seines alten Vaters bey der Gelegenheit sehr erbaulich, indem er sagte: ‚Ich freue mich sehr, daß ich wieder einen Vorgänger von den Meinigen zum Heiland habe, indem ich Hoffnung habe, bald nachzukommen.'"*

Am 29. August „fuhren 2 Brüder von uns auf die Heringfangstelle, um Gras daselbst zu hauen. [...] *Da es dieses Jahr ungewöhnlich viel Heidelbeeren und Krähenbeeren gibt, so sind die grönländischen Schwestern sehr geschäftig mit Einsammeln derselben.* [...] *Die Brüder sind fleißig im Seehundfang."*

Am 6. September „wurden die 2 Leichen deß im Kajak verunglückten ledigen Bruders Gabriel und deß kleinen Kindes Daniel zu ihrer Ruhestätte gebracht. [...] *Vor einigen*

Tagen fuhr" Gabriel „auf Seehundfang. Und da er einen Harponiert hat, riß ihn derselbe mit seinem Kajak um. Ein Bruder, der nicht weit von ihm ebenfalls auf Seehundfang war, kam ihm woll zu Hülfe und traf ihn noch lebendig an, gab aber bald den Geist auf. Und dieser schafte den Leichnam auf ein Stück Eis, wovon sie ihn mit einem Weiberboot abholten und hieher brachten." Derartige Unfälle kamen in den Gewässern Grönlands relativ oft vor.

Am 15. September „kam eine Familie Heiden hier an, welche hier überwintern und sich bekehren wollen."

„Da nun," am 30. September, „unsre Geschwister wieder meist alle sich hier bey uns eingefunden haben und auch etliche Familien aus den Heiden hieher gezogen sind, so werden die täglichen Versammlungen zahlreich besucht. Auch haben wir heute unsre Rüben eingeerndet, mit welchen wir 5 und 1/2 Tonnen füllten."

Am 7. Oktober „hatten wir die Freude, aus einem Schreiben deß Herrn Kaufmanns Konrad bey Julianehaab zu ersehen, daß das Schiff" von Europa „glücklich daselbst angekommen sey, welches wir unsern Geschwistern in Friedrichsthal sogleich durch expresse Postkajakke zu wissen thaten, um daß sie noch von ihren Sachen vom Schiff abholen können."

Am 9. Oktober „fuhr [...] unser Bruder Baus mit unsern 2 Weiberbooten nach Julianehaab, um unsere Sachen vom Schiff abzuholen."

Am 11. Oktober „kam unser Bruder Baus wieder glücklich hier an und brachte die meisten Sachen, welche wir mit dem Schiff von Europa erhalten haben, mit, wofür wir dem Heiland von Herzen dankbar sind.

Auch danken wir unsern lieben Geschwistern und Freunden in und außer den Gemeinen für ihre werkthätige Theilnahme an unserem Bestehen und wünschen Ihnen Gottes reichen Segen dafür."

Unter dem 12. Oktober 1825 ist vermerkt: „Da die Witwe Erkarak, welche diesen Herbst mit ihrer Familie aus den Heiden hieher gezogen ist mit dem ernstlichen Verlangen, ein Eigenthum Jesu zu werden, vor einigen Tagen erkrankte und sie ihr Ende vermuthete, so wurde sie einige mal von uns besucht und ihr die Liebe Jesu angepriesen. Und aus ihren Äußerungen war deutlich zu merken, daß der Geist Gottes schon lange an ihrem Herzen gearbeitet und sie auf das Einige Nothwendige aufmerksam gemacht hat. Und da sie sehr nach der Heiligen Taufe verlangte und sie ihrem Ende nahe zu seyn schien, so hatten wir kein Bedenken, nach einer kurzen Vorbereitung dazu, ihr ihren sehnlichen Wunsch zu erfüllen. Wir europäischen Geschwister und eine hübsche Anzahl grönländischer Geschwister giengen daher zu ihr ins Haus und nach einer kurzen Rede und Gebet und einigen Fragen, welche sie vernehmlich beantwortete, wurde sie unter dem nahen Bekenntniß deß Heilands in Jesu Tod getauft mit Namen Beatha."

„Nachdem wir unsern Geschwistern in Friedrichsthal die Ankunft deß Schiffes bey Julianehaab gemeldet hatten, so kamen heute,“ am 13. Oktober, „die 2 Brüder Popp und De Fries mit 4 Weiberbooten von dorther hier an, um von ihren Sachen vom Schiff abzuholen. Und“ am 14. Oktober „setzten sie ihre Reise weiter fort nach Julianehaab zum Schiff.“

Am 17. Oktober, „gegen Abend, kamen die 2 Brüder Popp und De Fries mit 4 Weiberbootsladungen von ihren Sachen vom Schiff wieder hier an, mußten aber eine halbe Stunde von hier ihre Boote ausladen und über Land zu uns kommen, weil die See um uns herum ganz zugefrohren war.“

Am 30. Oktober „glückte es endlich den 2 Brüdern Popp und De Fries, ihre Reise weiter nach Friedrichsthal fortzusetzen. Sie nahmen von hier 6 Säcke voll getrocknete Heringe zum Winterproviant für ihre Dienerinnen mit, weil es in dortiger Gegend keine gibt. Leider kam“ am „Nachmittag wieder starker Südwind und Schneegestöber, so daß sie 3 Stunden von hier wieder ausladen und übernachten mußten. Zum glück erreichten sie unsre Geschwister beym warmen Brunnen, wo sie doch bey der Kälte ein Obdach fanden.“

Am 7. November „fiengen wir die im Winter gewöhnlichen Versammlungen wieder an, nehmlich: Kinderstunden, Chorversammlungen und die Schulen der Kinder. Und [wir] *wünschen von Herzen, daß sich der Heiland aus Gnaden dazu bekennen und Seinen Segen dazu geben möchte.“*

Am 13. November, „nach der Abendversammlung, hatten die Nationalgehülfen, zu welchen 5 Geschwister hinzugethan wurden, und die Saaldiener und Dienerinnen und die übrigen dienenden Geschwister ein Liebesmahl mit Erbsen, wobey sie zur Treue und Pünktlichkeit in ihrem Dienst aufgemuntert wurden. Auch bekamen wir heute Briefe von unsern Geschwistern in Friedrichsthal, worin sie uns die glückliche Ankunft der 2 ledigen Brüder Popp und De Fries mit ihrem Provisonstransport meldeten.“ Sie beschrieben „aber auch zugleich ihre traurige Lage, in der sie sich befinden, indem ihnen der Sturm am 3. dieses Monats ihr altes Haus beinah über dem Kopf zusammen geschmißen hat. Und mit dem neuen Haus soll es noch trauriger aussehen, indem es der Sturm ganz aus seiner Lage verrückt und es dem Einsturz nahe sein soll. Sie mußten es unterstützen.“

Am 15. November „kam [...] *der Assistent, Herr Motzfeld, von der Collonie Julianehaab, mit seinem großen Fahrzeug hier in unsrer Bucht vor Anker, um Seehundspeck von unsern Grönländern einzuhandeln. Auch brachte er uns die Bretter zu unserm Schafstalldach, welche dieses Jahr mit dem Schiff zu Lande gekommen sind, und noch einige Tonnen, die wir nicht vom Schiff abholen konnten, mit, für welches wir sehr dankbar sind.“*

Am 21. Dezember „war das Begräbniß deß auf der See im Kajak verunglückten, verheirateten Bruders Gottfried. [...] *Am 19. dieses“ Monats „fuhr er früh von hier auf*

Seehundfang, wobey es den Seinen anmerklich war, daß er sein [...] gekauftes Cattunenes Oberkleid anzog, welches er blos an Feyertagen tragen wolte. Als er eine Stunde von hier gefahren war, verabschiedete er sich durch einen Kuß von einem ledigen Bruder, der ihn begleitete und nun einen andern Weg nahm. Bald darauf harpunirte er einen Seehund, der ihn mit seinem Kajak umwarf. Und wiewol nun auf sein Rufen ein anderer Bruder, der in einer ziemlichen Entfernung fahrend ihm gleich zu Hülfe eilte und ihn ans Land buxierte, so war er durch Näße und Kälte doch leider schon so geschwächt, daß er bald den Geist aufgab. Er hinterläßt eine Witwe mit 3 kleinen Kindern."

Am 29. Dezember „war früh morgens das Wetter ganz angenehm. Gegen Mittag kam aber plötzlich ein so gewaltiger Nordweststurm und Schneegestöber, daß mehrere unserer Kajakfahrer in großer Lebensgefahr waren. Und der große Knabe Nehemias verlohr dabey sein Leben in der See. Derselbe wurde 1809 gebohren und hier getauft. 1824, den 6ten Januar, wurde er in die Gemeine aufgenommen. Er war ein recht hoffnungsvoller Knabe und war seiner Mutter, die eine Witwe ist und nur den einzigen Sohn hatte, zur großen Unterstützung, weil er sehr fleißig gefischt und Vögel gefangen hat" und „daher ihr Verlust auch wirklich groß ist. Daher man es ihr auch nicht verdenken kann, daß sie ihn bitterlich beweinte. Um so angreifender war es für sie, weil der Körper nicht gefunden wurde."[86]

Erfolgreiches Wirken in Lichtenau

Johann Valentin Müller freute sich jedes Jahr auf den Winter. In dieser Zeit waren auf jeder Missionsstation große Teile der Gemeine versammelt. Er und seine Kollegen predigten dann täglich zu den zahlreich erschienenen Gläubigen, sie sangen gemeinsam festliche Lieder und feierten mit vielen Kommunikanten das Heilige Abendmahl. Die Missionare erteilten über die Wintermonate regelmäßig Religionsunterricht und vermittelten den Grönländern erste Kenntnisse im Lesen und in späteren Jahren auch im Schreiben und auf anderen Gebieten.

Im Oktober 1825 schrieb Müller: „Wir fangen nun an, in die Winterquartire zu ziehen, da unsre äusere Arbeit nun beendigt ist. Gestern hatten wir das Heilige Abendmahl, wobey die Communicanten 200 waren. Ich freue mich nun wieder auf den Winter, da wir in unserm Beruf unter den Grönländern wieder recht thätig und mehr Gelegenheit als im Sommer haben können, ihnen den Rath Gottes von ihrer Seligkeit zu verkündigen, wozu sich diesen Winter aufs Neue 4 Heydnische Familien eingefunden, die zum Erstenmal hier wohnen und sich bekehren wollen. Sie sind zusammen 20 Personen stark. Möchten sie bald alle des Heylands Eigenthum werden."[87]

Die einzelnen Missionsstationen sandten jedes Jahr ihrer Direktion in Deutschland eine Bestellliste von Dingen, wie Kleidung, Nahrungsmittel, Baumaterial, Einrichtungsgegenstände u.a., die sie für den eigenen Bedarf und den der Gemeine benötigten. Eine Abschrift des Papiers ging immer auch an den von der Entsendestelle eingesetzten Agenten. Zu jener Zeit hatte diesen Posten Bruder Reuß inne, dem in Kopenhagen die Aufgabe oblag, die gewünschte und genehmigte Ware zu besorgen und nach Grönland zu schicken. Da die Beschaffung von Brennmaterial vor Ort von Jahr zu Jahr schwieriger wurde, baten die Missionare auch um die Lieferung von Steinkohle.

Für die Herrnhuter Boten war es manchmal sehr schwierig, die Einheimischen von ihren heidnischen Gebräuchen abzubringen. Fassungslos war Müller über die folgende grausame Tat: Ein noch nicht lange getauftes Ehepaar begrub in Anwesenheit einiger Landsleute sein neugeborenes Kind bei lebendigem Leib. Schockiert war Müller über den Kollegen Michael Eberle, der, nachdem er von dem schrecklichen Ereignis Kunde erhalten hatte, weder das Ehepaar wegen „dieses heydnischen Gräuels" zur Rede stellte noch seinen Kollegen Bericht erstattete. Johann Valentin Müller prangerte auch weniger gravierende Abweichungen von der Ordnung der Niederlassung an. Es störte ihn, dass die Missionare mehrmals erst unmittelbar vor einem Begräbnis vom Ableben der betreffenden Person erfuhren. Die Beerdigung musste dann Hals über Kopf vorgenommen werden. Abendversammlungen begannen mitunter, statt wie gewohnt um 18.30 Uhr, nach Belieben des verantwortlichen Bruders schon um 15.30 Uhr oder wenig später, „wobey die im Kajak fahrenden und spät nach Hause gekommenen Brüder" die Versammlungen immer wieder versäumen mussten. Auch das hielt Müller für schädlich und änderungsbedürftig. Bei ganz schlechtem Wetter war man jedoch gezwungen, die Versammlung und den Unterricht zu verschieben oder sogar ausfallen zu lassen.[88]

Beim Umgang mit seinen Schützlingen wurde Müller mit manchen Überraschungen konfrontiert. Das erforderte eine gute Menschenkenntnis, viel Gespür und ein schnelles Reaktionsvermögen. So auch bei den nachfolgend geschilderten Begegnungen mit einer offensichtlich geistesgestörten Frau: Einmal „hatte ich in Gemeinschaft mit meiner Frau" zum „weiblichen Theil der sogenannten neuen Leute zu sprechen. Da kam unter denselben eine Witwe in die Stube, und, nachdem sie ihren Sitz eingenommen hatte, redete ich sie an und machte sie auf das Glück aufmerksam, welches der Heiland aus Erbarmen und Liebe zu ihr ihr habe zu Theil werden lassen, daß er sie hierher gebracht habe, damit sie seine trostreichen Worte hören, dieselben glauben und sich zu ihm bekehren könnte. Als ich noch so mit ihr sprach, nahm sie eine auffallend verzerrende Gestalt an, stampfte mit den Füßen und spuckte gegen mich aus. Ich machte sogleich die Thüre auf und ließ sie durch einige draußen befindliche Grönländer nach Hause bringen. Ich erfuhr dann, daß sich ein ähnliches Benehmen schon öfter bei ihr gezeigt hätte. Einige Zeit nachher entstand eines Tags ein großer Zusammenlauf von Menschen vor dem Haus, in welchem sich jene Person befand. Ich wurde durch einige Männer herzugerufen mit der Bemerkung, Arria, so war ihr Name, sei wieder vom Teufel besessen. In Begleitung" eines „Collegen [...] begab ich mich zu ihr in das Haus, aus welchem sämtliche Einwohner geflohen waren, versuchte sie in einem sanften Ton zu beruhigen, aber sie sprang von ihrem Sitz auf und ging auf mich los." Sie wurde aber von einem „Bruder [...] gefaßt und auf ihren Sitz zurückgebracht. Durch Reden und Vorstellungen gelang es mir, sie vor Thätlichkeiten ihrer aufgeregten Landsleute zu schützen. Indessen mußte ich sie, um diese zu beruhigen, in der nächsten Nacht binden und durch 4 starke Männer bewachen lassen. Während der Nacht schien sie auch ganz verständig zu sein, bat ihre Wächter, sie doch von ihren Banden zu befreien. Allein kaum war dies geschehen, so sprang sie auch alsbald wieder zum Haus hinaus, warf die ihr nacheilenden Wächter mit Steinen und stellte sich so ungeberdig, daß sie nur mit Mühe wieder ergriffen und in Verwahrung gebracht wurde. Sie wurde infolge dieser Vorfälle von ihren Angehörigen zu einer 2 Meilen von Lichtenau wohnenden Familie gebracht. Lange nach dieser Zeit hörten wir, daß man ihren Körper todt auf der See schwimmend gefunden habe. Ob sie selbst ins Wasser gesprungen oder auf andere Weise verunglückt ist, blieb uns unbekannt."[89]

Durch den Weggang des Ehepaars Eberle bedingt, übernahm der 39-jährige Johann Valentin Müller im Sommer 1826 die Leitung des Missionspostens Lichtenau.[90]

Das Leben in Grönland war voller Gefahren. Das zeigen auch die folgenden Beispiele: Im Dezember 1826 stießen einige Grönländer eine Meile von Lichtenau entfernt in der Nähe einer Behausung plötzlich auf einen Eisbären. Der war gerade im Begriff, den Inhalt eines von Einheimischen aufbewahrten und gefüllten „Specksacks" aufzufressen. Nach der damals üblichen Methode trieben die Männer das Tier zunächst ins Meer, weil es dort weniger manövrierfähig und damit ungefährlicher war als auf dem Land. Die Grönländer griffen dann in ihren wendigen Booten den Bären an und erlegten ihn. Kurze Zeit davor war ein Eisbär auf einer drei Meilen entfernt liegenden Insel am Eingang einer Unterkunft erschienen und hatte die Bewohner in Angst und Schrecken versetzt. Das Tier hatte sich zurückgezogen, „da ihm [...] vermuthlich der Eingang [...] zu unbequem" erschienen war. Anschließend hatten die Grönländer den Eisbären verfolgt und getötet.[91] Sein Fleisch hatte für die Grönländer so manchen Leckerbissen abgegeben. Die Einheimischen waren über diese und jede andere Abwechslung in ihren Mahlzeiten außerordentlich dankbar. So auch für das Liebesmahl, das ihnen am so genannten großen Sabbath 1827 spendiert wurde. Hier gab es als Geschenk von europäischen Freunden der Brüder-Unität Erbsenbrei und ein Stück Brot.

Das Quellenmaterial dieser Jahre verrät uns relativ wenig vom Privatleben Müllers und seiner Familie. Wir wissen, dass die fünf Jahre alte Tochter Ernestine „täglich 2 Stunden Strick-, 1/2 Stunde Lese- und 1 Stunde Zeichenschule auf dem Modeltuch" hatte. Der einjährige Constantin „schwätzte" grönländisch und deutsch.[92]

Im Jahr 1826 waren in der Familie Müller Freud und Leid nahe beieinander. Am 25. Juli kam ein Knabe zur Welt, der am 6. August vom Vater auf den Namen Heinrich getauft wurde. Der kleine Constantin „war dem Anschein nach ein sehr gesundes Kind von munterer und ernsthafter Art. Und durch sein gesprächiges Wesen war er bey den Europäischen und grönländischen Geschwistern beliebt. Obgleich er schon seit geraumer Zeit sehr unlustig zu Allem war, so achtete man es doch nicht eher, bis er sich am 12." August 1826 „ganz deutlich krank zeigte und zu Bette legte, da er in der Folge an Krämpfen unaussprechlich auf eine bedauerungswürdige Weise zu leiden hatte, wobey er die größte Gelassenheit bewies. Am 19. zeigte sich auf angewande Arzeney auch einige Besserung, die aber bald wieder verschwand, da die Krämpfe mit neuer Heftigkeit sich am 21. wieder einfanden und sein Ende auf eine liebliche Weise herbey führten, da er" am 23. August „in seines Herrn Frieden eingeführt wurde, seines Alters 1 Jahr 5 Monat." Bei der Beerdigung, die zwei Tage später stattfand, hielt der Vater die Trauerpredigt.[93]

Das Ehepaar Müller hatte für den kleinen Heinrich eine grönländische Wärterin. Eine derartige Hilfe dürfte allen Missionsehepaaren mit einem Kleinkind zur Verfügung gestanden haben. Die entlasteten Mütter konnten sich dadurch wichtigen Aufgaben der Station widmen. 1828 bat Müller seine Vorgesetzten in Deutschland um Erlaubnis, im Sommer 1831 mit seiner Frau die Kinder Ernestine und Heinrich „zur weiteren Erziehung nach Europa" zu bringen. Sie hätten vor, im darauf folgenden Jahr nach Grönland zurückzukehren.[94]

Mitunter sahen sich die Missionare mit Fragen konfrontiert, die für sie unlösbar waren. Dann baten sie die Entsendestelle um Rat. 1828 trugen sie ihr vor: Ein verheirateter Grönländer hatte mit der Ehefrau eines Mitglieds der Gemeine ein Verhältnis gehabt. Beide verschwanden plötzlich und konnten nicht aufgefunden werden. Deswegen wurde damit gerechnet, „daß sie beyde in der Raserey sich das Leben genommen haben [...], weil sie mit ihren Gauckeleyen, die allerdings sehr teuflisch ausgedacht waren, zu Schanden worden sind. Solte sich nun [...] binnen Jahr und Tag keine

Spur von diesen bösen Menschen finden, könnte man alsdann daran denken, den" Ehemann der ungetreuen Frau „wieder zu verheyraten?"[95] Die Missionsdirektion hielt es in dem geschilderten Fall für unbedenklich, die „abermalige Verheirathung" zu erlauben.[96]

Die Missionare in Lichtenau berichteten ihren Brüdern in Deutschland von der Absicht eines Dr. Pingel, den Winter 1828/29 bei ihnen zuzubringen, damit er „seine Kenntnisse vermehren" könne. Dr. Pingel habe den „Königlichen Befehl," zusammen mit einem Leutnant von Graah und einem Botaniker namens Wahl den südlichen und östlichen Teil Grönlands zu erkunden und eine neue Landkarte anzufertigen. Die Gruppe wolle auch die bei Lichtenau befindliche warme Quelle untersuchen. Diese befand sich auf der eine Meile vom Ort entfernt liegenden Insel Onartok. Johann Valentin Müller hielt den Wunsch Dr. Pingels für „unthunlich" und beabsichtigte, ihn „freundschaftlichst bescheiden" abzulehnen, zumal sonst „Unkosten, Unahnnehmlichkeiten und manche Stöhrung zuwachsen" würden.[97] Dr. Pingel änderte aber seinen Plan und überwinterte nicht in Lichtenau. Dagegen waren Leutnant von Graah und Botaniker Wahl mehrmals im Ort. Wahl fand hier viele Pflanzen, die er nur in Amerika vermutet hatte. Von Graah war beauftragt, heimlich die Berghöhen zu messen. Er bat die Missionare, von seiner Expedition zur Ostküste Grönlands nichts nach Europa zu berichten.[98]

Dank der zupackenden Art, des überzeugenden Auftretens und des unermüdlichen Einsatzes Müllers wuchs die Gemeine von Lichtenau ungewöhnlich rasch. Da er unter seinen Kollegen die weitaus beste Kenntnis der grönländischen Sprache besaß, hielt er die Gottesdienste schon seit Jahren gewöhnlich ganz allein. Er erfüllte freudig seine Pflicht und war gewöhnlich von früh bis spät auf den Beinen. Im Herbst 1828 waren „die letzten Heyden," welche sich noch in der Umgebung befanden, nach Lichtenau gezogen „mit dem Sinn, sich zu bekehren." Im Sommer 1829 bestand die Gemeine aus „663 [...] Personen [...] und 22 Ausgeschlossenen."[99] Wegen der beträchtlichen Größe überlegte man sich sogar, die Gemeine zu teilen oder den Missionsposten personell besser auszustatten. Von Ostern 1829 bis Ostern 1830 starben in der Lichtenauer Gemeine 35 Personen und damit mehr als fünf Prozent ihrer Mitglieder an einer „pestartigen" Krankheit, die den „europäischen Geschwistern" gleichfalls zu schaffen machte.[100]

Müller beherrschte auch die dänische Sprache, was ihm beim Umgang mit den Kollegen der dänischen Mission, mit Kaufleuten und mit anderen Europäern sehr zugute kam.

Wie bereits geschildert, bestand zwischen den benachbarten, aber immerhin nahezu 100 km voneinander entfernten Stationen Lichtenau und Friedrichsthal unregelmäßiger Besucherverkehr. Im Juli 1830 kam Bruder de Fries nach Lichtenau, um die für Friedrichsthal bestimmte Schiffsfracht abzuholen sowie Heringe und zwei Schafböcke „zum Schlachten" zu beschaffen. Am 16. Juli dieses Jahres war Müller „in Gesellschaft des Bruders Ulbricht auf der Reise nach Friedrichsthal." Sie „kamen dem Land bis auf 4 Stunden nahe, mußten aber wieder umkehren, nachdem" sie „wegen der Eismassen nicht eine Bootslänge mehr weiter" hatten kommen können.[101]

Besuch in Deutschland und dramatische Rückfahrt

Nachdem die Missionsdirektion Johann Valentin Müller die Erlaubnis erteilt hatte, zusammen mit seiner Frau die Kinder Ernestine und Heinrich zur Erziehung in die Kleinwelkaer Missionsanstalten zu bringen, begab sich die Familie im August 1831 auf die Reise nach Deutschland. Dort trennten sich die Eltern unter vielen Segenswünschen von den Kindern. Erst nachdem sich der Vater im Jahr 1854 zur Ruhe gesetzt hatte, konnte das Ehepaar seinen Sohn Heinrich wieder in die Arme schließen. Wie später noch zu berichten sein wird, starb 1845 oder 1846 die Tochter Ernestine, ohne den Vater und die Mutter noch einmal gesehen zu haben. Im Lebenslauf des Sohns Heinrich ist zu lesen, welch außerordentliches Opfer die Eltern mit der Trennung von ihren Kindern gebracht haben. Trotz der „besten und treusten Anstaltserziehung" haben sie diese viel vermisst. Er, Heinrich, habe bei seiner „Eigenart bis ins [...] Alter hinein diesen Mangel an Familienleben und Familienerziehung spüren müssen."[102]

Im Frühjahr 1832 begab sich das Ehepaar Müller, das wahrscheinlich auch diesmal nicht zu einem Besuch in Neckarhausen gewesen war, auf die Rückreise und erreichte am 7. Juli dieses Jahres wieder Lichtenau.[103] Die Seefahrt von Dänemark nach Grönland war voller Dramatik und Gefahren gewesen. Der in Band 1 der Gemeinnachrichten von 1833 erschienene „Bericht von der Reise der Geschwister Valentin Müller von Copenhagen nach Lichtenau in Grönland vom 31sten März bis 7ten July 1832" ist äußerst spannend und interessant. Daher soll er aus der Versenkung hervorgeholt und mit der folgenden Darstellung vor dem Vergessen bewahrt werden. Die Schilderung zeigt die gute Beobachtungsgabe und die überdurchschnittliche Fähigkeit des Augenzeugen Johann Valentin Müller, die schlimmen Ereignisse in lebendigen Worten wiederzugeben.

„Gleich bey unsrer Ankunft in Copenhagen am 21sten März vernahmen wir, daß unser Schiff, der ‚Wallfisch', auf welchem wir schon das Jahr zuvor die Reise von

Die älteste Missionsknabenanstalt in Kleinwelka. Öl auf Blech von Heinrich Immanuel Gregor (1792–1846) (Herrnhuter Unitätsarchiv, GS 620).

Grönland nach Europa zurückgelegt hatten, in kurzem segelfertig seyn werde, und bereits am 28sten wurden wir an Bord beschieden, worauf wir am 31sten unter Segel gingen. In der nächsten Nacht lagen wir bey der Insel Hven vor Anker und kamen am folgenden Tag in das Cattegat, mußten aber ungünstigen Windes halben bey Anholt wieder umkehren und auf der Rhede von Helsingör vor Anker gehen. Am 7ten April sahen wir unter mehr als 30 Schiffen auch die beiden Grönlandfahrer ‚Egedesminde' und ‚Navigation' von Copenhagen kommend auf uns zu kreuzen und in der Nacht neben uns vor Anker gehen. Tags darauf besuchten wir auf letzterem Schiff, an dessen Bord die Geschwister Tietzen und Bruder Richter sich befanden," die Glaubensfreunde, „welche uns sodann durch einen Gegenbesuch erfreuten.

Am 10ten früh gingen wir in Gesellschaft von mehr als 50 Schiffen, die nach allen Welttheilen bestimmt waren, abermals unter Segel. Die drey Grönlandfahrer blieben anfangs beysammen und passirten zu gleicher Zeit Kronburg; als wir aber ins Cattegat kamen, blieb die Brigg" (= zweimastiges Segelschiff) „‚Egedesminde' mehr und mehr zurück. Unser ‚Wallfisch' aber und die ‚Navigation' segelten so gut, daß alle mit uns zugleich ausgelaufenen Schiffe mit Ausnahme eines nach Brasilien bestimmten hinter uns zurückblieben. Nachdem wir am 17ten ins atlantische Meer gelangt waren, wurden wir von einem starken Südsturm befallen, der fünf Tage lang anhielt, da denn alle Passagiere seekrank wurden.

Am 25sten bekamen wir die ‚Navigation', die von uns getrennt worden war, wieder zu Gesichte, und Alles war hoch erfreut, nach dem erlebten Sturm wiederum ein Schiff auf dem weiten Weltmeer zu erblicken. Nach einigen Stunden kamen wir einander so nahe, daß wir uns gegenseitig nach dem Befinden erkundigen konnten. Die beiden Capitaine beschlossen nun, beysammen zu bleiben. Jetzt konnte man fast täglich mit einander sprechen, und wenn dieß nicht möglich war, so geschahen die Mittheilungen durch Signale, da beide Capitaine vollständige Signalbücher an Bord hatten. Dieß und der günstige Wind machte die Fahrt bis zum 2ten May überaus angenehm. Da wir uns jetzt nach der Schiffsrechnung im 56sten Grad der Breite und im 42sten der Länge von Greenwich befanden, so wünschte unser Capitain den bisherigen Cours Westnordwest in Nordnordwest zu verändern und gab dieß dem Capitain der ‚Navigation' früh um 2 Uhr durch Signale zu erkennen. Da diese jedoch mißverstanden wurden, so ward der bisherige Cours fürs erste noch beybehalten. Um 4 Uhr des Morgens wurde eine Meile nordwärts von uns ein Eisberg erblickt, eine in dieser Gegend ungewöhnliche Erscheinung. Um 7 Uhr segelten wir bey mehreren Schiffstrümmern vorbey, was unsre Aufmerksamkeit um so mehr rege machte, da dieselben immer häufiger wurden. Wir bemühten uns zwar, einige davon aufzufischen, wegen des starken Seeganges aber glückte es uns nur mit zwey Bootsrudern, auf welchen der Name ‚Shannon' eingebrannt war. Wir sahen nun deutlich, daß ein englischer Wallfischfänger in dieser Gegend verunglückt seyn müsse und blickten daher auf allen Seiten nach etwa noch vorhandenen Schiffbrüchigen umher. Während der Capitain in dieser Absicht auf den Mastbaum stieg, wurde ich vom Verdeck aus westlich von uns etwas aus dem Wasser Hervorragendes gewahr, welches der Capitain durchs Fernrohr für einen Masten ohne Segel erkannte. Ganz augenscheinlich mußten wir jetzt die wunderbare Fügung Gottes in dem Umstand inne werden, daß in der verwichenen Nacht aus Mißverstand der Signale unser Cours nicht war verändert worden. Denn wäre dieß geschehen, so würden wir nicht so glücklich gewesen seyn, das Leben einer beträchtlichen Anzahl Menschen zu retten, welche aufzunehmen wir bald Gelegenheit hatten. Beide Schiffe steuerten unverzüglich mit vollen Segeln nach dem erblickten Masten hin, und in kurzem konnten wir das ganze Wrak deutlich erkennen. Das gescheiterte Schiff war ein großer Dreymaster gewesen. Von den beiden Hauptmasten standen nur noch zwey Stücken mannshoch über dem Verdeck, der Besanmast" (= hinterster Mast eines Segelschiffes) „aber bis an den Mastkorb, und dieser war das Zeichen gewesen, welches wir aus der

Ferne wahrgenommen hatten. Die beiden Schiffe legten sich nunmehr unter dem Winde nahe an das Wrak, auf welchem man zwey Menschen am Schiffsgeländer sich anhaltend herumkriechen sah. Eiligst wurden die Boote abgesendet. Die der ‚Navigation' langten zuerst bey den armen Verunglückten an, worauf 16 derselben, welche sich selbst noch etwas forthelfen konnten, in die Boote gebracht wurden. 10 andere, die noch auf dem Verdeck lagen und vor Hunger, Nässe und Kälte sich kaum mehr zu bewegen im Stande waren, wurden von unsern Matrosen an Tauen vom Wrak ins Boot hinunter und eben so wieder auf unser Schiff hinauf gezogen. Über alle Beschreibung herzzerreißend war der Anblick dieser Jammergestalten, die zum Theil nicht einmal auf den Händen und Knieen sich von der Stelle zu bewegen vermochten und nun zitternd ihre fast erstarrten Arme flehentlich nach Speise und Trank ausstreckten. Nur der Capitain und der Schiffsarzt waren im Stande, sich auf den Beinen aufrecht zu erhalten. Die Geretteten wurden sodann auf beide Schiffe vertheilt, wobey uns der Doctor und 12 Mann und zwar meist die schwächsten zu Theil wurden. Den Capitain und die 12 übrigen erhielt die ‚Navigation'.

Mit dem gescheiterten Schiffe und dessen Besatzung hatte es folgende Bewandniß: Das Schiff, ein schöner englischer Wallfischfänger Namens ‚Shannon', von 48 Mann Besatzung, geführt von Capitain Dapis, war am 26sten März von Hull," dieses liegt nordöstlich von Sheffield an der Ostküste Englands, „auf den Wallfischfang unter Segel gegangen. Am 27sten April, früh um 3 Uhr, stieß dasselbe mit vollem Segel auf den Eisberg, welchen auch wir, wie oben bemerkt worden, am 2ten May gesehen hatten und der in einem Umfang von 20 Meilen wol der einzige seyn mochte. Das Bugspriet" (=über den Bug hinausragende Segelstange) „nebst den zwey Hauptmasten stürzten mit Segeln und Tauwerk in die See, und 22 Mann nebst 6 Schaluppen" (= Beiboote) „gingen sogleich über Bord. Das Schiff bekam von dem heftigen Stoß vorn einen großen Leck, schoß rückwärts unter das Wasser, kam wieder hervor und stieß nunmehr seine ganze linke Seite an dem Eisberg ein. Das Wasser drang sogleich in das ganze Schiff, und die noch schlafende übrige Mannschaft mußte sich nur halb angekleidet aus dem überall einströmenden Wasser schleunigst auf das Verdeck flüchten, ohne das Mindeste von Trinkwasser oder Lebensmitteln retten zu können. Eine Tonne Weizenmehl und eine Brodtonne hatten sie zwar auf das Verdeck gebracht, da sich aber das Schiff ganz auf die linke Seite bis an das Verdeck unter Wasser gelegt hatte, so nahmen die Wellen die Brodtonne mit sich fort, und den armen Schiffsbrüchigen blieb kein ander Mittel übrig, ihr Leben zu fristen, als das Weizenmehl mit Salzwasser anzumachen und diesen rohen Teig zu genießen. Zur Stillung ihres Durstes bedienten sie sich eines Stückes rohen Ochsenfleisches, welches sie beym Abgang von Hull auf die rechte Seite des Schiffes an die Luft gehängt hatten und welches von den Wellen glücklicher Weise nicht war weggeführt worden. An diesem Fleisch sogen sie, wenn sie durstig waren. Doch war dieß Mittel nichts weniger als hinreichend, weshalb einige aus Verzweiflung sich Wunden in die Arme machten und ihr eigen Blut tranken. Zum Aufenthaltsort diente ihnen am vordern Ende des Schiffs eine kleine noch trockene Stelle des Verdeckes, auf welcher sie unter einem Stück Segeltuch beysammen lagen, aber nur mit genauer Noth so viel Raum hatten, daß bey guter Witterung die Wellen nicht bis zu ihnen vordrangen. Hier nun hielten sich die Bedauerungswürdigen die ganze, lange Zeit über auf, einzig und allein der allmächtigen Hülfe Gottes in dieser schaudervollen Lage vertrauend. Oft zwar wollte ihnen die Hoffnung der Errettung verschwinden. Der Capitain aber munterte sie dann immer wieder auf durch die bestimmte Erklärung, wie er innigst davon überzeugt sey, Gott, der Herr, werde sie im Elend nicht gar zum Raube werden lassen, sondern ihnen Hülfe und Rettung senden. Hiedurch neu gestärkt und belebt unterließen sie dann nicht, ihre Zuflucht zum Gebet zu nehmen, und dieß, ihr Schreyen, drang empor zu dem Herrn, der erretten kann Alle, die Ihn von ganzem Herzen suchen. Wirklich war auch der Capitain der erste, welcher uns am Morgen des 2ten May erblickte und ihnen die frohe Botschaft zurief, daß zwey Briggs von Osten her auf sie zu gesegelt kämen, was sie aber lange nicht glauben wollten, und zwar um so weniger, da sie sämtlich allzu schwach waren, um gleich ihm auf den Besanmast zu steigen und sich mit eigenen Augen davon zu überzeugen, daß Gott mit Seiner Hülfe ihnen nahe.

Von der Religiosität dieser Leute bekamen wir späterhin einen sehr vortheilhaften Begriff. Selbst unsre ziemlich rohen Matrosen sprachen nie anders als mit Hochachtung von den rührenden Morgen- und Abendandachten dieser Engländer. Gar sehr bedauerte ich daher, daß ich aus Unkunde der englischen Sprache mich mit ihnen nicht unterhalten konnte, vornehmlich mit dem Doctor Campbell, einem 18jährigen, überaus sittsamen jungen Mann, aus Edinburg gebürtig, der einige meiner dortigen guten Freunde persönlich kannte. Während man bemüht war, die armen Verunglückten zu erquicken, und nachdem wir uns einigermaßen von unserm Erstaunen erholt hatten, umsegelte unser Capitain das Wrak, um zu versuchen, ob nicht vielleicht noch etwas gerettet werden könnte. Allein die Wellen schlugen mit solcher Heftigkeit in die offene Seite des Schiffes, daß es höchst gefährlich gewesen wäre, sich den Fässern zu nähern, die sich im innern Raume wälzten und an einander zerschmetterten und deren Inhalt nun einer zahllosen Schaar von Möwen zur Beute wurde, die sich um das Wrak gesammelt hatten.

Wir setzten daher in Gesellschaft der ‚Navigation‘ unsere Reise fort, und der Cours wurde jetzt Nordnordwest genommen. Nun aber entstand eine nicht geringe Verlegenheit, wie die 13 von uns aufgenommenen Verunglückten, die fast sämmtlich krank und in dem allerhöchsten Grade leidend waren, untergebracht werden sollten. Das Schiff war nämlich in Copenhagen schon so voll geladen worden, daß es viel Noth gesetzt hatte, ehe auch nur unsre Reisekoffer einen Platz hatten erhalten können. Meiner Frau und mir war ein Kämmerchen zu Theil geworden, in welcher die Bettstellen oder Koyen, jede eine Elle" (= 56 cm) „breit und viertehalb Ellen lang, über einander angebracht waren. Vor denselben stand ein Koffer und außerdem war in diesem engen Raum noch ein freyer Platz zum Stehen von der Größe einer Quadratelle. Das Fensterchen war 3 Zoll" (= 7 cm) „breit und 5 Zoll" (= 11,7 cm) „lang. Das Gemach war einem Gefängniß nicht unähnlich; und in dem nämlichen Verhältniß war der übrige Raum des Schiffes gleichfalls eingetheilt. Unsre Matrosen entschlossen sich endlich, im vordern Theil des Raumes, wo die Taue ihre Platz haben, fürs erste ihre Lagerstätte aufzuschlagen und den Kranken ihre Betten und Koyen, die sich in der warmen Küche befanden, einzuräumen.

Schon in der ersten Nacht starb einer unsrer Engländer am kalten Brande, und von den übrigen litten mehrere so empfindliche Schmerzen in den Gliedern, vorzüglich" (= besonders) „in den Beinen, daß sie wie kleine Kinder aufs kläglichste wimmerten und weinten. Kurz, es war zum Erbarmen, den Jammer dieser Unglücklichen mit anzusehen und anzuhören. Am folgenden Tag gab ein zweyter den Geist auf. Beide wurden sodann in der See begraben. Die Küche bot jetzt einen über alle Beschreibung widerwärtigen Anblick dar. In der Nähe des Heerdes und des Kochgeschirres lagen Leichen, einigen der Unglücklichen mußten in Verwesung übergegangene Stellen ausgeschnitten oder Zehen abgelöst werden, anderer nicht zu vermeidender Unreinlichkeiten zu geschweigen, und nur mit vieler Mühe konnte man sich überwinden, etwas von den Speisen zu genießen, die aus dieser mehr als lazarethartigen Küche kamen. Überdieß verbreitete der kalte Brand, an welchem mehrere der Kranken litten, einen höchst übeln Geruch im Schiffe, was befürchten ließ, daß unter dem sämmtlichen Schiffsvolk eine Krankheit ausbrechen könnte, und zwar um so mehr, da bereits einige unsrer Matrosen von Übelkeiten befallen wurden. Es mußten daher häufige Räucherungen mit Essig und Schießpulver veranstaltet werden. Zum Verbinden der armen Leidenden ward von jedermann Leinenzeug zusammen gesteuert. Auch waren wir bemüht, ihnen so viel möglich Kleider und Wäsche zum Umziehen und Wechseln zu verschaffen. Ich gab Rock, Weste, Beinkleider und Hemden her und meine Frau Hals- und Schnupftücher. Der Capitain Gramm und seine Leute boten Alles, was in ihren Kräften stand, auf, die Kranken zu pflegen und zur Linderung ihrer Schmerzen beyzutragen. Auch wurden sie, in so weit es ausführbar war, mit Essen und Trinken aufs beste besorgt.

Unter diesen Umständen sehnten wir uns gar sehr, bald das Land zu erreichen, wozu wir auch einige Hoffnung hatten, da wir ungefähr noch hundert Meilen von demselben entfernt waren. Am 6ten und 7ten May aber trat ein so heftiger Nordsturm ein, als wir auf der ganzen Reise noch nicht gehabt hatten. Durch diesen wurden wir 30 Meilen südwärts getrieben. In den folgenden Tagen bekamen wir jedoch wieder Südostwind, mit welchem wir am 11ten bis in den 60sten Grad 28 Minuten der Breite vorrückten, also gerade westlich vor Lichtenau. Nun segelten wir nach dem Lande zu, trafen aber bald auf Treibeis, welches uns nöthigte, wieder westwärts zu steuern. Wir kreuzten dann etwas nordwärts und suchten abermals das Land zu erreichen, trafen aber statt dessen nur unübersehbare Eismassen. Hierauf kreuzten wir gegen den Nordostwind, der sich jetzt eingestellt hatte, am Eise immer nordwärts und trafen am 21sten die ‚Navigation' wieder, welche wir im letzten Sturm verloren hatten, und freuten uns, von unsern Geschwistern zu vernehmen, daß sie sich noch wohl befanden. Auf genanntem Schiffe hatten sie es hinsichtlich der Geretteten ungleich leichter als wir auf dem unsrigen, indem jenes bey weitem nicht so voll geladen war, weshalb hinlänglicher Platz vorhanden war, die 13 Engländer im Schiffsraume unterzubringen. Auch war bey ihnen die Anzahl der Kranken weit geringer als bey uns. Dagegen aber waren sie minder reichlich als wir mit Trinkwasser versehen. Am 22sten starben abermals zwey unserer Kranken und zwar in ein und derselben Stunde. Die Herausschaffung der Leichen verbreitete einen so unleidlichen Geruch bis in die Schlafkammern, daß schon um 5 Uhr des Morgens eine große Räucherung durch alle Gemächer vorgenommen werden mußte, wodurch jedermann aus den Koyen verjagt wurde, um auf dem Verdeck frische Luft schöpfen zu können. Da nun noch ein Kranker in der Küche lag, welcher am kalten Brande leidend seinem Ende nahe war und der einen unerträglichen Geruch verbreitete, so wurde beschlossen, ihn im Kabeltauraum in einer Hangmatte unterzubringen, woselbst er am 25sten starb. Die Küche wurde nunmehr gründlich gescheuert, ingleichen die Koyen, in denen die Verstorbenen gelegen hatten; auch ward das ganze Schiff wieder durchgeräuchert.

An genanntem Tage schrieb Capitain Batig einen Brief an den unsrigen und ersuchte ihn, da wir den Arzt an Bord hatten, zwey seiner Kranken bey uns aufzunehmen, wogegen wir ihm zwey von unsern ziemlich wieder hergestellten Engländern übersenden möchten. Allein unser Capitain lehnte diesen Antrag ab, weil der Arzt wenig mehr zu leisten im Stande sey, da alle Arzneyen bereits aufgebraucht wären und wir überdieß noch vier Kranke an Bord hätten.

Als man am 27sten die Sonnenhöhe wieder erhalten hatte, welches der trüben Witterung wegen mehrere Tage hinter einander nicht hatte geschehen können, so segelten wir abermals dem Lande zu und näherten uns bey Schneewetter am 28sten früh, ohne auf Eis zu treffen, südlich von der Lichtenfelser Fiorde der Küste bis auf eine halbe Stunde, so daß wir schon die Brandung und die beschneiten Berge erblicken konnten. Es wurde nun vor dem Winde südwärts gehalten und am 29sten früh um 5 Uhr liefen wir in den Hafen von Friedrichshaab ein unter einem so heftigen Schneewetter, daß man das Schiff vom Lande aus nicht eher gewahr wurde, bis der Anker gefallen war und einige Kanonenschüsse abgefeuert worden waren.

Von hier sandten wir unverzüglich die aus Europa mitgebrachten Briefe nach dem 58 Meilen entfernten Lichtenau ab. Unser Schiff hatte bey Friedrichshaab einige Ladung ans Land zu setzen, worauf wir am 14ten Juny mit demselben wieder unter Segel gingen. In der folgenden Nacht geriethen wir sogleich ins Eis. Da aber die Witterung hell und der Wind nur schwach war, so konnten wir ohne Gefahr in demselben herum segeln. Doch erhielt das Schiff zuweilen ziemlich derbe Stöße. Und wenn man zurückblickte in die Gegend, aus der wir gekommen waren, so mußte man erstaunen, wie es möglich gewesen, daß das Schiff hatte hindurch kommen können. Zuweilen wurde es ganz windstille. Dann wurde das Schiff an einem Eisfelde befestigt, damit es nicht durch die Strömung an die nahe liegenden Klippen gezogen würde. Nachmittags stellte sich wieder etwas Wind ein, mit welchem wir langsam vorrückten. Wir erblickten jetzt viele Eisberge, die, wenn sie sich zuweilen überwälzen oder zusammenstürzen, sehr gefährlich werden können. An einem derselben mußten wir nahe vorbey segeln. Er war so hoch, daß unser Schiff mit seinen 160 Fuß“ (= 36 Meter) „hohen Masten in Vergleich mit jenem ganz unbedeutend erschien. Das Hurrahrufen der Matrosen, welche das Schiff in Booten vom Eisberge abwärts bugsirten, mußte wegen der Wirkung des Schalles auf denselben vom Capitain untersagt werden. Nachts um 12 Uhr erreichten wir endlich den Hafen von Kajartalik unweit der Handelsanlage Arsut. Von hier hatten wir noch 30 Meilen bis Lichtenau. Jetzt schrieb ich an unsre dortigen Mitarbeiter, daß sie uns ein Boot entgegen senden möchten, da wir das Leben auf dem Schiffe, auf welchem wir schon 11 Wochen in unserm engen Kerker verbracht hatten, gar sehr müde waren, zumal da die Kost von Tag zu Tage schlechter wurde und das Brod kaum mehr zu genießen war. Wir konnten aber erst am 26sten einen Kajakfahrer dahin vermögen“ (= dazu veranlassen), „mein Schreiben nach Julianenhaab zu bringen, von wo dasselbe dann weiter nach Lichtenau befördert werden sollte.

Das Eis drängte sich in den ersten Tagen unsers Stilleliegens mit Südwind sehr stark aufs Land und bis in unsern sehr guten Hafen. Doch verminderte sich dasselbe am 27sten durch einen Nordsturm, weshalb wir am 29sten wieder unter Segel gingen und bey frischem Nordwinde zwischen den zerstreut liegenden Eisfeldern behutsam hindurch fuhren. Als wir zu Mittag zwischen zwey eine Meile auseinander liegenden hohen Inseln uns befanden und im Begriffe standen, unsere Mittagsmahlzeit einzunehmen, erhob sich plötzlich von vorne ein Windstoß, der das Schiff unaufhaltsam gegen eine nahegelegene Klippe hintrieb. Das Vordertheil, welches man der Klippe durchs Steuerruder zuzuwenden versuchte, stieß an dieselbe, und nun saßen wir fest. Im ersten Augenblick entstand eine Art von Verwirrung, man erholte sich jedoch bald wieder von derselben und da die Fluth im Zunehmen war, so wurde ein sogenannter Warp- oder Windeanker mit einem Tau vom Hintertheil des Schiffes auf ein Eisfeld gebracht, welches längs desselben lag. Und während nun jedermann und auch 4 unsrer Engländer und 3 Grönländer das Schiff rückwärts an dem Eisfelde hinaus zu winden suchten, waren alle Matrosen auf den Booten bemüht, das Vordertheil über den Wind zu wenden. Und so glückte es mit der Hülfe Gottes, wieder los zu kommen, worauf die Fahrt weiter fortgesetzt wurde. Darüber aber ward es 4 Uhr, ehe wir ans Mittagessen denken konnten. Wir segelten nun auf das Vorgebirge Desolution zu und kamen Abends um 10 Uhr südlich vor demselben vor Anker. Den 1sten July gingen wir gegen Abend, weil es um diese Jahreszeit hier nicht Nacht wird, wieder unter Segel, kamen aber, da der Wind sich legte, durch den Strom getrieben gegen Morgen noch zweymal auf dem Grund festzusitzen, wobey das Schiff gewaltig hin und her schwankte, doch aber unbeschädigt wieder flott wurde. Um 6 Uhr gingen wir dann vor Anker. Hier wurden wir am 3ten July Abends durch die Ankunft unsers Lichtenauer Bootes erfreut. Da der Capitain am folgenden Morgen weiter zu segeln gedachte, so ersuchte er uns, mit dem Boote noch bey ihm zu bleiben, weil er dasselbe vielleicht nöthig haben könnte. Als wir unter Segel gingen, ließ ich daher das Boot hinter dem Schiff befestigen, die Ruderinnen aber in demselben sich bereit halten, nöthigenfalls sogleich voran zu eilen, um das Schiff ins Schlepptau nehmen zu können. Dies geschah den Tag über auch wirklich mehrmals, wodurch sie wesentliche Dienste leisteten. Während der Fahrt stimmten unsre Grönländer in ihrem Boote mehrere Liederverse an, deren schöne Melodien dem Capitain ausnehmend wohl gefielen. Am Abend kamen wir 3 Meilen westlich von Julianenhaab und 10 Meilen nördlich von Lichtenau wieder vor Anker. Den 5ten regnete es bey eingetretener Windstille heftig, und wiewol der Regen auch am 6ten noch nicht nachließ, so waren wir doch des mehr als 14wöchigen Aufenthaltes auf dem Schiff so überdrüssig, daß wir nicht mehr länger auf demselben aushalten wollten. Wir reisten daher zu Mittag auf unserm Boote ab mit einem in Worten nicht zu beschreibenden Dankgefühl gegen unsern lieben Herrn für die vielen Proben Seiner Durchhülfe und Bewahrung in den mancherley Gefahren, die Er uns während unsers 99tägigen Aufenthaltes auf dem Schiff huldvoll hat angedeihen lassen.

Kaum hatten wir eine Meile zurückgelegt, so klärte sich die Witterung auf, und unsere Grönländer waren hoch erfreut, daß sie sich jetzt allein in unsrer Gesellschaft befanden. Bey der Abfahrt von Lichtenau war ihnen anempfohlen worden, wenn sie Eis anträfen, doch ja alle mögliche Vorsicht anzuwenden, worauf sie, wie sie uns erzählten, erwiedert hatten, auf dem Hinwege können wir ja wol leicht in Gefahr kommen. Wenn wir aber erst unsre geliebten Lehrer bey uns haben werden, dann scheuen wir keine Gefahr mehr, eine Äußerung, die uns innigst rührte und beschämte. Diese ihre muthvolle Zuversicht sollte jetzt auf die Probe gestellt werden. Denn als wir an die Kakortokfiorde kamen, fanden wir dieselbe so sehr mit Treibeis versetzt, daß man vom Boote aus kein Fahrwasser erblickte, und unsre Grönländer glaubten, auf der Insel, an welcher wir angelegt hatten, das Zelt aufschlagen und daselbst übernachten zu müssen, was mir jedoch nicht einleuchten wollte. Ich stieg daher an Land und ward von einer Anhöhe gewahr, daß hie und da zwischen den Eisschollen doch etwas Wasser zu sehen sey und daß weiter südwärts das Eis weitläufiger liege. Daher schlug ich den Grönländern vor, einen Versuch zu machen, in das Eis vorsichtig hinein zu fahren, mit der Bitte, meiner Anweisung pünktlich Folge zu leisten. Da sie hiezu willig waren, so ergriff ich das Steuerruder und zeigte zugleich an, wo sie geschwind oder langsam von der rechten oder von der linken oder von beiden Seiten zugleich rudern sollten. Wir fuhren aber dreymal fest und hatten keinen Ausweg mehr, bis ich das vor uns befindliche Eis mit der Axt durchhauen hatte. Inzwischen glückte es uns endlich, den jenseitigen Strand zu erreichen. Es war dasjenige Land, auf welchem der Missionar Matthäus Stach, ehe Lichtenau angelegt wurde, im Jahr 1764 einen Winter verbracht hatte, weshalb diese Insel noch bis jetzt den Namen Matthäusland führt. Wir reisten nun die Nacht hindurch, und als wir den 7ten July früh um 4 Uhr uns Lichtenau bis auf eine Stunde Weges genähert hatten, strömten uns unsre lieben Grönländer von allen Seiten in Weiberbooten und Kajaken entgegen, so daß wir, ehe wir den Strand von Lichtenau erreichten, schon von einer beträchtlichen Anzahl von Geschwistern umringt waren. Am Strande, von welchem wir elf Monate zuvor mit unsern Kindern die Reise nach Europa angetreten hatten, wurden wir von unsern lieben Mitarbeitern unter Choralmusik feyerlich empfangen und herzlich bewillkommt. Innig froh und dankbar betraten wir nun wiederum unsre stille Friedenswohnung und gelobten dem Herrn, der uns zu Seinem Dienst berufen und glücklich hieher zurück geleitet hat, neue Treue und willenlose Ergebenheit, damit Sein Gnadenwerk an diesem Orte auch durch uns schwache Werkzeuge möge gefördert werden."[104]

Zurück in Lichtenau

Wenige Tage nach der Ankunft in Lichtenau begab sich Johann Valentin Müller zu dem weiter nördlich gelegenen Julianehaab, um einige Dinge abzuholen. Er verbrachte dabei „2 Tage und 2 Nächte auf dem Weiberboot in Eis und Regen und kam mit dem, was das Schiff für den hiesigen Platz von Europa mitgebracht hatte, glücklich" nach Lichtenau zurück.[105] Alsbald war Müller wieder mitten in seiner Missionsarbeit. Er stattete mit seinen zwei Kollegen Kögel und Baus den weiter weg wohnenden grönländischen Mitgliedern der Gemeine den üblichen Herbstbesuch ab. Dabei geriet er „im Eis ziemlich in Gefahr."[106]

Ein ungewöhnlicher Vorfall ereignete sich Anfang Juni 1833, als sich infolge eines Kompassschadens ein englisches Schiff nach Lichtenau verirrte und dort vor Anker ging. Es hatte eine für Neufundland bestimmte Ladung an Brot, Fleisch und Kartoffeln an Bord. Da das Schiff vier Wochen liegen blieb, nahm der Kapitän mit den Missionaren Kontakt auf und schenkte ihnen Kartoffeln, die sie dankbar annahmen. Der Kapitän und ein „anderer Herr, den er an Bord hatte," besuchten sogar einen Gottesdienst und den Friedhof, auf dem über 900 Christen begraben lagen.[107]

Die Missionare mussten im täglichen Leben kräftig anpacken, was schon aus der bisherigen Schilderung hervorgeht. Auch bei der folgenden Begebenheit wurde Johann Valentin Müller körperlich voll gefordert: Im August 1834 brachte ein Einheimischer ein der Missionsstation gehörendes und mit Gras beladenes Boot durch eine Unvorsichtigkeit am Strand von Lichtenau zum Sinken. Müller griff beherzt ein und ermunterte bis an die Knie im Wasser stehend die Grönländer, alle Kräfte aufzubieten, das Boot zu retten. Das gelang schließlich. Doch dergleichen Torturen wollten der „leider wankenden Gesundheit" des Missionars „nicht mehr recht zusagen."[108]

Immer wieder kamen in Lichtenau Nachrichten an über die in der Station Friedrichsthal herrschenden Schwierigkeiten. Unter anderem war der dortige Neubau der Kirche, bei welchem im August 1833 nur noch einige Dacharbeiten anstanden, viel zu groß und zu kostspielig geraten. Auch sonst lag dort vieles im Argen. Deswegen wurde das Ehepaar Müller 1834 nach Friedrichsthal versetzt. Es hatte darüber „nicht gleich die erforderliche Freudigkeit," weil eine große gegenseitige „Anhänglichkeit" zur Lichtenauer Gemeine bestand. „Es war in der Gemeine zu Lichtenau eine fortwährende Zunahme des geistlichen Lebens zu spüren, was sich sowohl beim Sprechen als auch im Schul- und Versammlungsbesuch kund that." Das Ehepaar akzeptierte aber die Abordnung als eine Fügung Gottes. Johann Valentin

Müller unterbreitete seinen Vorgesetzten auch Vorschläge, wie die Besetzung von Lichtenau und Friedrichsthal unter Abwägung vielfältiger Gesichtspunkte optimiert werden könne. [109]

Die Jahre in Friedrichsthal

Am 2. September 1834 verließen Johann Valentin Müller und seine Frau mit vier Booten ihren seitherigen Wirkungsort. In dem größten Kahn hatten sie die alte Lichtenauer Orgel geladen. Das „beinahe unbrauchbar gewordene“ Instrument war von Müller und seinem Kollegen Baus im Sommer 1826 „wieder repararirt und zum völligen Gebrauch in Stand gesetzt worden.“ Auf der Seereise nach Friedrichsthal mussten Müller und seine Frau wegen des Südostwinds und des aufkommenden Eises in dem Haus eines Kaufmanns einen unvorhergesehenen Aufenthalt von zwölf Tagen einlegen. Am 15. September trafen sie schließlich wohlbehalten in Friedrichsthal ein. Dort nahm Johann Valentin Müller als Stationsleiter sofort die Zügel in die Hand und brachte nach und nach Ordnung in viele der vernachlässigten Angelegenheiten. Durch seine Entschlossenheit gewann er rasch das Vertrauen der Grönländer. Die neue Gemeine war etwas mehr als halb so stark wie die Schar in Lichtenau. Sie umfasste zu jener Zeit 391 Personen, darunter 122 Auswärtige. Die Missionare kümmerten sich natürlich auch um die ungetauften Grönländer, in der Hoffnung, sie ebenfalls für Christus zu gewinnen.[110] Wie schwer das war, belegt das Beispiel eines 15 Jahre alten Mädchens, das kurz vor Weihnachten 1835 gefragt wurde, ob es wisse, welches Fest denn vor der Tür stehe. Nach der Verneinung erinnerte man es an das, was in den Versammlungen verkündet worden war, dass nämlich „der Heiland vom Himmel herab“ gekommen „und ein Mensch für uns geworden ist und wir deßwegen“ bald „seinen Geburtstag [...] feyern werden.“ Darauf erwiderte es: „Darüber habe ich noch nicht gedacht und habe auch keinen Begrif davon.“[111]

Den verantwortlichen Brüdern der Missionsdirektion blieben gewisse Unstimmigkeiten, die in der Station Friedrichsthal herrschten, nicht verborgen. Der bis an seine körperliche Grenze gehende, fast möchte man sagen besessen arbeitende Johann Valentin Müller wirkte auf die Kollegen manchmal schroff, kantig und ungeduldig. Bruder Schneider von der Entsendestelle warf ihm vor, er sei von einer „treiberischen“ Art und handele sehr schnell. Daran sei „wohl [...] etwas richtig,“ räumte der Getadelte in seinem Schreiben vom 24. Juni 1835 ein. Er warnte jedoch davor, in Grönland

Friedrichsthal. Lithografie, Verlag W. F. Neuhäuser (Herrnhuter Unitätsarchiv, TS. Mp. 122.4).

die in Deutschland üblichen Maßstäbe anzulegen. Er habe in seiner bisherigen Arbeit sicherlich schon zu schnell gehandelt. In weitaus mehr Fällen habe man ihm aber den Vorwurf gemacht, zu spät gewesen zu sein. So seien zum Beispiel „Eis, Wind und Wetter“ nicht berechenbar. „Wenn man darauf nicht vorbereitet“ ist, „kann die Verlegenheit groß werden.“[112]

Im November 1835 wurden die Missionare in Friedrichsthal vom Tod eines recht aufgeweckten grönländischen Jungen erschüttert. Seine Krankheit hatte mit einem Schnupfen begonnen. Daraus waren eine starke Erkältung und schließlich ein heftiges Fieber entstanden. Zur vermeintlichen Linderung hatten ihn die Mutter und Schwester völlig entkleidet im Vorraum des Hauses auf eiskalte Steine gelegt. Die völlig falsche Behandlung kostete dem Buben letztlich das Leben.[113]

Wenig später wurde der 48-jährige Müller von Erkältungskrankheiten geplagt. Diese hatte er sich in „der erstickenden Luft beym Halten der täglichen Versammlungen“ von den Einheimischen zugezogen. Er und seine Frau waren aber nicht „auch nur einen Tag an der Verrichtung“ der ihnen „obliegenden Geschäfte [...] verhindert.“

Johann Valentin Müller war es ein Dorn im Auge, dass die Missionare nicht mehr die traditionelle grönländische Fellkleidung, sondern seit einigen Jahren „unter allerley

Vorwand“ modernere Sachen trugen. Daher waren seiner Meinung nach die Ehefrauen viel mehr beschäftigt, da sie früher „nur die Unterkleider, Hemden usw. zu nähen, waschen und in Stand zu halten hatten.“ Doch Müllers Frau Johanne Dorothea übernahm klaglos ihre Arbeiten und erledigte sie zur Zufriedenheit aller. Am liebsten war ihr, wenn darüber nicht gesprochen wurde. Doch die stärkere Inanspruchnahme bei der Fertigung und Reparatur der Kleidung hinderte sie daran, ihrem Mann bei dessen „Geschäften“ mehr „zur Hand zu sein.“[114]

Das Ehepaar Müller wartete wie alle Mitbewohner immer gespannt auf Nachrichten aus Deutschland. Besonders interessierte sie das Befinden ihrer Kinder Ernestine und Heinrich. Die Missionsdirektion hielt die Eltern über deren Ergehen so gut es ging auf dem Laufenden. Am 8. Juli 1837 schrieb der Vater an Bruder Breutel aus Berthelsdorf u.a.: „Sehr beruhigend und erfreulich war es meiner Frau und mir, daß Du uns so gute Nachrichten über unsere Kinder ertheilen konntest. Besonders verbindlich danken wir Dir für Deine Versicherung, falls unser Heinrich zum Studium vorgeschlagen würde, die Sache möglichst unterstützen zu wollen.“[115] Gemeint war die Aufnahme in die Unitätsknabenanstalt von Niesky, die Heinrich tatsächlich schaffte. Ende August 1837 gelang ihm der äußerst schwierige Wechsel vom Internat in Kleinwelka in das von Niesky. Ein Jahr später trat Heinrich im Alter von 12 Jahren in das dortige Pädagogium ein. Hier erhielt er das Rüstzeug für den Dienst in der Gemeine.[116] 1840 bedankte sich Johann Valentin Müller bei den Mitgliedern der Unitäts-Ältestenkonferenz ausdrücklich für „die außerordentliche Vergünstigung,“ die sie seinem Sohn zugestanden hätten, nämlich das Studium auf dem Pädagogium fortzusetzen. „Der Heiland wolle [...] mit ihm sein und wolle ihn ganz für Seinen Dienst zubereiten und gedeihen lassen.“[117]

Die Eltern fühlten sich 1837 bis auf „gichtische Anfälle“ gesund. Im folgenden Jahr klagte Müller über Rückenprobleme und glaubte, sich schon während seiner Tätigkeit in Neu-Herrnhut beim Bierbrauen „durch Heben eines Fasses“ verdorben zu haben. Die „gehörige Warmhaltung“ des Rückens war „noch das beste Hilfsmittel“ gegen die Schmerzen. Dennoch konnten Müller und seine Frau in ihrem „schönen Wirkungskreis ungehindert thätig seyn und alle [...] Geschäfte nach Vermögen wahrnehmen.“

Über die Teilnahme der Grönländer am Abendmahl im Juli 1837 zeigten sich die deutschen Brüder sehr zufrieden. Hierzu kamen 169 „Mitgenossen“ und „es fehlten nur 4 Personen, die sich durch Eis von hier abgeschlossen befanden.“ Bei den vorangegangenen seelsorgerlichen Gesprächen, dem sogenannten „Sprechen“, zeigte sich, „daß niemand von den Communicanten sich soweit etwas hatte zu schulden kommen lassen, daß“ man „genöthigt gewesen wäre, demselben den Genuß des Heiligen Abendmahls zu versagen.“[118]

Das Leben in der Gemeine Friedrichsthal verlief damals von Ausnahmen abgesehen in geordneten Bahnen. Von den älteren, in ihren Geleisen festgefahrenen Männern konnte jedoch nicht allzuviel erwartet werden. Für die religiösen Anliegen aufgeschlossener zeigten sich die Frauen. Große Hoffnungen setzten die Missionare in die jüngere Generation, weil die Heranwachsenden, „manche bis in die 20er Jahre, nicht nur die Schulen fleißig" besuchten, „sondern auch besser das Gute," das sie gehört und gelernt hatten, befolgten.[119]

Arg zu schaffen machte auf den Herrnhuter Stationen die mit unliebsamen Reglementierungen verbundene staatliche Förderung derjenigen Grönländer, die gewillt waren, außerhalb der Missionszentren zu wohnen. Dadurch entvölkerten sich langsam, aber kontinuierlich die Orte Neu-Herrnhut, Lichtenfels, Lichtenau und Friedrichsthal, was die Arbeit der europäischen Brüder enorm erschwerte und sie zunehmend um einen Teil ihrer Früchte brachte. Als Gegenmaßnahme gingen sie dazu über, vermehrt geeignete grönländische Helfer, so genannte Nationalgehilfen, einzustellen. Ihnen wurde die Aufgabe übertragen, sich „auf den auswärtigen Plätzen" um „das arme Volk," das wegen des fast immer vorhandenen Eises für die Missionare nur schwer erreichbar war, zu kümmern. Die Gehilfen wurden vornehmlich aus dem Kreis der „in der Schule Erzogenen jüngeren Leute" rekrutiert. Solche Personen hatten jedoch im Umgang mit der älteren Generation erhebliche Probleme, weil es „dem grönländischen Charakter" nicht entspreche, „daß jüngere Leute gegen Aeltere als Belehrende [...] auftreten." Standen nicht genügend geeignete Helfer zur Verfügung, mussten auf den auswärtigen Plätzen so manche Versammlung und Unterrichtsstunde wohl oder übel ausfallen.[120]

Wie in den anderen grönländischen Niederlassungen der Brüder-Unität wurde auch in Friedrichsthal mit einer Glocke zu den Versammlungen und zum Schulunterricht gerufen. Hier wurde eine „allzugroße Glocke," die ganz im Freien hing, von einem der Missionsbrüder betätigt. Einmal wütete während des Läutens ein extrem heftiger Sturm. Der Mann, der das Glockenseil auf und ab bewegte, wurde dabei von einem starken „Windstoß ergriffen und hinweggeschleudert."[121]

Die geforderte Zucht in der Brüder-Unität war extrem streng. Das geht beispielsweise aus dem folgenden von Müller geschilderten Fall eines seelsorgerlichen Gesprächs mit zwei leiblichen, ledigen Schwestern hervor: 1840 hatte der Diakon die beiden in seiner „Stube gegeneinander abzuhören, von denen die jüngste, die die Schule besuchte, die älteste, welche keinen Schulunterricht benutzte, eines unzüchtigen Benehmens in Hinsicht eines ledigen Bruders beschuldigte, welches jene nicht zugestehen wollte. Und als diese ihr stärker aufs Gewissen ging, endlich so viel zugestand, sie habe blos nach jener Mannsperson zuweilen gesehen, sey sich aber keiner schlechten Handlung bewußt, worauf ihre jüngere Schwester ihr erwiederte: ‚Weißt Du nicht, was die

Schrift sagt, daß wir auch mit den Augen sündigen können?'"[122] Immer wieder warf die Kirchenzucht bei den Missionaren Fragen auf. Insbesondere die Handhabung des Ausschlusses von Sündern aus der Gemeine und ihre Wiederaufnahme durch Los (Readmission) bei gezeigter Reue bereitete ihnen manche Zweifel. Wenn sie in der Beurteilung des gerade vorliegenden Falls nicht sicher waren, wandten sie sich, wie bereits erwähnt, an ihre versierten Brüder in Deutschland mit der Bitte um die Lösung des Problems. So auch in dem folgenden geschilderten Fall einer Person, die „wegen bekannter oder erkannter Sünde von der Gemeine ausgeschloßen und in der Folge durchs Los wieder readmittirt worden" war. Nach der Wiederaufnahme wurde aber „noch ein Vergehen bekannt, was die Ausschließung von der Gemeine zur Folge hat und was von der betreffenden Person noch vor jener Readmission begangen, aber verheimlicht worden" war. Ein derartiger Sünder wurde nach der bis dahin praktizierten Regel erneut ausgestoßen. Müller riet den in Lichtenau tätigen Kollegen, die ihm die Sache vorgetragen hatten, die Regel beizubehalten. Um sicherzugehen, wandte er sich an die Missionsdirektion und schrieb, wie versteckt „manche Grönländer [...] in dergleichen bösen Dingen zu Werke gehen." Er erinnerte in dem Zusammenhang an ein Geschehen, das sich in Neu-Herrnhut zugetragen hatte: Ein Missionar hatte einem Grönländer dessen Readmission anzuzeigen. Dabei sagte der Erstere zu dem Einheimischen, „daß ihm der Heiland nun alle seine Sünden vergeben wolle. Worauf der Grönländer fragte: ‚Will Er mir in Wahrheit alles vergeben?'" Als der Missionar ihm dieses versicherte, sagte der Eingeborene weiter: „‚Nun, das hätte ich nimmer gedacht, denn ich habe doch viele Sünden und Mehreres, was ich Euch bis jetzt noch nicht gesagt habe.' Und er fing darauf ein neues Bekenntniß an und setzte hinzu: ‚Kujanak Dank sey es, daß ich nun von Dir gehört, daß mir auch dieses jetzt vergeben ist.' Hierdurch wurde der Missionar in die größte Verlegenheit gebracht."[123] Eine andere Frage befasste sich mit dem vorehelichen Geschlechtsverkehr. Dem Problem lag das Vorkommnis zugrunde, bei dem ein lediger Bruder mit einer ledigen Schwester intim wurde. Danach gingen die beiden miteinander die Ehe ein. Nach Auskunft der Brüder aus Berthelsdorf sei dennoch der Ausschluss der beiden unumgänglich. Die Friedrichsthaler Missionare wollten die Angelegenheit weniger streng ahnden und erinnerten an die in Grönland überkommene Regel, nach der das sündige Paar „blos vom Heiligen Abendmahl ausgeschloßen" werde „und [...] in der Folge nur durch das Los wieder hiezu readmittirt werden" könne. Die Fragesteller baten ihre Brüder in der Heimat um Auskunft, ob sie nicht doch bei der letztgenannten Regelung bleiben könnten.[124] Die Vorgesetzten blieben jedoch bei ihrem Standpunkt.[125]

Müller war es ein besonderes Anliegen, das Tagebuch der Missionsstation „mit Bestand der Wahrheit so reichhaltig als möglich zu machen." Wenn er keinen

Kollegen hatte, der „in den täglichen Gang der Gemeine hinein blicken“ konnte, übernahm er selbst die zeitraubende Arbeit, obwohl er von sich sagte, er sei „ein gar armer Journaliste.“ Er beanstandete so manche vermeintliche Ungereimtheit im Tagebuch. Zum Beispiel erscheinen an einer Stelle „die Grönländer in einem sehr vortheilhaften Lichte“ und kurz danach im genauen Gegenteil. Er gab dafür auch eine Erklärung: „Dieses Gegeneinandersprechen rührt nun meist daher, daß ich die Sachen gewöhnlich so niederschreibe, wie sie sich zutragen, wobey mir oft die Zeit fehlt, alles so zu verbinden, daß dadurch die scheinenden Widersprüche gehoben würden. überdis sind wir ungelehrte Leute zu solchen bindigen Aufsätzen ungeschickt und müssen um viel Nachsicht bitten. Meine Frau könnte mir beym Abschreiben hie und da etwas mehr helfen, wenn sie nicht Sonn- und Wochentage für den ganzen Haushalt beschäftigt seyn müßte, was aber nun besser werden wird.“[126]

Die grönländischen Missionsniederlassungen wurden, wie bereits angedeutet, mit zahlreichen Spenden bedacht. So meldete 1837 Friedrichsthal die Unterstützung der Station durch Freunde aus Aarau, Bern, Christiansfeld, Herrnhut, Lübeck, Magdeburg, Niesky, Stade, St. Petersburg, Stockholm, Zürich und aus dem Württembergischen mit Gaben wie getrocknetem Obst, Linsen, Erbsen, Grütze, Roggenmehl, Kleidung und Geld.[127] 1838 gingen den Friedrichsthalern „von Geschwistern, Freunden und Wohltätern der grönländischen Mission folgende Geschenke aus Europa“ zu:

„1. Durch Schwester Heinzelmann von den zur Basler Brüder-Sozietät gehörigen ledigen Schwestern, größeren Mädchen und Mägdlein etwas Hafergrütz und Mehl für Kranke und 25 Pfund Tabak zur Unterstützung solcher, die infolge Krankheiten nothleidend geworden. 2. Von mehreren ledigen Brüdern in Christiansfeld 1 Tonne Gerstengrütz für Kranke und von einer Gesellschaft lediger Schwestern a) 1 Tonne Roggenmehl zu einem Liebesmahl, b) ein Teil Mützchen und Hemdchen für neugeborene Täuflinge, c) 8 Stück weiße Leinwandhemden für unsere Ruderer-Schwestern. 3. 6 Stück gestrickte wollene Jacken von Missionsfreunden im Canton Zürch“ (=Zürich) „durch den lieben Bruder Pfarrer Barth in [...] für Waisenkinder bestimmt. 4. Von dem Hausgemeinlein und den Zöglingen des Instituts zu Montmirail Mehl zu einem Liebesmahl der Schule. 5. Von den Kindern des Herrn van der Mühlen in Lausanne Nähnadel und Fischhäckchen für fleißige Schulkinder. 6. Von Missionsfreunden in Holsingör 6 Pfund Tabak für arme Witwen und Waisen und 4 Reichsthaler für die Missionarien. 7. Von Mis. Mary Aikmann und dem Damen-Missionsverein in und um Edinburgh a) 1 Tonne Weißbrot, b) eine Kiste mit weißem Cattun, Flanel, wollene Strümpfe und Diverses für die Missionarien und Grönländer.“

Ein in London ansässiger Bruder gab noch Geld, das dieser „für die grönländische Mission durch besondere Collecte in seine Hände“ bekommen hatte. Mit dem Betrag wurden für den Friedrichsthaler Bedarf in Kopenhagen drei Tonnen Steinkohle gekauft. Mit Freude stellte die Missionskonferenz damals fest, dass sich die Grönländer „von Jahr zu Jahr [...] immer mehr an Fleiß und Wirtschaft gewöhnen. Den wirklich Armen konnten wir mit aufgekauften Seehundsfellen zu Kleidern aushelfen, wozu uns milde Gaben europäischer Freunde in den Stand gesetzt“ hatten. Um 1838 gab es behördliche Planungen, in Friedrichsthal eine Anlage für den Handel mit Seehundspeck einzurichten. Da Müller und seine Kollegen davon negative Auswirkungen auf die im Ort herrschende Ordnung befürchteten, lehnten sie das Vorhaben ab. Unbekannt ist, ob ihr Votum für die schließliche Aufgabe des Projekts verantwortlich gewesen ist.[128]

Mit einiger Sorge nahm Johann Valentin Müller Bestrebungen zur Kenntnis, ihn zum Wechsel nach Neu-Herrnhut zu bewegen. Daher wandte er sich am 26. Juli 1838 mit der Bitte an Bruder Breutel aus Berthelsdorf, ihn nicht nach dort zu versetzen. Sein Rücken bereitete ihm nämlich allerhand Beschwerden, und seine Frau fühlte sich gleichfalls gesundheitlich angeschlagen. Deswegen wollten sie die mit einem Wechsel verbundenen Umzugsstrapazen nach Möglichkeit vermeiden. Das Nachlassen seiner körperlichen Kräfte beschrieb Müller noch wie folgt: „Das tägliche Aus- und Einladen und aufs Landbringen eines grönländischen Bootes, wo das Schwerste [...] auf einer solchen Fahrt“ stets „auf den Europäer [...] fällt,“ überforderten ihn von Mal zu Mal mehr.[129]

Der Winter 1838/39 war von außerordentlicher Härte. „Fast beyspiellose Stürme mit vielem Schneegestöber“ herrschten nahezu sieben Monate. Alle Unternehmungen konnten während dieser Zeit nur unter extremen Anstrengungen durchgeführt werden. Daher waren die Grönländer in ihrer Arbeit „gar sehr gehindert.“ Erschwerend kam hinzu, dass im November 1838 „fast alle an der gewöhnlichen Schnupfenkrankenheit hart darnieder lagen“ und „daß die durch die Stürme verursachte furchtbare Brandung der See, die öfters viele Klafter hoch über“ ihren sonstigen Höchststand reichte, „ihnen viele Specksäcke und auch andere Lebensmittel entriß, welche ihnen sonst als Wintervorrath hätten dienen sollen.“ [130]

Der nächste Winter war einer der gelindesten, die Müller in Grönland erlebte. Zwar sank an einigen Dezembertagen die Temperatur auf –13 Grad Celsius und Anfang Februar auf -15 Grad Celsius, die Kälte war jedoch jeweils nur von geringer Dauer. Schnee gab es fast keinen. Wie im vorangegangenen Winter grassierte unter den Einheimischen der Schnupfen. Daran starben „drei alte Schwestern, die schon seit Jahren an der Auszehrung und Lungensucht“ gelitten hatten.[131]

Im Herbst 1840 hatten die Grönländer um Friedrichsthal Grund zu großer Freude. Die Männer fingen dort „einen großen Wallfisch [...], der vermuthendlich von einem andern Seeungeheuer verfolgt sich in eine schmale, tiefe Bucht geflüchtet hatte, in der er [...] nicht wenden und daher nicht mehr heraus konnte. Von diesem Fisch kamen alleine auf das hiesige Land gegen 12–14 Weiberbootsladungen Speck und Fleisch, das übrige kam auf auswärtige Stellen." Die riesigen Fleisch- und Fettmengen wurden unter den Einheimischen verteilt und sorgten für willkommene Abwechslung in der Ernährung.

Auch der Winter 1840/41 war ungewöhnlich mild. Aber „Regen und Stürme rasten fürchterlich. Einmal drückte ein Windstoß" eine Fensterscheibe des Wohnhauses ein, als Müller dort „am Schreibpult" arbeitete. Dabei flogen ihm die Scherben um den Kopf, zerfetzten ihm „vor der Feder" das Schreibpapier und wurden „in der ganzen Stube zerstreut. [...] Bruder Uellner, dessen Stube gegen Südost nach der Windseite" lag, „mußte den ganzen Tag bei zugemachtem Laden und brennender Lampe sitzen." Die Bewohner lebten in dem meist eisfreien Winter recht gut. Viele mussten den im Sommer angelegten Nahrungsmittelvorrat überhaupt nicht angreifen.[132]

Die schon früher erwähnten Spannungen, die zwischen der dänischen Mission und den Herrnhuter Brüdern bestanden, verstärkten sich durch neuere Maßnahmen der dänischen Kollegen. Da diese sich dabei auf einen angeblichen staatlichen Erlass beriefen, wünschte Müller 1839 eine Abschrift aller relevanten Bestimmungen. Fast flehentlich wandte er sich mit einem Schreiben vom 16. August 1839 an seine Vorgesetzten in Deutschland und trug ihnen den folgenden Sachverhalt vor: An die dänischen Missionsstationen war die Weisung ergangen, alle grönländischen Paare auf deren Wunsch hin zu trauen. Die Dänen legten nun die Verfügung so aus, „daß sie auch Leute von unsern Getauften mit den ihrigen trauen, ohne davon bey uns vorher eine Anzeige zu thun, und" behaupteten „dabey, daß sie Freiheit hätten, jedermann von unsern Getauften bey ihrer Mission aufzunehmen." Das Recht, Paare mit Partnern unterschiedlicher Glaubensrichtungen zur Ehe zu verbinden und Leute aus ihren Gemeinden in die Brüder-Unität aufzunehmen, wollten sie im Gegenzug der Herrnhuter Mission aber nicht zugestehen. Müller störte sich ungemein an der in jüngster Zeit von der dänischen Seite in seiner Gemeine intensiv betriebenen „Proselitenmacherei" (= aufdringliche Werbung für einen Glauben), „welches Machwerk sie mit der Autorität des Königlichen Handels in Verbindung zu bringen" versuchte. Wenn deren Getauften auch das Recht hätten, die Mission zu wechseln, würde ihm, Müller, „jene Proselitenmacherei" nichts ausmachen. Er hielt es aber nicht für glaubhaft, dass er und seine Leute „als Bekenner der augspurgischen Confession nach den dänischen Staatsgesetzen" nicht das gleiche Recht haben sollten wie die andere Seite.[133]

Während es dem dänischen Missionar bei Julianehaab gelang, „in Lichtenau schon mehrere junge Leute in seine“ Kirche zu locken, konnten die Herrnhuter Boten in Friedrichsthal bis 1840 jeden derartigen Versuch „durch schleiniges Eingreifen“ vereiteln.

Die Erfahrungen mit dem dänischen Vertreter, Inspektor Holböll, hatten die Brüdermissionare skeptisch gemacht. In jeder neuen Verfügung vermuteten sie eine Falle. So auch bei dem 1840 ergangenen Erlass, der ihnen erlaubte, „mehrere ihrer auswärts wohnenden Grönländer zum überwintern zu sich“ zu holen, „wenn eine gleiche Zahl von den vorher bei ihnen überwinternden dargegen auf auswärtige Plätze versetzt würde.“[134]

Johann Valentin Müller war fest gewillt, „den fortwährend feindlichen Gesinnungen und dem auf den Ruin“ der Herrnhuter „Grönländischen Mission“ zielenden „Bestreben des Inspecteurs und des“ dänischen „Missionars Jörgensen möglichst Gränzen zu setzen.“ Er war sich sicher, Inspektor Holböll wolle mit seinen schikanösen Vorschriften über den Aufenthaltsort der Grönländer während der Winterzeit diesen nur die Möglichkeit nehmen, „recht christlichen Unterricht zu erhalten.“ Daher schlug er vor, bei der dänischen Regierung vorstellig zu werden mit dem Ziel, für die Grönländer die freie Wahl des Aufenthaltsorts wiederherzustellen, Bestrebungen, die „Kirchendisciplin“ der Herrnhuter zu beeinträchtigen, einzustellen und die Übertrittsmöglichkeiten von der einen zur anderen Mission gerecht zu regeln.[135]

1841 riet die Missionsdirektion ihren europäischen Brüdern in Friedrichsthal, sich in der Auseinandersetzung mit der dänischen Seite zurückzuhalten. Diese versprachen, die Ratschläge „möglichst zu beachten.“ Sie wiesen jedoch auf die Schwierigkeiten hin, „auf einem so grundlosen Boden zu arbeiten, wo so wenig Privilegien für“ ihr „mühsames Wirken verhanden sind, und“ sie „dem Willen und der Gunst oder Ungunst eines jeden rohen Matrosen ausgesetzt“ seien, „die [...] die Missionare und deren Arbeit nirgends gerne sehen.“[136]

Einige Jahre später entschärfte sich vorübergehend das Verhältnis zum Vertreter der dänischen Regierung. In manchen Angelegenheiten bat er die Missionsstationen sogar um Rat und Unterstützung. So sollten sie ihre Erfahrungen über das Kaffeetrinken der Grönländer mitteilen und jenen das Angebot weiterleiten, nach welchem sie günstig Baumaterial für „Häuser nach Europäischer Art“ erwerben könnten.[137]

Alljährlich erhielt die Missionsdirektion in Deutschland von den einzelnen grönländischen Stationen einen Bericht über den Stand ihrer Gemeinen. Aus Friedrichsthal wurde berichtet, dass zu Weihnachten 1840 und Neujahr „alle unsere“ 390 „Getauften bis auf ohngefähr 10 Personen“ am Ort waren. Unter den Getauften befanden sich

119 Kinder und „zwei von der Gemeine Ausgeschlossene.“ Hinzu kamen noch „vier Ungetaufte, wovon zwei Taufcandidaten“ waren. Johann Valentin Müller „war es insonderheit auch lieb und erwünscht, daß“ er „Mitte Oktober einen Besuch bei allen unsern auswärts Wohnenden zur Ausführung bringen konnte.“

Anfang 1841 konnte ein „Mann, der 7 Jahre von der Gemeine ausgeschloßen war, zu derselben wieder readmittirt“ werden. Dagegen mussten drei Personen die Gemeine verlassen, „die im [...] Sommer“ 1840 „auf dem Lichtenauer Häringsfang [...] in grobe Fleischessünden gerathen waren.“[138]

In einem Schreiben vom 15. Januar 1841 ordnete die Missionsdirektion die Versetzung der Ehepaare Müller und Baus nach Lichtenau an. Diese verließen am 30. Juni 1841 „gegen 3 Uhr nachmittags“ Friedrichsthal. Müller beschrieb die Abreise wie folgt: „Innig beschämte es uns zu sehen, auf welche Weise unsre bisherigen Pflegebefohlenen ihre Anhänglichkeit uns noch zu erkennen zu geben suchten, indem unter andern kurz vor unsrer Abfahrt von Friedrichsthal noch 6 Bootsgesellschaften von den Inseln eintrafen, um uns noch einmal zu sehen und wohlleben zu heißen. 4 dieser Boote begleiteten uns nachher noch 2 Meilen weit, und ein Theil Kajaksmänner fuhren noch bis spät abends mit, bevor sie zu den Ihrigen zurückkehrten.“[139]

Erneut in Lichtenau

Über die Ankunft in Lichtenau heißt es: „Am folgenden Morgen,“ dem 1. Juli 1841, „gegen 8 Uhr trafen wir dann glücklich hier ein und wurden unter dem Blaßen von Chorälen von unsern europäischen und grönländischen Geschwistern aufs Liebevolleste empfangen, und von den Letztern kamen uns mehrere in ihren Kajakken und Weiberbooten entgegen, um uns ihre Freude über unsere Ankunft zu bezeugen.“

Die in Lichtenau vorgefundenen Verhältnisse waren für Müller sehr betrüblich. Er fand „alles heruntergekommen.“ Bei der Abreise aus Lichtenau im Jahr 1834 hatte es dort zehn von der Gemeine ausgeschlossene Personen gegeben. Nun waren es etwa 60, ein fürwahr „böser Sauerteig in der Gemeine. [...] Die Machereien der Handelsleute“ hielt er für „sehr nachtheilig auf den Gemeingang.“ Dennoch machte er letztlich eine andere Ursache für die ganze Misere verantwortlich, nämlich die falsche Anleitung der grönländischen Schützlinge. Gleich nach ihrer Ankunft übernahm Müller die Leitung der Geschäfte und seine Frau Johanne Dorothea die Verantwortung für das leibliche Wohl von 15 Personen. Die Essensvorbereitungen zwangen Frau Müller, gewöhnlich von früh bis spät und voll in der Pflicht stehend in der Küche zuzubringen. Ihrem Mann konnte sie deswegen in anderen Dingen kaum mehr zur Hand gehen. Dieser bat daher die Entsendestelle, die Missionsstation in Lichtenau künftig personell nicht mehr so stark zu besetzen. Zwei Ehepaare zusammen mit höchstens zwei ledigen Brüdern seien genug. Falls kein lediger Mann geschickt werden könne, seien auch drei Ehepaare möglich.[140]

Auch die in Lichtenau tätigen Sendboten erfuhren von zahlreichen Geschwistern, Freunden und Bekannten aus Europa erfreuliche Unterstützung. Glücklich schätzten sich die Missionare über 23 Passionsbilder, die ihnen zugegangen waren. Müller versah die Kupferstiche für die des Lesens kundigen Gläubigen mit dem jeweiligen grönländischen Text aus der Heiligen Schrift. Die Bilder ließ er dann während der Passionszeit als Hilfe bei seiner Arbeit und zur allgemeinen Freude unter den Einheimischen zirkulieren. Der Einsatz des ikonischen Materials zeugt von der pädagogischen Ader Müllers, über die noch zu reden sein wird. Er erkannte, ein wie wichtiges Mittel im Unterricht Bilder sind, um die Lernenden anzusprechen, sie zu Fragen anzuregen, ihr Verständnis zu fördern sowie ihre Motivation zu erhalten und zu steigern.

Der 55-jährige Johann Valentin Müller stellte 1842 nüchtern fest, er habe während der 29 Jahre im Grönlandmissionsdienst nie versucht, „das Brett [...] am dünnsten Ende [...] zu bohren." Stattdessen sei er stets bestrebt gewesen, sich den wichtigen Aufgaben zu stellen. Aber nun setzten sein schmerzender Rücken und kurzer Atem ihm arg zu und es falle ihm schwer, „mit in die Fiorde zu fahren und die schwere Strauchholzarbeit mit teils schwacher Assistenz auszuführen, wie es dieses Jahr der Fall" gewesen sei. Dennoch hatte er es sich nicht nehmen lassen, im Herbst 1841 zusammen mit seinen Kollegen wiederum die auswärts wohnenden und getauften Grönländer samt den Ausgeschlossenen zu besuchen.[141]

Wohl auf einen Wink von dänischer Seite hin sandte die Gemeine von Lichtenau am 11. August 1842 ein verspätetes und „von dem Nationalgehülfen Benjamin" aufgesetztes Beileidsschreiben zum Tod des dänischen Königs Friedrich VI. und eine Ergebenheitsadresse an dessen Nachfolger König Christian VIII. mit folgendem Wortlaut:

„Allergnädigster Herr und unser König!

Als wir vor 2 Jahren erfuhren, daß Seine Majestät, unser liebender und geliebter gewesener König Friedrich der 6., gestorben, waren wir alle gar sehr betrübt, weil Er allezeit sehr um uns bedacht gewesen und hat uns beschützen und bewahren lassen, daß uns nichts Böses irgendeiner Art wiederfahren durfte.

Indeß wurden wir auch wieder getröstet und dankten Gott dafür, als wir zu hören bekamen, daß Er in Dir uns wieder einen König gegeben. Und wir pflegen, von da an Gott öfters zu bitten, daß Er Dir, mit Einbegrif Ihrer Majestät, Deiner liebenswürdigen Gemahlin, Deinen liebenswürdigen Kindern und ganzen allerhöchsten Familie möge verleihen ein recht langes Leben, Gesundheit und großes Maaß von Weisheit und Kraft zu allen Deinen Verrichtungen, damit Du dieselben alle könntest vollkommen hinausführen und vollenden zu Seinem Wohlgefallen und alles Volk in Deinem Reich mit uns in Gemeinschaft, in Fried und Freude möge wohlleben können. Desgleichen empfehlen auch wir uns insonders Dir zu Gnaden, daß Du uns wollest bewahren und unsrer eingedenk seyn sowol was unser leibliches als geistliches Wohl und Beste betreffen könnte. So pflegen wir auch Gott, unsern Heiland, zu bitten, daß Er uns recht gehorsame Herzen schenken wolle zur willigen Befolgung aller Deiner Befehle und stets so handeln und wandeln möchten, wie es Kindern des Lichts und in Wahrheit Bekehrten zu Gott zu geziemen pflegt.

Schon voriges Jahr hätten wir wol allerdings diese, unsre Worte an Dich schreiben sollen, allein wir waren zu blöde und hielten uns für allzu unwürdig gegen Dich, da wir unwissende, geringe Menschen sind und aus dem Grunde ungewiß waren, ob wir an Dich schreiben dürften. Da uns aber unsre Lehrer, die Missionarien, gesagt haben, daß Du ein gar sehr menschenfreundlicher König seyst, der die Grönländer gar sehr lieb habe und Sorge für sie trage, daß sie in allem Nöthigen und was zu ihrem Besten gereiche, gefördert und unterrichtet würden, so beginnen wir dann endlich, diese, unsre Gedanken an Dich zu schreiben.

Wir trauen auf Deine große Gnade, daß dieses, unser Schreiben, von Dir wird wohl aufgenommen werden. Lebe wohl.

Dieses sind der hierher gehörigen ganzen Gemeine Gedanken, die ich geschrieben, der ich Benjamin bin allerunterthänigst.“[142]

Wie bereits erwähnt, bestellten die Stationen alljährlich die von ihnen benötigten Lebensmittel, Kleider, Materialien und sonstigen Dinge bei der Missionsdirektion in Deutschland. Gleichzeitig sandten sie jeweils eine Abschrift der Warenliste an den in Kopenhagen sitzenden Herrnhuter Bruder und Agenten. In der Regel tätigte dieser die Einkäufe und verschickte sie im folgenden Jahr an die Besteller. Nicht immer waren die Empfänger mit der Qualität der gelieferten Ware zufrieden. Zum Beispiel waren 1842 die von den Lichtenauern georderten Kartoffeln auf dem Schiff „gänzlich“ verfault. Deswegen mussten sie ein Jahr lang auf dieses wichtige Nahrungsmittel verzichten.[143] 1845 wurde aus Kopenhagen Roggenmehl geliefert. Dieses war in einem ganz miserablen Zustand und für den menschlichen Genuss unbrauchbar. Die gleiche Klage wurde auch in Friedrichsthal und Lichtenfels laut. Da die Brüder in Lichtenau sich keinen anderen Rat wussten, sandten sie ihrem in Kopenhagen tätigen Bruder Matthiesen eine Probe zurück, um damit beim Mehlhändler zu reklamieren.[144] Über eine Lieferung minderwertiger Bretter wird im Abschnitt ‚Handwerker, Bauleiter und Schwerarbeiter' berichtet werden.

Da die Kartoffeln erst neun bis zwölf Monate nach der Ernte bei den Verbrauchern in Grönland ankamen, war von ihnen für die Konservierung dieses Nahrungsmittels einige Kreativität gefordert. Gewöhnlich wurden dazu die Erdäpfel gekocht, gerieben und schließlich getrocknet. Die als Vorläufer des heutigen Kartoffelbreipulvers anzusehende krümelige Masse war dann noch längere Zeit haltbar.

Die Meldung von der 1842 oder 1843 erfolgten Vermählung ihrer in Deutschland lebenden Tochter Ernestine erreichte die Eltern Müller ganz unvorbereitet. Denn am 19. August 1843 schrieben sie an Bruder Früauf: „Daß unsre Tochter so jung verheirathet worden, war uns wol sehr unerwartet und nicht so ganz nach unserm Wunsch, indem wir sie lieber im Dienst des Herrn gesehen hätten. Da es aber nun so geworden, wie es ist, so müssen wir es als eine weise Lenkung vom Heiland ansehen, in dessen Führung und Fürsorge wir sie und unsern Sohn übergeben haben."[145] Schon drei Jahre später mussten die Eltern „den schmerzlichen Verlust" ihrer „so theuer gewesenen" Tochter Ernestine Schneider verkraften: „Wir können nichts dazu sagen und haben uns in den allweisen Willen des Heilands zu fügen. [...] Die Art und Weise, wie wir diese Trauernachricht zuerst vernahmen, war besonders erschütternd für uns. Während ich," Johann Valentin Müller, „nemlich den Postsack eröffnete und die angekommenen Briefe sortierte, kam meiner Frau ein Brief in die Hände, den Bruder Hasting von Lichtenfels an mich geschrieben. [...] Bei Eröffnung desselben fiel ein Bogen Papier heraus, worauf stand ‚Lebenslauf der verheirateten Schwester Ernestine Schneider'. Mit einem Strom von Thränen kam Sie auf mich zugelaufen sagend: ‚Ach mein, was ist das, die Ernestine ist heim.' In größter Bestürtzung erbrachen wir dann erst die Briefe, die uns dann das Weitere darüber sagten. Sie kommt nicht mehr zu uns, wir werden aber bald zu ihr kommen. Da wir so sehr an unsrer theuren, lieben Tochter hingen, so hatten wir und auch Sie es bereits in Gedanken, daß wir nach einigen Jahren unser Ruheplätzchen bei diesen, unsern Kindern nehmen möchten. Allein es war das nicht der Wille unsers lieben Herrn."[146] Da der erwähnte Lebenslauf von Ernestine Schneider, geborene Müller, im Unitätsarchiv in Herrnhut nicht auffindbar ist, muss er leider als verloren gelten. Daher ist über das Leben der jung verstorbenen Frau nichts Weiteres bekannt.

In die Trauer des Ehepaars Müller mischte sich aber auch die Freude über den Weg ihres Sohns Heinrich. Dieser war 1843 vom Pädagogium in das theologische Seminar in Gnadenfeld/Oberschlesien versetzt und am 5. September 1845 im Alter von 19 Jahren „im Dienst des Herrn in der so besonders schön blühenden Nieskyer Anstalt" als Lehrer und Erzieher angestellt worden.[147] Johann Valentin Müller und seine Frau gerieten dennoch immer wieder in einen Zwiespalt. Einerseits wollten sie Gott gehorchen und ihm in Grönland dienen, andererseits plagte sie ein großes Verlangen nach einem Wiedersehen mit ihrem einzig verbliebenen Kind.

Die in den ersten Jahren von Müllers dritter Lichtenauer Amtszeit unter den dortigen Missionaren ausgebrochene Zwietracht, auf die in dem Abschnitt ‚Handwerker, Bauleiter und Schwerarbeiter' näher eingegangen werden wird, forderte von Johann Valentin Müller und seiner Frau viel Kraft und Durchhaltevermögen. Beide waren trotz aller Schwierigkeiten stets darum bemüht, ihre seelsorgerliche Arbeit nicht zu vernachlässigen. So berichtete der Mann 1846 nach Deutschland: „Sonst hat der Heiland meine Frau und mich das letztvergangene Jahr gesund und recht erhalten, so daß wir unausgesetzt zugreifen konnten, wo es fehlte und nöthig war. Mich insonderheit hat der Heiland bis jetzt noch in meinem 60. Jahr stets so gestärkt, daß ich auch im Äußeren allenthalben noch in der vorderen Reihe stehen konnte. Und wenn uns eines unsrer Boote in öconomischen Geschäften vom Strande läuft, so befindet sich entweder Bruder Kögel oder ich darauf. Dem Herrn sei tausendmal Dank dafür! Meine Frau legt bei ihrer auch sonst nicht starken Leibesconstitution etwas mehr" Ruhe „ein und klagt oft des Abends über Müdigkeit und fällt zuweilen in den Schlaf, ehe wir zu Bette gehen, welches in der Regel um 9 1/2 Uhr geschieht. Und des Morgens stehen wir beide auf, wenn es 4 Uhr geschlagen."[148]

Da die grönländischen Gehilfen der dänischen Mission eine Besoldung zwischen drei und zehn Reichstalern jährlich erhielten, sollte nach Meinung der Missionskonferenz von Lichtenau ihren „Nationallehrern", die bisher lediglich mit etwas Tabak belohnt worden waren, ein gewisser Ausgleich zugestanden werden. 1846 beantragte sie daher, den acht „Nationalgehülfen [...] alljährlich [...] per Mann 3 Ellen Cattun oder Baumwollenzeug" zu geben.[149]

Im Sommer 1847 zeigte sich Johann Valentin Müller ganz entmutigt. Der nach Europa gereiste Bruder Asboe und seine ihm dort angetraute Frau waren trotz ausdrücklicher Bitte Müllers nicht einem anderen Missionsplatz zugewiesen worden. Seit den noch zu beschreibenden Umbauarbeiten war das Verhältnis zwischen Müller und dem jungen Kollegen nachhaltig gestört. Am 25. Juni 1847 trafen die Eheleute Asboe in Lichtenau zum Dienstantritt ein. Damit befanden sich drei Ehepaare und ein lediger Bruder in der Station, was aus Müllers Sicht ein unguter Zustand war. Er sandte daher am 13. Juli 1847 folgenden Hilferuf: In Lichtenau säßen sie „nun in mancher Hinsicht gedrängter beisammen als dies der Fall war, ehe das Haus umgebaut worden. Ich muß gestehen, lieber Bruder Breutel, noch nie habe ich mich während meines Dienstes in Grönland so entmuthigt und mißgestimmt gefühlt, als dies seit Ankunft der letzten Schiffsbriefe der Fall ist. Und ich möchte am liebsten die Feder hinlegen und kein Wort mehr weiter sagen.“ Als treuer und ergebener Bote der Brüder-Unität zeigte Johann Valentin Müller aber auch Verständnis für die getroffenen Entscheidungen. Er schrieb nämlich noch: „Für die Zeit ist es einmal so. Vielleicht wird es damit besser, wenn die Briefe erst wieder zum Schiff abgesandt sind. Ich kann es wol sehr gut einsehen, daß Ihr, liebe Brüder, in großer Verlegenheit waret, um die gegenwärtig in Grönland befindlichen Brüder alle unterzubringen, daher auch die starke Besetzung nicht als Bedürfniß, sondern als Noth-Sache angesehen werden muß. Wir müssen dann sehen, wie wir dabei durchkommen.“

Die zur Regel gewordenen Herbstbesuche der europäischen Brüder bei den weiter weg und verstreut lebenden Grönländern, die auf abgelegenen Plätzen ihrer Arbeit nachgingen, waren für die Reisenden wegen der Widrigkeiten bei See- und Eisgang sowie bei stürmischem Schneewetter oft mit vielen Strapazen verbunden. Als bester Starttermin galten die ersten Oktobertage. Im Herbst 1846 hatte sich Müller vorgenommen, die im Südwesten, Süden und Südosten von Lichtenau gelegenen zwölf der rund achtzehn bis zwanzig Niederlassungen seiner Schützlinge zu besuchen. Bei günstigem Fahrwasser und Wetter hätte er dafür knapp eine Woche veranschlagen müssen. Doch bald nach der am 5. Oktober erfolgten Abreise in einem Boot mit einer sechs- oder siebenköpfigen Besatzung stieß die Gruppe auf eine Eisfläche, die sich in der vorangegangenen Nacht gebildet hatte. Durch diese kämpfte sich die Mannschaft hindurch und erreichte schließlich das offene Wasser. Von dort wollte sie in einen Fjord fahren. Der war jedoch mit Eis bedeckt. An eine Weiterfahrt war also nicht zu denken. Daher gab Müller vorläufig den Plan auf, die sich in der Gegend aufhaltenden Familien aufzusuchen. Stattdessen ließ er die weiter westlich liegenden Wohnplätze ansteuern. Diese befanden sich auf kleinen und wegen der dort offenen See auch zugänglichen Inseln. Von hier kehrten er und die ihn begleitende Mannschaft nach Hause zurück. Alsbald startete Müller zu einem neuen Versuch. Diesmal konnte er wegen des vielen Eises aber nur eine Wohnstätte erreichen. Bei der letzten und dritten Tour gelang es ihm, noch fünf weitere Plätze aufzusuchen. Aber zwei der ursprünglich zwölf ins Auge gefassten Außenstellen blieben wegen des Eises für ihn unerreichbar.[150] Da die Grönländer auf den abgelegenen Plätzen gewöhnlich ganz provisorisch und ziemlich gedrängt wohnten, konnten sie manchmal für die Besucher keine Unterkünfte zur Verfügung stellen. Letztere sahen sich dann genötigt, in mitgebrachten Zelten zu übernachten. Kamen umgekehrt Auswärtige für ein paar Tage nach Lichtenau, war es für sie wegen der gleichfalls beengten Platzverhältnisse ebenso ein Problem, eine Herberge zu finden. Als Ausweg dienten dann wiederum Zelte. Wegen der zahlreichen stürmischen und regnerischen Tage war eine solche Unterkunft keineswegs ideal. Bei den einen drang das Wasser von unten in die enge Behausung ein, bei anderen tropfte es durch die Felle. Auch die Kleider und das Schuhwerk der Grönländer waren fast nie trocken. Nicht wenige Kinder liefen daher im Sommer barfuß.

Wie schon an anderer Stelle gesagt wurde, erschwerte die große Zahl der auswärts wohnenden Menschen deren Betreuung. Deswegen war es für die Missionare in Lichtenau ganz besonders erfreulich, dass zum Heiligen Abendmahl am 3. Juli 1846, an dem 226 Gläubige teilnahmen, zahlreiche Grönländer in über 20 Booten angereist kamen.

Im Frühjahr 1847 starb der überaus fähige einheimische Gehilfe Timays. Der Mann hatte bei 70 Mitgliedern der Brüderkirche auf der Inselgruppe Kittiksuarsuit westlich von Lichtenau gelebt. Dort hatte er im Winter täglich Versammlung gehalten und die Jugendlichen unterrichtet. Seine Aufgabe hatte er mit sehr viel Engagement, Geschick und Können erfüllt. An seinem Tun war praktisch nichts auszusetzen gewesen. Davon hatte Müller beim letzten Besuch im Herbst 1846 einen persönlichen Eindruck gewonnen. Ende Februar 1847 war Timays mit seiner gesamten Gruppe nach Lichtenau gekommen, um die Passionszeit mit der Gemeine zu begehen. Unmittelbar nach seiner Ankunft hatte ihn ein „Nervenfieber" überfallen, an welchem er trotz intensiver Pflege durch das Ehepaar Müller alsbald starb. Johann Valentin Müller stand nun vor dem Problem, für den Heimgegangenen einen Nachfolger zu finden. Zwar konnten von den 70 Bewohnern Kittiksuarsuits fast alle Frauen und Jugendlichen lesen, von den verheirateten Brüdern aber nur zwei. Diese hatten jedoch eine zweifelhafte Vergangenheit. So sah sich Müller genötigt, den Besseren als „Schulmeister" anzustellen und einen anderen Bruder, der nicht lesen konnte, zum Gehilfen zu nehmen.[151]

Im Jahr 1847 war im Missionarskreis der Niederlassung Lichtenau die Handhabung der Konfirmation ein wichtiges Thema. Zur Diskussion stand eine Angleichung des in Grönland praktizierten Verfahrens an das seit Jahren in den deutschen Gemeinen übliche Procedere. Müller stellte die Frage, ob die Nachteile einer Änderung nicht ihre Vorteile „weit übertreffen." Er äußerte gewisse Bedenken zu dem Plan, bei der Zulassung zur Konfirmation nicht mehr das Los zu befragen. Er befürchtete bei der Neuerung so manchen Missgriff. Obwohl die Missionare den Grönländern bisher verschwiegen hatten, dass „bei Aufnahme in die Gemeine, bei Confirmationen, bei Readmissionen und dergleichen" ein Los gezogen wurde, waren letztere mit den getroffenen Entscheidungen stets zufrieden. Deren „schöne Einfalt" erleichterte „uns vieles bei diesem armen Volk," so Müller. Um eine Annäherung der beiden Positionen zu erreichen, wollte Johann Valentin Müller einerseits das Losverfahren erhalten. Andererseits sollten sich dann diejenigen, die bereits im Laufe des Winters zur Konfirmation zugelassen wurden, bis zum eigentlichen Festtag, „etwa am Sonntag Palmarum," gedulden.[152]

In Lichtenau fanden auch im Sommer wöchentlich drei bis vier Versammlungen statt. Hinzu kamen jeden ersten Montag im Monat die Gebetsversammlungen. An den so genannten „Gemeinbettagen", die man in den Wintermonaten hielt, wurde in den „Früh- und Abendversammlungen für das ganze Reich Gottes, Christen und Heiden gebetet."

Der gemeinsame Morgensegen „für die ganze Hausfamilie," also für die Menschen, die in dem Haus der europäischen Brüder und Schwestern lebten, bereitete einige Schwierigkeiten. Sie wurden gewöhnlich von den vielfältigen Pflichten der Missionare, die sie oft außer Haus riefen, verursacht. Doch in keinem Zimmer wurde versäumt, täglich aus den Herrnhuter Losungen und aus „Erbauungsbüchern" zu lesen.[153]

Die regelmäßigen Schreiben der Missionsdirektion hielten die in der Ferne wirkenden Brüder und Schwestern auch über das außerkirchliche Geschehen in der Heimat auf dem Laufenden. Sie erfuhren von dortigen Schwierigkeiten: 1846 war „der politische Himmel nicht frei von manchen schwarzen Wolken" gewesen. Im vorangegangenen Jahr war „eine früher nicht gekannte Fäulniß, welche einen Teil der eingebrachten Kartoffeln zerstört" hatte, für viele sehr problematisch gewesen, zumal in Deutschland zu jener Zeit die Lebensmittelpreise in die Höhe geschnellt waren. „Aber die Eisenbahnen" hatten den Leuten einige „Verdienste" gebracht „und der [...] milde Winter" 1845/46 hatte ihnen „viel Holz" erspart.[154] Die Missionare zeigten sich 1848 sehr besorgt über die in Europa herrschenden „bedenklichen Dinge" und meinten damit die dort ausgebrochene Revolution. Sie sahen sich sogar „am Rande der Zeit stehen, von der der Heiland kurz vor Seinem Leiden geweissagt hat und ausgesagt, daß wir auf die Zeichen dieser Zeit achten, dabei aber wachen und beten sollen."[155] Der revolutionäre Geist, der Teile der Bevölkerung Europas in der Mitte des 19. Jahrhunderts erfasst hatte, strahlte bis in die Stuben der in Grönland wirkenden Missionarskollegien aus. Voller Verbitterung fällte Müller damals das folgende Urteil: „Ich kann mich noch immer nicht von der Ansicht trennen, daß unsre Grönländische Mission zu stark mit Leuten besetzt ist, die nicht nur die Ausgaben vermehren, sondern auch in den meisten Fällen dem innern Gang der Gemeinen und der eigentlichen Mission nur störend und hemmend in den Weg treten. [...] Es ist in der That auffallend, daß derselbe Geist, der in Europa alles von früher her Bestehende, alle Gesetze und Ordnungen usw. zu zerstöhren sucht und nirgends einen Zaun leiden will, seit mehreren Jahren auch hier in Grönland sogar unter den Missionarien immer deutlicher und dreister hervor tritt. Was ich dabei denke und fühle, möchte ich Dir, lieber Bruder Breutel, lieber ins Ohr sagen als schreiben. Unser lieber Herr wolle in Gnaden verhüten, daß meine Ahnung" eintrifft.[156]

Johann Valentin Müllers Heimatort Neckarhausen wurde von den Revolutionswirren hart getroffen. Hier und im benachbarten Ladenburg lieferten sich badische Freischärler und mecklenburgische sowie hessische Reichstruppen vorwiegend an der gerade fertig gestellten Eisenbahnbrücke erbitterte Gefechte. Am 17. Juni 1849 war Neckarhausen, dessen Bevölkerung größtenteils die revolutionären Ideen unterstützte und zu deren Durchsetzung zu Opfern bereit war, von nahezu 18.000 Freischärlern besetzt. Um diese Zeit griffen preußische Reichstruppen in die blutigen Kämpfe ein. Als die in Neckarhausen verschanzten Freischärler am 22. Juni von der vernichtenden Niederlage, die ihre Truppen bei Waghäusel erlitten hatten, erfuhren, verließen sie fluchtartig den Ort. Die nachrückenden Preußen besetzten daraufhin das Dorf.[157]

Johann Valentin Müller gab sich auch später als Anhänger des Althergebrachten und Gegner der Demokratiebestrebungen zu erkennen. Im Zusammenhang mit den Neuerungswünschen in der Kirche schrieb er am 11. Juni 1852 an Bruder Cunow von der Missionsdirektion: „Wenn nur nicht der Democraten Geist auch dort sein Haupt erhebt."[158]

Nach wie vor aber waren die kontinuierlich gewachsenen Schwierigkeiten mit den auswärtigen Grönländern das alles beherrschende Problem der Missionare. Die laufende Abwanderung der Getauften in weiter weg und mehr oder weniger isoliert liegende

Die Eisenbahnbrücke Ladenburg-Neckarhausen mit Blick auf Ladenburg. Stahlstich von Worms und Eckert um 1850 (Privatbesitz).

Gegenden wirkte sich in wachsendem Maße negativ auf die „Gemeinzucht" aus. „Gleichgültigkeit und geistliche Bedürfnißlosigkeit" machten sich breit. Davon wurden sogar diejenigen erfasst, die im Winter in Lichtenau lebten. „Mit List und Versuchung" zielten die Händler darauf ab, immer noch mehr Grönländer nach auswärts zu locken. Die Situation erschien den Herrnhuter Boten 1848 als ausgesprochen ernst, da sie für den nächsten Winter mit lediglich etwas mehr als 260 bei der Station bleibenden Getauften gegenüber rund 400 Auswärtswohnenden rechneten. Zur „Beaufsichtigung und Pflege" der letztgenannten Gruppe fehlte es ihnen an fähigen Nationalgehilfen. Ihre eigenen Besuche bei den Außenquartieren erschienen ihnen viel zu spärlich und hatten nicht die gewünschte Wirkung. Ihrer Meinung nach hatten sie dabei viel zu wenig Gelegenheit, „den zerstreuten Schaafen ein Wort des Trostes, der Ermahnung usw. ans Herz" zu legen. Als Folge davon waren schon zu den Weihnachts- und Neujahrsfeierlichkeiten 1847/48 spürbar weniger Grönländer nach Lichtenau gekommen als in früheren Jahren. Schuld daran war auch der große Mangel an Lebensmitteln. Sowohl im Sommer 1847 als auch im darauf folgenden Winter fielen die Fang- und Jagderträge auf der See sehr gering aus. Der milde Winter erlaubte jedoch den in Lichtenau wohnenden Menschen, sich mit der Ausbeute ihres fast täglichen Fischfangs über die Runden zu retten. Aber nicht alle, insbesondere die Kinder und älteren Leute, vertrugen die eintönigen Fischmahlzeiten. In Notfällen halfen die Missionare mit den Gaben aus, welche sie „von lieben Freunden und Wohlthätern zu solchem Gebrauch erhalten hatten, so daß die Nothleidenden weder der Missionscasse und noch weniger dem grönländischen Handel zur Last fielen, zumal der Inspector bereits im Herbst schon seinen Untergebenen aufs strengste verboten hatte, den Grönländern etwas zu borgen oder auszuhelfen, wenn sie mangeln sollten." Glücklicherweise hatten die Grönländer im Frühjahr 1848 einen beachtlichen Seehund- und Fischfang. Er gestattete ihnen, sich einen großen Wintervorrat anzulegen.[159]

Die Einheimischen, die beabsichtigten, die Wintermonate bei der Missionsstation zu verbringen, kamen in der Regel im September dort an, um ihre Erdhütten auszubessern. Gewöhnlich taten dies die Frauen. Sie richteten die im Sommer zusammengefallenen Mauern notdürftig her und überließen mit einer gewissen Gleichgültigkeit das Weitere dem zu erwartenden Frost. Der sollte die Lehmbauten festigen und für die Winterzeit haltbar machen. Die Erdhütten, die in der Regel etwa 6 Meter lang und 3,60 Meter breit waren, wurden oft von vier, sechs oder gar acht Familien mit insgesamt bis zu 40 Menschen bewohnt. Eine Person hatte daher mitunter nicht viel mehr Raum, als sie zum Sitzen und Liegen nötig hatte. Das Innere einer derartigen Behausung bestand lediglich aus einem durch den ganzen Bau führenden Gang und einem Raum mit Schlafkojen. Auf dem Flur befanden sich die Fenster sowie an einem Ende eine niedrige, nach außen führende Haustür. Die Schlafstellen waren durch etwa 1,80 Meter lange und 90 Zentimeter hohe Wände voneinander getrennt. Diese bestanden aus einigen Hölzern und daran befestigten Fellen. Nach Beendigung der Reparaturarbeiten an ihren Erdhäusern verließen viele Frauen Lichtenau und gingen auf Beerensuche.[160]

Pessimistisch registrierte Johann Valentin Müller 1848 die von Jahr zu Jahr wachsende „Feindschaft gegen alles Göttliche und Geistliche," zu der nun noch eine Aversion „gegen alles, was deutsch" war, hinzu kam. „Der Heiland wolle sich über das arme Volk erbarmen und Seine Gnadenhand nicht von ihnen abziehen!"[161]

1848 erhielt die Gemeine Lichtenau von ihren Geschwistern auf dem Festland eine neue Orgel. Mit dem Schiff kamen außerdem „noch mehrere Sachen, die sich durch die Kriegsunruhen verspätet hatten." Darunter befanden sich „einige Fässer gedörrtes Obst." Die Spenden kamen „von Missionsfreunden aus Karlsruhe, Rastatt, Bretten, Königsfeld, Durlach, Eberbach, Friedrichsthal, Leutersheim, Ettlingen, Ittlingen, Murggensturm" (= Muggensturm ?), „Weingarten, Lahr, Wiesloch, Singen und Elrenz" (= Elsenz ?).[162]

Johann Valentin Müllers weitgefächerte Kompetenz war allseits bekannt und wurde von seinen Vorgesetzten sehr geschätzt. So baten sie ihn, seine Ansichten über ein zu gründendes Institut zur Ausbildung von grönländischen „Nationalgehilfen" darzulegen. Er tat dies mit einem Exposé vom 2. Juli 1849. Bald darauf wurde eine solche Institution auf lokaler Ebene für Neu-Herrnhut eingerichtet.[163]

Um die Schwierigkeiten mit der Betreuung der weiter weg wohnenden Grönländer zu reduzieren, regten die verantwortlichen Brüder in Deutschland den vielbeachteten Plan an, „einige stark bewohnte Außenstellen mit einem kleinen europäischen Häuschen zu versehen, worin ein Paar Geschwister wohnen könnte." Gedacht wurde dabei an ein in Dänemark fertig gearbeitetes Blockhaus, das an Ort und Stelle lediglich auf eine Grundmauer zu stellen sei. Müller und seine Kollegen schlugen dafür eine ihrer größten Außenstellen, es war Nanaitsiak, vor. Sie baten aber darum, keine vollendeten Tatsachen zu schaffen, sondern zunächst den dänischen Inspektor Holböll, der bei seiner Regierung in Kopenhagen großen Einfluss hatte, zu konsultieren. Dieser war über das Vorhaben, von dem er bereits von anderer Seite erfahren hatte, entrüstet und beschloss, ihm mit allen Kräften entgegenzutreten. Müller wandte sich deswegen an den in Kopenhagen lebenden Bruder Matthiesen, der mit Holböll bekannt war. Matthiesen sollte Holböll darlegen, dass es nicht darum ginge, neue Niederlassungen der Herrnhuter Mission zu gründen. Vielmehr sollten nur Möglichkeiten einer besseren Betreuung der grönländischen Gläubigen geschaffen werden.[164] Matthiesen konnte bei Holböll nichts erreichen. Daher wandte sich Müller brieflich direkt an den damals in

Kopenhagen weilenden Inspektor. In dem Schreiben legte er dar, er und seine Kollegen würden in „wohlmeinender Absicht" planen, „einige [...] Häuschen auf stark bewohnten Außenstellen aufzurichten." Nach Deutschland berichtete Müller, in der Angelegenheit „behutsam zu Werke" gehen zu wollen. Er vermutete, dass „das allzu eifrige Treiben der lieben Friedrichsthaler Brüder" die dänische Seite veranlasst habe, schroff zu reagieren. Sie ließ ihnen sogar das Verbot zugehen, künftig „Heiden" aufzunehmen und zu taufen.

Die schlechten Verhältnisse bei den Außenstellen ließen die Missionare einfach nicht zur Ruhe kommen. Fortwährend passierten dort Dinge, über die sie sich „betrüben" mussten. So wurden um 1850 sechs uneheliche Kinder geboren, von denen zwei „von dänischen Colonisten" gezeugt worden waren. Gegen die von außen hereingetragene und „immer mehr zunehmende Sittenlosigkeit" würde nach Meinung Müllers der bloße Schulunterricht nicht helfen. „Junge und Alte" müssten von den Missionaren selbst „beständig aufgefordert, angeleitet und veranlaßt werden, das Gelernte und Gelesene bei sich und den Ihrigen anzuwenden." Dies sei früher möglich gewesen, als die Grönländer „des Winters der Mehrzahl nach beisammen wohnen durften."[165] Die in der Zeit des „Sommernomadisierens" eingetretene „Verwilderung" konnte ursprünglich in der Winterzeit, wenn zwei Drittel der Gemeine in Lichtenau wohnten und das andere Drittel über die Weihnachtsfeiertage und Neujahr einige Tage oder Wochen dort zu Besuch weilte, wieder einigermaßen eingerenkt werden. Folglich befand sich „gegen das Frühjahr meist alles [...] wieder in erwünschtem, oft erfreulichem Zustand." Nachdem sogar untersagt worden war, die Grönländer „zu den Fest- und Abendmahlstagen" auch nur für einen Tag einzuladen, und nachdem es der Behörde gelungen war, die Zahl der während des Winters in Lichtenau wohnenden Grönländer zu halbieren, war dies auch unter den größten Anstrengungen nicht mehr möglich.[166]

Holbölls Nadelstiche gingen noch weiter: Jedem erwerbstätigen Familienvater machte er ein Geschenk von sechs Reichstalern, wenn er von einem Missionsplatz auf eine Außenstelle zog. Müller resümierte: „Solange die Sachen so stehen, geht das arme Volk unaufhaltsam einem christlichen Heidenthum entgegen. Indeß wollen wir wirken, so lange es Tag ist und so weit uns Raum vergönnt wird."[167]

Müller ersuchte am 24. Juli 1850 die Verantwortlichen in Deutschland darum, ihn und seine Frau aus Gesundheitsgründen zum Herbst 1852 aus Grönland abzuberufen. Außerdem bat er Bruder Römer, für sie einen geeigneten Ruhesitz nach Möglichkeit in Herrnhut, Niesky oder Kleinwelka ausfindig zu machen.[168] Ein Jahr später erreichte ihn der Wunsch der Missionsdirektion, mit seiner Frau noch über das Jahr 1852 hinaus in Grönland zu bleiben. Er akzeptierte die Bitte, gab aber zu bedenken, dass er seit Frühjahr 1851 Schmerzen am linken Fuß verspüre. Diese empfinde er besonders dann, wenn er nach längerem Sitzen vom Schreiben aufstehe. Dann könne er „nur hinkend fortschreiten," bis er „wieder in gehende Bewegung komme, wo es dann besser zu werden pflegt." Seine Frau unterstütze ihn sehr und schreibe ihm so manches Schriftstück ab. „Bei manchen Briefen, die geschrieben werden" mussten, genüge sogar „ein kurzgefaßtes Conzept" aus der Hand Müllers. Alles andere würde dann von seiner Frau Johanne Dorothea erledigt. Die Korrespondenz war deshalb so umfangreich, weil viele Missionsfreunde ihren Spenden auch Schreiben beigelegt hatten, die unbedingt beantwortet werden mussten. Unter den Wohltätern befanden sich auch Graf Henrich zu Stolberg-Wernigerode und seine Schwiegertochter Adelheid, geborene Gräfin Erbach. Letztere hatte versprochen, das Liebeswerk ihrer verstorbenen Schwiegermutter fortzusetzen.[169]

Da Müller und seiner Frau die Altersbeschwerden immer mehr zu schaffen machten, erneuerte der Mann am 11. Juni 1852 seine Bitte um die Abberufung aus dem Missionsdienst und nannte den Sommer 1854 als den von ihm ins Auge gefassten Abreisetermin.[170]

Leider war Müllers Wunsch, die auswärts wohnenden Gemeinmitglieder nicht nur im Herbst, sondern auch im Winter zu besuchen, und das zwei- bis dreimal, nicht erfüllbar. Schuld daran waren unüberwindbare äußere Bedingungen. Eines der Hauptprobleme stellten die Überzüge der „Fellboote" dar. Die Außenhäute wurden über die Sommermonate gewöhnlich mürb und schlecht. Ab Mitte Oktober bestand für die Transportfahrzeuge erhöhte Gefahr, von den „scharfen Kanten" des Neueises Beschädigungen zu erleiden. Daher mussten sie zu Beginn des Winters an Land gebracht und Mitte Mai des folgenden Jahrs mit einer neuen Hülle versehen werden. Für jedes Boot waren dazu über 50 größere Seehundfelle erforderlich. Diese waren rar und kosteten 24 bis 30 Schilling pro Stück. Im Juni 1851 hatten noch nicht einmal die Händler ihre Boote bezogen. Dagegen waren damals die Fahrzeuge der Missionare in einem „brauchbaren Stand."

Auch bei einem intakten Fellboot konnte ein „Stoß an ein Eisstück" oder an eine „vorborgene Klippe oder eine Welle," die in den schiffbaren Untersatz schlug, allergrößte Gefahr heraufbeschwören. Fellboote waren sehr gebrechliche Fahrzeuge, mit denen man umgehen musste „wie mit Glas." Das geht auch aus der folgenden Geschichte hervor: Im September 1850 fuhr Müller in Begleitung seines Kollegen Warmow und mit einigen Grönländerinnen als Besatzung auf einem Boot in einen Fjord, um dort wohnende Grönländer aufzusuchen. Auf halbem Weg stießen sie auf Treibeis, das sie zu einem Umweg zwang. Am Ziel angelangt, trafen sie nur zwei der vier dort lebenden Familien an. Die beiden anderen waren eine Tagereise weiter auf Fischfang. Die angekommene Gruppe schaffte ihre Sachen an Land. Dort hielt Müller eine Versammlung und teilte „Traktätchen“ aus. Am anderen Morgen nahmen die Besucher eine Ladung Gras auf und legten ab. Auf der Rückfahrt gerieten sie erneut in ein Treibeisfeld, durch das sie sich mit einem Beil durchhauen konnten. Dabei schlugen sie Leck. Durch zwei Löcher gelangte derart viel Wasser in das Boot, „daß eine Grönländerin von da an [...] beständig auszuschöpfen hatte, um das Boot vor dem Sinken zu sichern.“ Später stieß die Gruppe auf den unter der Wasseroberfläche liegenden „Fuß eines Eisfeldes [...]. Alle Augenblicke“ musste damit gerechnet werden, „ein neues Loch zu bekommen und zu sinken.“ Doch bald war das Boot wieder flott und alle erreichten „froh und dankbar“ ihr Zuhause.[171] Ein Jahr später stieg Müller auf einer Herbsttour „zu den ost- und südwärts Wohnenden [...] an etwa 16–17 Stellen ans Land.“ Er hielt überall Versammlungen ab und taufte zwei kleine Kinder. Er bedauerte wiederum die Zwänge, die ihn hinderten, länger an einem Platz zu verweilen. Daher hatte er viel zu wenig Gelegenheit, mit einzelnen Personen, insbesondere mit solchen, die sich „auf Abwegen“ befanden, eingehende Gespräche zu führen. Einige dieser Leute gingen oder fuhren Müller sogar „absichtlich aus dem Weg.“ Diejenigen, die er allein zu sprechen wünschte, ließ er in sein Zelt einladen. Um dort ein wenig Schutz vor dem etwa vorhandenen Eis oder Schnee zu haben, lagen auf dem Boden einige Bretter. In seine Behausung kamen ebenso unangemeldete Personen, die ihm das eine oder andere Problem unter vier Augen vortrugen.

Interessante und anrührende Gespräche führte Müller auch in den Unterkünften seiner Schützlinge. Einmal stattete er einer Witwe in deren Zelt einen Besuch ab und wunderte sich über die große Reinlichkeit und Ordnung. Er bezeugte ihr deswegen seine Hochachtung und fragte sie, wie es ihr ohne den Ehemann, der schon einige Jahre zuvor gestorben war, gelungen sei, einen solch guten Zustand zu schaffen beziehungsweise zu bewahren. Sie erzählte ihm, dass sie für andere Leute Kleidungsstücke genäht, selbstgedörrte Heringe verkauft und von dem Erlös Seehundfelle erworben und sie zu „Wasserkleidern“ verarbeitet habe. Mit dem Geld aus dem Verkauf habe sie sich für ihr eigenes Zelt Felle und vom Gegenwert zweier Hundefelle, die von selbstgezogenen Tieren stammten, für ihren 16 Jahre alten Sohn einen neuen „Kajaküberzug“ beschafft. Nun könne dieser „ungehindert auf der See fahren [...] und ihr täglich Fische und auch zuweilen schon einen kleinen Seehund nach Hause bringen.“ Ihre Tochter würde „mit einer Bootsgesellschaft“ von Bekannten Beeren sammeln, „für welche sie sich Seehundspeck für den Winter zu kaufen gedenke.“ Den Bericht beendete die Witwe mit den Worten: „Ja gewiß, der Heiland, mein und meiner Kinder Vater, erbarmt sich täglich unsrer und hilft uns gnädig durch. Dafür danke ich Ihm mit meinen Kindern sehr ofte.“

Da den Grönländern die Heringe das bedeuteten, was für die Deutschen Kartoffeln und Brot sind, waren sie über jeden guten Fang hoch erfreut. 1852 war ein ertragreiches Jahr. Die Missionsstation Lichtenau konnte von ihren „Dienstschwestern" vier Bootsladungen der begehrten Fische herbeischaffen und dörren lassen. Der Vorrat reichte bis zur nächsten Fangperiode aus. Die Grönländer hatten mit den Heringen noch zwei Wochen länger zu tun, „da sie dabei lange nicht die Thätigkeit entwickeln, die Europäer anwenden." In Gegenden, „wo der Heringsfang unzuverlässig ist," bestand für die Einheimischen immer die Gefahr einer Hungersnot.[172]

Seinerzeit verbreitete sich unter den Grönländern der Genuss von gesüßtem Kaffee. Dafür gaben manche einen beträchtlichen Teil ihres Einkommens aus. 1852 machte Müller dazu eine fast unglaubliche Angabe. Am 16. August jenes Jahres schrieb er: Die bei der Missionsstation wohnenden Grönländer könnten den kommenden Winter „ihr gutes Bestehen haben. Ja es würde reichlich sein, wenn nicht mehr als der 3. Theil des Erworbenen an Kaffee und Zucker vertrunken würde."

Am Schluss des Briefes befindet sich eine knappe Schilderung einer in der Nachbarschaft von Lichtenau liegenden Fjordlandschaft. Die Darstellung lässt ein reizendes Panorama erahnen und soll daher hier nicht unterschlagen werden: „Das Wasser fällt da in einer Breite von 40 Fuß" (= 12 m) „200 Fuß" (= 60 m) „hoch herab aus einem großen Landsee, welcher sich darüber befindet. Nach dem Fall läuft das Wasser einen starken Bach bildend durch eine [...] Ebene, die mit Birkenstreicher bewachsen ist, bildet einen neuen See [...] und stürzt dann etliche und 20 Fuß" (= über 6 m) „hoch senkrecht herab in das Meer."[173]

Erfreulicherweise entspannte sich in den letzten Jahren von Müllers Amtszeit das Verhältnis zwischen den Missionaren und der dänischen Behörde. Offenbar hatte die Regierung in Kopenhagen dem Inspektor Holböll entsprechende Weisungen erteilt. Denn seit dessen Rückkehr nach Julianehaab im Jahr 1852 verhielt er sich gegen die Herrnhuter „ganz stille und ruhig." So konnten Anfang März 1853 ganze Scharen der auf den Außenstellen lebenden Grönländer ungehindert nach Lichtenau strömen. Auf deren Plätzen, insbesondere aber in dem drei Meilen seewärts liegenden Nunaiesiak war im Gegensatz zu Lichtenau ein empfindlicher Mangel an Nahrungsmitteln eingetreten. Der zuständige „Handelsassistent" hatte deswegen „allen Familien mit Speck [...] aushelfen müssen." Ihm fiel ein Stein vom Herzen, als sich von dort fast 100 Personen mit ihren Booten zum Missionszentrum begaben. Vom „äußersten Nordplatz" kamen ebenfalls sämtliche Bewohner mit ihren Booten in Lichtenau an. Sie alle wollten zusammen mit den Christen aus anderen Gegenden über das Osterfest dort bleiben. Ihnen allen verkündigten Müller und seine Kollegen in sehr gut besuchten Versammlungen freudig Gottes Wort. Erwachsene mittleren Alters und betagte Leute beteiligten sich in beachtlicher Zahl sogar am Religionsunterricht für die Jugend. Die Missionare nutzten die Möglichkeit, „auch diesen ein Wort der Belehrung und Ermahnung zu sagen, was sich in einer eigentlichen, sonstigen Gemein Versammlung nicht ganz so thun" ließ. Die ungewohnt gute Stimmung, in der sich die Missionare befanden, wurde etwas überschattet von dem Herbergsproblem. Für zahlreiche der von auswärts gekommenen Brüder und Schwestern konnten nämlich nur mit einiger Mühe Unterkünfte gefunden werden. Die Glückseligkeit war fast vollständig, da inzwischen auch gute Verbindungen zur dänischen Mission bestanden. Deren Pastor Janssen aus Julianehaab zeigte sich den Lichtenauern immer „recht zuneigend und zuvorkommend."[174]

Mit einem Schreiben vom 9. März 1853 erhielt Müller die Erlaubnis, im folgenden Jahr den Dienst in Grönland aufzugeben und mit seiner Frau nach Deutschland zurückzukehren. In der Antwort vom 22. Juli 1853 schrieb er, seine Frau und er hätten gerne „dem Wunsch der lieben Brüder der U.A.C." (= Unitäts-Aeltesten-Conferenz = Leitung der gesamten Brüdergemeine) „entsprochen und [...] noch einige Jahre in dem [...] fast zur andern Heimath gewordenen lieben Lichtenau" gewirkt. Aber ihre schwach gewordenen „Leibes- und Geisteskräfte" bedürften nun der Schonung. Besonders seiner Frau falle es schwer, „ihren Theil Geschäfte nach gewohnter Weise zu besorgen und sich auf den Beinen zu erhalten."[175] Am 26. Februar 1854 erneuerte die Missionsdirektion dem Ehepaar Müller die Erlaubnis, im gleichen Jahr den Missionsdienst in Grönland zu beenden und nach Europa zurückzukehren.[176]

In ständiger Verantwortung um ihre Grönländer hatten Müller und seine Missionsbrüder im Vorsommer 1853 noch billig trockene Fische gekauft, um in Zeiten der Not damit aushelfen zu können.

Sehr berührt hatte sich Johann Valentin Müller von zwei Erlebnissen gezeigt: Im Frühjahr 1853 hatte „eine herrschende Schnupfenkrankheit" binnen 24 Stunden die beiden Kinder eines Ehepaars dahingerafft. Als der Vater zu Johann Valentin Müller gekommen war, um ihm das Geschehen anzuzeigen, hatte er gesagt: „Ich möchte wol betrübt sein, bin es aber nicht, denn ich weiß, daß sie beim Heiland in den Wohnungen der Seligen besser versorgt sind und es besser haben als bei mir." Später hatte der Vater selbst seine Kinder zum Grab getragen und mitgeholfen, sie zu beerdigen. Der gleichen Krankheit war auch der zehnjährige Sohn einer Witwe zum Opfer gefallen. Sie erzählte Müller Folgendes: „Als mein Joseph fühlte, daß er bald sterben werde, sagte er zu mir: ‚Mutter, sei nicht betrübt, daß ich Dich jetzt verlasse. Ich hätte wol in der Schule noch vieles lernen sollen, das ich aber nun nicht mehr brauchen werde, denn ich gehe zum Heiland. Dort werde ich schönere Worte hören und lernen als hier auf der Welt.' Das waren seine letzten Worte, die mir sehr tröstlich waren. Daher ich wegen ihm auch nicht betrübt sein will."[177]

Der letzte Winter, den die Müllers in Grönland verbrachten, war sehr streng und voller Not. Zwar war der Mangel in Lichtenau nicht ganz so groß wie an anderen Orten, da es hier genügend Fisch gab. Dennoch mussten viele ortsansässige Menschen hungern und frieren. Die schlimme Lage verstärkte sich noch, als die Kälte und der tiefe Schnee bis Mitte Mai 1854 anhielten, „so daß das elende Volk sich nur mühsam Brennmaterial zum Kochen ihrer Speisen verschaffen konnte." Wiederum sprangen die europäischen Brüder und Schwestern mit den ihnen „zugegangenen Liebesgaben" der „lieben Missionsfreunde" ein. Diese hatten sie nämlich in den vergangenen Jahren „reichlich mit Kleidungstücken und Lebensmitteln versehen." Ab Anfang Juni entspannte sich die Situation etwas, da es nun wieder in Mengen Heringe und größere Fische gab. Dagegen fiel der Seehundfang sehr schlecht aus. Als Folge fehlten nun überall die Überzüge für die Fellboote.[178] Johann Valentin Müller hielt am 10. September 1854 in Lichtenau seine letzte Versammlung ab. Am folgenden Tag wurden er und seine Frau von der Gemeine herzlich verabschiedet. Die beiden verließen am 23. September 1854 Grönland und kamen nach einer raschen Seereise wahrscheinlich am 27. Oktober 1854 um 10.30 Uhr wohlbehalten in Kopenhagen an.[179]

Über Johann Valentin Müllers weitere Tätigkeiten in Grönland

Lehrer

Das Unterrichtswesen Grönlands war zu Johann Valentin Müllers Zeiten noch eine ganz zarte Pflanze. Der Schulbesuch war freiwillig. Nennenswerte staatliche Unterrichtsreglements gab es nicht. Die ersten Versuche einer schulischen Betreuung der Jugendlichen lagen ausschließlich in kirchlichen Händen. Die „Lehrer" waren Idealisten, Autodidakten und ohne jegliche pädagogische Ausbildung. Die „Lehrpläne" erstellten sie weitgehend ohne Absprache mit „Lehrkräften" anderer Orte. Eine gewisse Lenkung erfolgte von den Kirchenoberen. Johann Valentin Müller war es eine Herzenssache, die grönländische Jugend und nach Möglichkeit auch Erwachsene vor allem im Lesen zu unterweisen. Er wollte sie damit in die Lage versetzen, die ihnen zur Verfügung gestellten christlichen Texte lesen und nach Möglichkeit auch verstehen zu können sowie das in den Versammlungen gehörte Wort Gottes besser zu verinnerlichen und den christlichen Glauben bei Anfechtungen nicht zu verwässern oder gar aufzugeben. Eine wertvolle Stütze und eifrige Helferin hatte Müller in seiner Frau Johanne Dorothea.

Müller und seine Kollegen unterrichteten jedes Jahr während der langen Winterzeit, in der Regel war das von Ende Oktober/Anfang November bis Ende März/Anfang April, hauptsächlich junge Leute und zwar anfangs ausschließlich im Lesen, Auswendiglernen und Singen, später auch im Schreiben sowie auf einigen weiteren Gebieten. Dabei wurden wie in den damaligen Schulen Deutschlands vorwiegend religiöse Texte benutzt. Die Erfahrung lehrte die Missionare, dass nicht nur Eltern, sondern ganze Familien von jungen, eifrigen und gelehrigen Schülern positiv beeinflusst wurden.

Bereits vier Jahre nach seiner Ankunft in Grönland übernahm Müller 1817 in Lichtenau „die Besorgung der Schule des männlichen Geschlechts [...], die bei" seines „Vorgängers traurigem Zustand freilich sehr heruntergekommen war." Er „hatte die Freude, daß beim Schulexamen im Frühjahr 1818" gute Leistungen gezeigt wurden. „18 bis 20 junge Leute" hatten „während des Winters fließend lesen gelernt." Ebenso konnten fast alle die Melodien, die sich im grönländischen Gesangbuch befanden, selbstständig singen.[180] Schon bald bereitete der enorme Verschleiß des vorhandenen Unterrichtsmaterials dem jungen Missionar einige Sorgen. 1818 erbaten er und seine Lichtenauer Kollegen von der Missionsdirektion „grönländische a,b,c Buchstabir- und Lehrbücher." An ihnen bestand ein außerordentlicher Bedarf, da die alten Bücher „gar zu geschwindt hingerichtet" wurden, also vom Gebrauch zerfleddert waren, „und man nicht gerne ein Kind," das „lernen will," vom Unterricht abhalte.[181]

Um die Einheimischen noch mehr zur Teilnahme am Unterricht zu motivieren, wurde den des Lesens kundigen Mitgliedern der Gemeine ein neues Kirchenliederbuch geschenkt. Die Maßnahme war dem Gesang in den Versammlungen dienlich. Fruchtlos war dagegen „der Versuch, die Erwachsenen im Singen zu unterrichten und dadurch den Gesang" noch weiter „zu verbessern."[182]

Im Winter 1829/30 besuchten 83 Knaben und 96 Mädchen knapp fünf Monate die Schule. Jedes Kind hatte im Schnitt „wöchentlich fünfmal zwey Stunden" Unterricht. Um das zu bewerkstelligen, musste eine Lehrkraft jeweils einige Klassenstufen gleichzeitig und im selben Raum betreuen. Johann Valentin Müller war damals mit seinem Kollegen Ulbricht für die Mädchen verantwortlich.[183]

Nicht dienlich, ja schädigend für den Schulbesuch waren die 1830 begonnenen Bemühungen der dänischen Behörden, die Grönländer auch im Winter von den Missionszentren fernzuhalten und auf den auswärtigen Wohnplätzen ansässig zu machen. Der Inspektor „über den Handel des südlichen Grönlands, Herr Capitain Holböll," meinte, „das Sammeln der Grönländer in Gemeinen" wirke nachteilig „auf die Moralität derselben [...], indem hierdurch Faulheit, Müssiggang, Widerspenstigkeit und andere Laster erzeugt würden."[184] Die Herrnhuter Missionare waren mit dieser Beurteilung keinesfalls einverstanden und vertraten die entgegengesetzte Meinung. Ihr schriftlicher Einspruch fand aber keinerlei Gehör. Vielmehr erreichte im Juni 1831 die Missionare die betrübliche Nachricht, nach der die „königliche Handelsdirektion in Kopenhagen" angeordnet hatte, „daß denjenigen Grönländern, welche im Winter auswärts wohnen, [...] Schießgewehre und andere Bedürfnisse auf Vorschuß sollten gereicht werden."[185] Die Missionsposten wurden sogar angehalten, künftig die Grönländer zum Abzug zu veranlassen, die im Herbst von weiter her kamen, um in Stationsnähe zu überwintern.

1835 beklagte man in Friedrichsthal den selbst bei gutem Wetter unregelmäßigen Schulbesuch mancher Knaben. Als „gewöhnliche Entschuldigung" gaben die betreffenden Schüler ihr nasses Schuhwerk an. Einer der Buben behauptete, er sei „einige Male auf Rabenjagd gewesen" und hätte deshalb den Unterricht versäumen müssen. Nach „sanften Ermahnungen" beseitigte die Androhung, den notorischen Schwänzern die Bücher zu entziehen, den Missstand.[186] Etlichen Kindern mangelte es an warmer Kleidung, sie wurden nur leicht bekleidet zu den Schulstunden und anderen Veranstaltungen geschickt. Die Kleinen saßen dann jämmerlich frierend und am ganzen Leib zitternd und bebend in den Versammlungen und im Unterricht.

Von Müller kritisch zur Kenntnis genommen wurden Pläne, in Grönland ein Schulsystem einzuführen, in welchem seiner Meinung nach die Missionare schließlich keine Rolle mehr spielen würden. In diesen Rahmen passte auch Müllers Einstellung zu dem staatlichen Vorhaben, den Stellenwert des Rechnens anzuheben. 1838 schrieb er: „Die Grönländer die 4 Specis" (= Grundrechenarten) „rechnen zu lernen, klingt nach Etwas und ist meines Erachtens auch nicht zu tadeln. [...] So lange unsre grönländische Jugend" aber „noch so unwissend von dem Buchstaben und Sinn der 5 Hauptstücke des christlichen Glaubens ist, wie dieses nicht nur hier in Friedrichsthal, sondern zu meiner Zeit auch in Neu-Herrnhut der Fall war und jetzt noch leider seyn wird, liegt die gründliche Unterweisung in denselben uns doch wol noch näher als das Rechnenlehren. Da ferner das Holböllische Rechenbüchlein dänisch grönländisch welsch gedruckt ist, so ist auch darin eine Confusion zu erwarten, da unsere Brüder von Anfang an die Grönländer die aussprechnung der Zahlen nach der teutschen Sprache gelehrt haben."[187] Acht Jahre zuvor hatten sich die Missionare von Lichtenau sogar noch skeptisch über den Wert eines Schreibunterrichts geäußert. Ein solcher ließe nämlich für die Schüler zu wenig Nutzen von dieser Fertigkeit erwarten.[188] Die Missionsdirektion in Deutschland war in der Beziehung weniger kritisch und ermunterte 1839 die Friedrichsthaler, „mit Rechnen und Schreiben" einen Anfang zu machen.[189]

Außerordentlich misstrauisch war Müller, als 1833 erstmals „gedruckte, schmutzige Romane in grönländischer Sprache" erschienen.[190]

Von den Missionaren abgelehnt wurde der Vorschlag ihrer Direktion, die Schulbücher bezahlen zu lassen. 1839 äußerten sie sich dazu wie folgt: „In Hinsicht der Schulbücher können wir nach unsrer Einsicht und Erfahrung nicht dafür stimmen noch dazu rathen, daß dieselben von den Grönländern künftig bezahlt werden sollten. Die Schüler sind den größten Theil noch mittellos, ein bedeutender Theil hat nicht einmal Eltern. So würden überdies auch wol sogar nur wenige Väter geneigt seyn, in der Hinsicht etwas Kosten an ihre Kinder zu wenden. Auch im günstigern Fall würden gekaufte Bücher in den Augen der Grönländer kaum viel mehr Werth haben als Ungekaufte, da sie nicht selten auch die sie Geld kostenden Dinge ihrer Nachlässigkeit aufopfern. Dem Schulbesuch ausweichen würde, wie wir fürchten, die Folge davon seyn, wenn jener Vorschlag in Ausführung käme. [...] Unsrerseits wird ein Verzeichniß über alle ausgegebenen Bücher gehalten, worinnen jedes Buch nebst Jahr und Datum, wenn es ausgegeben, wie auch die Person, welche es bekommt, angemerkt wird. Alle Frühjahr müssen sämtliche Bücher mit nur wenig Ausnahme zuverlässiger Personen an uns abgeliefert werden, wodurch wir Gelegenheit bekommen, zu sehen, wie dieselben gehalten worden. Da alsdann, wo es nöthig ist, Erinnerungen angebracht werden."[191]

Ehe die Schule über die wärmeren Monate geschlossen wurde und die Jugendlichen mit ihren Eltern in die Sommerquartiere zum Fisch- und Seehundfang oder zu einer anderen Erwerbstätigkeit zogen, fand jeweils im Frühjahr eine Abschlussprüfung statt. Kurz erwähnt wurde bereits die von 1818 in Lichtenau. Bei dem am 28. März 1835 in Friedrichsthal stattgefundenen Schulexamen ließ die „männliche Seite noch viel zu wünschen übrig." Denn „die Zahl der im neuen Testament etwas fließend Lesenden" konnte „von 2 [...] nur auf 10" gesteigert werden. Dagegen lasen 15 Schülerinnen „das neue Testament meistenteils recht fließend und gefühlvoll."[192] Über die am 7. April 1840 dort abgehaltene Prüfung, über die Anzahl der Schüler und andere Schulangelegenheiten berichtete Johann Valentin Müller an Bruder Breutel aus Berthelsdorf Folgendes: „Soeben haben wir das Schulexamen geschlossen. Am heutigen Vormittag hatte" (= fand) „dasselbe mit dem männlichen und diesen Nachmittag mit dem weiblichen Geschlecht statt. Ich kann Dir, lieber Bruder, kaum vollkommen beschreiben, was für ein großes Vergnügen unsre ganze Missionsconferenz dabey hatte, zu sehen und zu hören, mit welchem großen Erfolg unsre Jugend die Schulen auch in diesem Winter wahrgenommen hat. Die Zahl derer, welche die Schulen regelmäßig diesen Winter besuchten, beträgt auf der männlichen Seite 70 und auf der weiblichen 67. Darunter befinden sich bey erstgenannten, die ohne Anstoß fließend lesen können, 33 und bey den letztgenannten 38 Schüler. Und solcher, die noch unvollkommen lesen, finden sich männliche etwa 10 und weibliche 8. Und die Übrigen aus jener oben in Summa angegebenen Zahl buchstabirt und ganz wenige lernen noch am Abc. Da diesen Winter 245 Personen hier bey uns gewohnt hatten, so ergiebt sich aus obigem, daß von diesen nur 108 Personen die Schulen nicht besucht haben. Unter welchen außer sämtlichen Kindern unter 4 Jahren sich noch ein bedeutender Theil solcher befindet, die in den vorigen Jahren haben lesen gelernt, und nun die Schule nicht mehr besuchen. Allen, die fertig lesen können, wurde auch Unterricht im Schreiben ertheilt und Mehrere haben es in einem Winter so weit gebracht, daß sie bereits eine recht lesbare Hand schreiben. Ohnfehlbar würde weit mehr darin erreicht werden, wenn die Localeinrichtung" (= Schulausstattung) und „das Schreibmaterial zureichender und wir beßere, tauglichere Schreibmeister wären.

Durch das Schreibenlernen bekommen die Grönländer auch den Vortheil, daß sie Geschriebenes lesen lernen und werden vermögend, sich zuweilen eines und andere Nützlich selbst abzuschreiben, wie denn viele von ihnen sich eine Abschrift von den jährlichen Kalendern machen, sobald nur erst ein Exemplar von uns ausgefertigt unter ihnen in Umlauf kommt. So große Fertigkeit sie auch im Lesen der Bücher bekommen, so würde dieses nach meiner Beobachtung bey der weit größeren Mehrzahl doch nur ein todes Capital bleiben, wenn es nicht durch mündlichen Unterricht gleich einem Sauerteig in Wirkung gebracht würde. Ein überaus großer Unterschied vom Fassungsvermögen der Heilswahrheiten hat statt zwischen Solchen, die selbst das Wort Gottes lesen können, und Solchen, die dieses nicht vermögen. Davon habe ich dieser Tage wieder einen Beweiß bey 3 ledigen Brüdern, die als Confirmanten zum Abendmahl Unterricht von mir erhalten."[193]

Wenige Monate später mahnte Müller eine Verbesserung des Religions- und Bibelunterrichts auf allen vier Missionsstationen in Grönland an. Voraussetzung sei mehr Gewandtheit der Lehrkräfte im Gebrauch der Landessprache. Hilfreich sei auch eine Übersetzung des Katechismus.[194]

Im letzten Winter, den Johann Valentin Müller in Friedrichsthal zubrachte, unterrichteten er und seine Frau das „männliche Geschlecht" im Schreiben. In einem Bericht über diese Tätigkeit ging der Missionar auf die Abhängigkeit des Unterrichtserfolgs von der Art der Darbietung ein: Je interessanter sie den Stoff gestalteten, desto eifriger waren die Schüler bei der Sache. Müller bereitete sogar „Vorlegblätter" mit Texten aus dem Alten Testament, aber auch aus der Geographie und der „Naturhistorie" vor. Am besten kam das Material geographischen Inhalts an. Müller war immer hocherfreut, wenn Schüler und andere Einheimische außerhalb der Unterrichtszeit zu ihm kamen und sich „Eins und das Andere auf der Karte näher erklären ließen."[195]

Nach der Rückkehr in das ihm heimisch gewordene Lichtenau im Jahr1841 nahm sich Johann Valentin Müller sofort der dort herrschenden Schulraumnot an. Er bedankte sich bei Bruder Früauf in Deutschland für die gezeigte Bereitschaft, „Mittel zu einem Schulhäuschen" zu beschaffen, doch er sah „kein paßendes Fleckchen Land zu einem Bauplatz." Abhilfe versprach er sich von der bereits 1831 beantragten, aber nicht genehmigten Aufstockung des Wohnhauses.[196]

Die Schüler erhielten auch in Lichtenau unentgeltlich die für den Unterricht notwendigen Bücher. Wer sie verkommen ließ, musste sie bezahlen, ehe Ersatz ausgehändigt wurde. Die Einschulung der Kinder erfolgte bereits mit 4 Jahren. Die Neulinge wurden dann unter der Leitung eines Missionars von älteren Jugendlichen betreut. Handarbeitsunterricht wurde nicht erteilt, da dafür offenbar keine Notwendigkeit bestand. Wegen der frühen Einschulung gab es keinen Kindergarten. Im Winter 1844/45 wurden die Lernwilligen nach Geschlechtern getrennt unterrichtet. Das geschah in je fünf Stufen, aber aus Raum- und Lehrermangel nicht separiert. Nach einer Tagebuchnotiz konnten im März 1845 von den ersten beiden Klassen „gegen 60 Personen ziemlich gut in allen den Büchern, die in der Schule" eingesetzt wurden, lesen. Die Werke waren „die Biblischen Geschichten des alten Testaments, die Psalmen, das neue Testament, die Harmonie der 4 Evangelisten und der Catechismus. [...] Die 3. Claße" machte „einen Anfang mit Lesen in dem Lehrbüchlein und die 4. und 5. Claße buchstabirt und kann das Alphabeth." Eine Reihe von Knaben und Mädchen wurde auch im Schreiben unterwiesen. Ziemliche Schwierigkeiten bereitete ihnen allerdings die Orthographie. Einige begabte Knaben lernten auf ihren Wunsch hin die Elemente des Rechnens. Der eine oder andere Schüler brachte es sogar bis zur „Regel de Tri" mit „Decimal Brüchen." (Die Regel beschreibt, wie aus drei Zahlen einer Proportion die vierte Zahl berechnet wird. Sie ist also das Fundament der Dreisatzrechnung.)[197] Die Missionare erklärten ihren Schützlingen auch das Zustandekommen von Sonnen- und Mondfinsternissen. Da sie sich dabei einer figürlichen Darstellung bedienten, konnten die Wissbegierigen sogar die kugelförmige Gestalt von Sonne und Mond einsehen. Ihre Schatten zeigen sich nämlich „immer in einer runden Figur." Sie verstanden auch, dass sich die beiden Himmelskörper „sehr regelmäßig fortbewegen müssen," da das Eintreten der Finsternisse exakt vorhergesagt werden kann. Sicherlich war auch das herrliche Nordlicht, das die Bewohner in und um Lichtenau im Februar 1845 beobachten konnten, Gesprächsthema im Unterricht. Damals glaubten die Grönländer nicht mehr an die alte Mär, „dieses schöne Phänomen" sei ein Ballspiel „in den Lüften." Obwohl sie die Erscheinung immer noch „Arkfak" (= Ball) nannten, waren sie von der Möglichkeit einer naturwissenschaftlichen Erklärung überzeugt. Als Menschen, die mit den Gewalten der Natur ständig rechnen und kämpfen mussten, hatten es die Grönländer in der Beobachtung des Himmels zu einer „ziemlichen Fertigkeit" gebracht. Veränderungen des Wetters konnten sie mit einiger Sicherheit vorhersagen. Vor Ausfahrten in ihren Kajaks begaben sich die Männer auf eine Anhöhe, um „den Zug der Luft und andere Symtome des Wetters" zu prüfen.[198]

Da nach Müllers Aussage die Erwachsenen die Lehren des Neuen Testaments nicht in wünschenswertem Maße beachteten, wurde dieser Personenkreis schließlich in den Religionsunterricht eingebunden. So sollte verhindert werden, dass sich die für die Jugendlichen aufgewandte Mühe nach deren Schulentlassung in „ein vermoderndes Capital" verwandle. Für nicht praktikabel hielt er den Plan, die älteren Jugendlichen „förmlich aus der Schule zu entlassen" und ihnen dann eine Art Sonntagsschule anzubieten. Das sei „für den grönländischen Charakter" zu abstrakt. Stattdessen wurde den Erwachsenen geraten, als Zuhörer den Unterricht der Jugendlichen zu besuchen.[199] Jeder Grönländer, der des Lesens kundig war und ein Neues Testament wünschte, erhielt kostenlos ein solches Exemplar. Das Buch musste erst nach dem Tod des Besitzers zurückgegeben werden. Um die Bindung an das Buch zu stärken, wurde der Name des Inhabers eingetragen. Etliche Einheimische ließen aber die Druckwerke monatelang in ihren offenen Erdhütten liegen, wenn sie ihr Winterquartier verließen und einer Arbeit zur Sicherung des Lebensunterhalts nachgingen. Die Bücher waren dann nur notdürftig vor der Nässe geschützt und verfaulten in vielen Fällen. Um das zu vermeiden, rieten die Missionare den Grönländern, ihre Bücher vor der Abreise bei ihnen in Verwahrung zu geben. Denn während der Abwesenheit von Lichtenau hätten sie nur „die wenigen Kleider, die sie auf dem Leibe" tragen. Sie würden „bald in diesem, bald in jenem Zelt, bald unter einem umgestürzten Boot, bald im Freien" schlafen. „Und wo bliebe ihnen da ein Platz, ihre Bücher zu verwahren?" Schüler, die früher ihre Schulsachen mit auf die Nomadengänge genommen hatten, waren im nächsten Herbst gewöhnlich ohne sie zurückgekommen. Nur ein kleiner Teil der Kinder und Jugendlichen hatte noch spärliche Reste an Heften und Büchern vorweisen können. In ständiger Abwägung der Vor- und Nachteile ihrer Maßnahmen achteten die Missionare darauf, die Grönländer hinsichtlich „des Bücherbrauches [...] mit möglichster Umsicht und Erfahrung" zu behandeln, „damit nirgends zu wenig noch zu viel" geschieht. Obwohl es für sie viel einfacher gewesen wäre, die Bücher nur auszugeben und dann keine weiteren Kontrollen mehr durchzuführen, gaben sie sich in dieser Angelegenheit sehr viel Mühe. Müller meinte in dem Zusammenhang, „daß wir unsre Grönländer insgesamt als Kinder zu bevormunden haben, was auch sie von uns erwarten."[200]

Einige Jahre vor dem Ende seines Wirkens in Grönland kam es zwischen Müller und den Kollegen in schulischen Fragen zu Differenzen. Sie veranlassten ihn und seine Frau, aus der Lehrtätigkeit in Lesen und Schreiben auszusteigen und sich nur noch auf die Erteilung von Religionsunterricht zu beschränken. Ihn hielt das Ehepaar „alle Donnerstag vormittag in der Kirche nach Anleitung" des „grönländischen Katechismus der Jugend beiderlei Geschlechts [...], dem auch Erwachsene als Zuhörer" beiwohnten.[201] Es kann nicht verwundern, dass Müllers liebste Lehrtätigkeit die Unterweisung in Religion war. Sie war von den anderen Fächern getrennt. Die Stunden wurden gewöhnlich von den Mädchen getragen und bereichert, während die Knaben viele Wünsche offen ließen.[202]

Um auch den außerhalb der Missionsorte lebenden Grönländern elementare Schulkenntnisse zu vermitteln, suchten, wie schon erwähnt, die Herrnhuter Boten unter den dort wohnenden Brüdern geeignete „Nationalgehilfen" aus. Deren Aufgabe war es unter anderem, an Ort und Stelle Unterricht zu erteilen. Enttäuscht und ernüchtert zeigten sich die Missionare von Lichtenau in ihrem Brief vom 17. Juni 1852 über die Wirkung ihrer Lehrtätigkeit. Dem Bericht zufolge ging den Grönländern nach der Schulentlassung der Reiz des Neuen verloren, und sie machten von den in jungen Jahren gelernten Dingen kaum mehr Gebrauch. „Allein bei der Mehrzahl derselben müssen wir sagen, daß so bald sie aufhören, in die Schule zu gehen, sie auch die Bücher bei Seite legen. Und wenn man dann über kürzere oder längere Zeit sich beim Sprechen oder andern Gelegenheiten [...] bei ihnen erkundigt, ob und wie sie ihre Bücher brauchen, man im günstigen Fall die Antwort bekommt: ‚Ja, zuweilen.' oder ‚Ja, vor einiger Zeit habe ich darinnen gelesen.' Ofte muß man aber hören, daß sie nicht mehr wissen, wo sie selbige gelassen haben. Bei Manchen scheint sogar die Meinung sich fest gestellt" (= gesetzt) „zu haben, als sei das Lesen in den Büchern mehr nur Sache für die Jugend. Wer aber nicht mehr die Schule besuche, habe auch mit den Büchern nichts mehr zu schaffen. [...] Wohl können wir sagen, daß in frühern Jahren ein weit größeres Verlangen nach Büchern hier statt hatte als gegenwärtiger Zeit. Dies rührte ohne allen Zweifel daher, daß damals mehr inneres Leben unter dem Volk herrschte als jetzt. Und dann trug auch das im Winter in weit größerer Zahl Beisammenwohnen, wodurch die Versammlungen stärker besucht wurden, viel darzu bei, die Sinnen und Gemüth mehr auf die Bücher und die geistliche Nahrung zu richten."[203]

Erzieher und Ratgeber

Sehr problematisch und schwierig war es für die Missionare, ihrer von den meisten Grönländern akzeptierten, ja sogar zugewiesenen Führungsrolle gerecht zu werden. Gar zu unterschiedlich waren das Denken, die Sitten und Gebräuche in den Kulturen, die hier aufeinander prallten. Einerseits hörten Müller und seine Kollegen von den Grönländern immer wieder Worte wie „Ihr seyd gekommen, uns zu lehren. Darum sagt uns nur, was wir thun sollen. Wir wollen nur hören und folgen, denn wir sind noch gar sehr unwissend." Andererseits konnte ein „Maßstab nach europäischer Wohlerzogenheit" nicht angelegt werden. „Zum Fleiß [...] müssen" die Grönländer „noch mehr gewöhnt und angehalten werden. [...] Unzeitige Barmherzigkeit von Seiten der europäischen Geschwister [...] hat die Sache nur schlimmer gemacht."[204] Das leichtfertige „in den Tag hinein leben" der Einheimischen, ihre Unzuverlässigkeit, „Liederlichkeit" und Unreinlichkeit waren nach Ansicht der Missionare die Quellen von Not, Elend, Hunger, Krankheit, Unmoral und Unglaube. Daher sahen die europäischen Brüder ihre Aufgabe darin, den „Samen" auf das „Steinige" zu säen und die zarten Sprösslinge „immer zu begießen," damit sie nicht „beym ersten Sonnenstich oder rauhen Wind in Gefahr stehen, zu verdorren."[205] Das bedeutete für Johann Valentin Müller unter anderem, die Grönländer aus ihrem für seine Begriffe viel zu sorglosen Leben herauszuführen und sie zu einer mehr vorausschauenden Erwerbstätigkeit und damit zu einem wirtschaftlicheren Handeln sowie verbesserter Haushaltsführung zu veranlassen. Insgesamt gesehen war es den Missionaren ein großes Anliegen, den Mitbrüdern und Mitschwestern in allen Lebenslagen Helfer und Wegweiser zu sein.

Probleme gab es allenthalben. So auch mit dem Tabak, den die Missionare aus Europa erhielten. Manchmal war er minderwertig oder gar verschimmelt und unbrauchbar. Das Nikotinprodukt, dessen Gefahren erst später erkannt wurden, diente damals als wichtiges Zahlungsmittel, mit dem notwendige Dinge beschafft werden konnten: Die Europäer tauschten den Tabak unter anderem gegen Seevögel und Heringe. Darüber hinaus wurde er von den Missionaren an die Armen, Witwen und Waisen verteilt, die ihn bei einer Hungersnot gegen Lebensmittel eintauschen konnten. Da in außerordentlichen Mangelzeiten aber selbst für Tabak weit und breit nichts Essbares aufgetrieben werden konnte, erschien Müller und seinen in Neu-Herrnhut wirkenden Kollegen dieses Vorgehen sehr fragwürdig, ja sogar nicht akzeptabel. Auch mit dem in Lichtenau praktizierten Verfahren, während der Zeit des Heringfangs getrocknete Fische gegen Tabak zu erwerben, um sie in Notzeiten an die Grönländer zu verteilen, konnten sich die Brüder in Neu-Herrnhut nicht anfreunden. Ein „Heringsmagazin“ würde nämlich wegen der „bekannten [...] Lässigkeit der Grönländer“ mehr schaden als nützen, da sie sich allzusehr auf die zentralen Vorräte verlassen und folglich noch sorgloser dahinleben würden. Am günstigsten sei, nur den „wirklichen Armen [...] auf [...] vorsichtige Weise von Zeit zu Zeit Tabak“ auszuteilen, damit sie sich Felle, Speck und Heringe beschaffen könnten.[206] Wie die Missionare in Neu-Herrnhut später berichteten, verteilten sie den Tabak in etwas modifizierter Weise: Mit einem Teil beschenkten sie Weihnachten 1820 die erwachsenen Mitglieder der Gemeine. Einen weiteren Teil erhielten die Witwen „zu ihrem Chorfest“ am 2. Februar 1821, „um sich das Nöthigste dazu anschaffen zu können.“ Etwas Tabak ging an „einige arme Knaben zur Anschaffung des nöthigen Werkzeugs und andern Zubehörs zu ihren Kajakken wie auch“ an „mehrere Armen und Wittwen zum Ankauf des Specks in“ (= für) „ihre Lampen und“ an „die verwaißten Kinder von Kangek zu ihren Kleidern.“ Mit Tabak belohnt wurden die Grönländer, die die Station beim Orkan am 27. Februar 1821 vor größerem Schaden bewahrten. Der Rest wurde für sonstige Dinge „zum Nutzen der Gemeine“ verwendet.[207]

Die Missionare erlebten in der Erziehung der Grönländer herbe Rückschläge: Im Herbst 1821 verkauften im Gebiet um Lichtenau die Einheimischen einen großen Teil des sehr ergiebigen Seehundfangs. Bereits im März 1822 litten sie deswegen unter dem Mangel an Speck und konnten keinen „vom hiesigen Kaufmann auf Borg“ beziehen. Nachdem auch die getrockneten Heringe ausgegangen waren, wurden sie von den europäischen Brüdern unterstützt. Dennoch brachen einige Hungrige beim Kaufmann ein und bedienten sich an dessen Nahrungsmittelvorräten. Über das Vergehen und die stillschweigende Duldung des Unrechts durch die Gemeine zeigten sich die Missionare sehr aufgebracht.[208] Einmal beauftragte Johann Valentin Müller Bewohner von Friedrichsthal, vom „Lichtenauer Heringsfang" getrocknete Fische mitzubringen. Dazu gab er ihnen „lederne Säcke" mit und bezahlte sie „zur Hälfte [...] im Voraus." Nach dem Heringsfang bekam er aber fast alle Säcke leer zurück „und das, was darauf bezahlt war, war meist verloren." Vorsorglich und nichts Gutes ahnend hatte Müller aber gleichzeitig den nötigen Vorrat bei Leuten von Lichtenau, die ihm aus seiner dortigen Zeit her als ehrlich bekannt waren, bestellt. Diese lieferten die Fische prompt, und die Missionsstation Friedrichsthal war für ein ganzes Jahr mit dem Grundnahrungsmittel versorgt und besaß darüber hinaus Vorräte, um bei Hungersnöten Hilfsbedürftige unterstützen zu können.[209] Um das Selbstwertgefühl der Armen zu steigern, sie zu sinnvollem Tun anzuhalten und ihnen neue Perspektiven zu eröffnen, ging die Friedrichsthaler Gruppe um Johann Valentin Müller dazu über, sich von den mit Lebensmitteln und anderen Dingen unterstützten Personen nach Möglichkeit „die Hälfte des Werthes der dargereichten" Hilfe etwa durch Sammeln von Reisig erstatten zu lassen. Davon hatten auch die Missionare ihren Vorteil, weil sie „auf die Weise einen sehr bedeutenden Theil" des erforderlichen Brennholzes erhielten. Solange das Verfahren praktiziert wurde, kam es zu keiner „eigentlichen Lebensmittelverlegenheit, [...] weßwegen auch die Handelsleute in ihren früheren Raisonements über die üble Lage dieses Platzes zum Schweigen kamen."[210]

Während an einigen anderen Orten Grönlands die Bewohner leichter ihrem Erwerb nachgehen konnten als in Friedrichsthal, waren hier Geschenke und Hilfen für schlechter gestellte Menschen bitter nötig. Im Gegensatz zu den weiter nördlich angesiedelten Menschen waren diese Leute noch nicht dem Kaffeetrinken verfallen, dem mancher Grönländer sein ganzes Hab und Gut opferte. So musste der bei Friedrichsthal „befindliche Handelsmann" 1839 den „ihm zugesandten Kaffee wieder zurück [...] senden, [...] weil [...] sich [...] nicht ein einziger Käufer darzu gefunden hatte."[211] Dagegen mussten Johann Valentin Müller und seine Kollegen seit 1838 schlimme Nachrichten über Verbrechen vernehmen, die in der nordöstlich von Friedrichsthal liegenden Gegend begangen worden waren. Dort hatten grönländische Bewohner „ihre nächsten Nachbarn" überfallen und ermordet und waren danach mit Sack und Pack verschwunden. Müller sagte dazu, dass dergleichen Untaten bei den Grönländern früher unbekannt gewesen seien und nun „nicht aus Hunger, sondern aus Lüsternheit" geschehen würden.[212]

Den Helfern boten sich aber auch manche Lichtblicke, die sie ermunterten, auf ihrem Weg unbeirrt weiter zu gehen: In Lichtenau befolgten viele einheimische Brüder und Schwestern die Ratschläge der Missionare und bewahrten „einen guten Theil ihres [...] Seehundespecks als Winterbedarf" auf, was bei den nicht zur Gemeine gehörenden Grönländern in der Nachbarschaft „nicht der Fall" war. Daher gerieten letztere im Winter gewöhnlich in große Not. 1844/45 war deren Situation schlimm. Einige brachen „sowol beim Kaufmann als auch bei unsern Leuten ein [...] und stahlen."[213] Im Ganzen gesehen klagte Müller aber über eine deutliche Verschlechterung der Lage in Lichtenau. Während die Missionare in Friedrichsthal 1850 von ihren Grönländern sagen konnten, „daß sie noch nicht so verdorben" sind wie die weiter im Norden lebenden, schilderte er mit drastischen Worten die Situation in Lichtenau: „Unzucht, Lügen, Betrügen, Stehlen, Verschwenden, alle diese Laster sind" hier „anzutreffen. Die allernöthigsten Kleidungsstücke werden für Kaffee, Zucker, Laugenbrod, Grütze und dergleichen veräußert. Auch die Boote gehen immer mehr ein, was den Mangel an Zeltbedeckung nach sich zieht. Die Felle zu den Bootüberzügen werden nicht mehr gehörig gesammelt, sondern lieber für Kaffee usw. verkauft. Daß man noch keine von Brantwein Berauschte hier hat herum taumeln sehen, hat seinen Grund darin, daß sie bis jetzt dieses Giftwasser hier im Süden noch nicht so leicht bekommen konnten als es im Norden der Fall ist."[214] Müller dürfte bei der Beschreibung der Zustände in Lichtenau auch den folgenden Vorfall im Auge gehabt haben: Im Sommer 1845 waren den Missionaren zuerst einige Werkzeuge und dann auch andere Dinge abhanden gekommen, wodurch der Verdacht auf eine systematische Stehlerei aufgekommen war. Daher hatte man sich mehrere Nächte auf die Lauer gelegt, was aber ergebnislos geblieben war. Unter den Leuten erzählte man von einem jungen Mann, der verschiedene Sachen, die er teils gefunden, teils erworben haben wollte, zum Verkauf angeboten habe. Als dieser einige der abhanden gekommenen Objekte zur Station mit der Bemerkung zurückgebracht hatte, die „Fundstücke" gehörten wohl der Mission, hatte man ihn einem Verhör unterzogen, das aber erfolglos geblieben war. Der Dieb hatte danach seine „Mausereyen" so lange fortgesetzt, bis man ihn schließlich beim Herumschleichen um die Gebäude von Lichtenau ertappt hatte. Daraufhin war er eilends mit seinem Kajak geflohen, aber nach einiger Zeit wieder zurückgekommen. Man hatte ihn erneut gefasst und war mit Milde in ihn eingedrungen, zu gestehen. Als auch das erfolglos und man sicher gewesen war, den Dieb vor sich zu haben, hatte man ihm einige Stockhiebe versetzt. Alsbald hatte der Schuldige zugegeben, ein Messer und die anderen Dinge gestohlen zu haben. Die Erfahrung, Richter und „Büttel" sein zu müssen, da das „Volk so ganz ohne obrigkeitliche Gesetze und ohne Polizei" gelassen würde, war für Müller und seine Kollegen überaus schmerzlich. Sie bedauerten, in Zukunft die Türen ihres Hauses verschließen zu müssen.[215] Den zunehmenden Zerfall des Erreichten führte Müller auch auf die zu große Milde der Missionare zurück. Sie betrachteten ihre Grönländer nicht mehr mit Strenge „als Kinder," sondern sie behandelten diese „väterlich, vorsichtig und weislich."[216] Noch kurz bevor er sich zur Ruhe setzte, geißelte Johann Valentin Müller die Sorglosigkeit zahlreicher seiner Schützlinge bei der Beschaffung der Wintervorräte: Die gelinden Winter der letzten Jahre ließen sie immer nachlässiger werden und seine Ermahnungen ins Leere laufen. Den gesamten Speck der von ihnen erlegten Seehunde verkauften sie jeweils sofort an die Händler und kamen gewöhnlich mit „leeren Händen zu ihren Winterplätzen." Sie verließen sich darauf, auch dort einen guten Seehundfang zu haben, „was aber total fehl schlug." Genauso unbekümmert verfuhren sie mit den gefangenen Heringen und Dorschen. „Daher gingen Mehreren schon bald nach Weihnachten die Lampen aus, daß sie die langen Winternächte hindurch im Finstern liegen und dabei frieren mußten, denn es trat bald starke Kälte von" minus 13 bis minus 18 Grad Celsius ein. Besonders empfindlich war der Mangel an gedörrten Heringen.[217]

Kenner der grönländischen Sprache und Übersetzer

Johann Valentin Müller war sich in Grönland von Anfang an bewusst, dass für ein erfolgreiches Wirken als Missionar die gründliche Kenntnis der Sprache der Einheimischen erforderlich ist. Somit setzte er alles daran, sich möglichst rasch ein sicheres Wissen anzueignen. Sein großer Fleiß und seine außerordentliche Begabung ließen ihn in relativ kurzer Zeit das Grönländische fast perfekt beherrschen. Mit seinen Kenntnissen übertraf er bald die Kollegen. Johann Valentin Müllers Sohn Heinrich schrieb dazu: „Dem Vater ist es in seinem Missionsdienst sowohl in seinen ersten sieben ledigen Jahren als auch nachher ganz besonders um eine gründliche Erlernung der grönländischen Sprache zu tun gewesen. Er wollte so mit seinen Grönländern reden, daß sie ihn auch wirklich verständen. So ist er vor anderen der schweren Sprache mächtig gewesen." [218]

Johann Valentin Müller erkannte sehr bald die große Bedeutung der grammatikalischen Regeln für die Sprachkenntnis. Bereits ab Herbst 1820 machte er sich daran, die „bis daher gebräuchliche" und mangelhafte grönländische Grammatik umzuarbeiten. Schon Jahre zuvor hatte er die Regeln studiert und einiges Material dazu gesammelt.

Vor der Reinschrift, die seine Frau besorgte, war er 1820/21 das 332 Seiten starke Werk mit einigen Grönländern durchgegangen, „um sie über die Sachen zu befragen."[219] 1828 waren Müllers Fähigkeiten in der grönländischen Sprache praktisch perfekt. Er war in der Lage und fand immer mehr Freude daran, sein Wissen auch den Kollegen nutzbar zu machen. Damals bestand die Aussicht, die aus dem älteren Werk durch Korrekturen, Ergänzungen und andere Veränderungen hervorgegangene Grammatik mit Hilfe des Bruders de Fries und seiner Elberfelder Freunde und ohne finanzielle Inanspruchnahme der „Missions Diaconie" zu drucken. Die neue Fassung sollte den der Sprache noch unkundigen europäischen Brüdern dienlich sein. Müller nahm sich daher vor, das Buch, das er „vor einigen Jahren nach [...] Kräften umgearbeitet" hatte, „zum Druck bis nächstes Frühjahr fertig zu machen." Er bat die Missionsdirektion, dafür die Zustimmung zu erteilen. Die Grammatik sollte „in groß Octav etwa 30 Bogen stark werden." Davon waren 1828 vier Bogen fertig. Müller schrieb der Missionsdirektion noch: „Durch die öftere Abschreibung der" vormals benutzten „Gramatic durch neue, sprachunkundige Brüder ist dieselbe sehr mit Fehlern übersät. Gerne hätte ich das Buch, wie ich es jetzt" in der Überarbeitung besitze, „einem gelehrten Bruder zur Einsicht vorgelegt, ehe ich es zum Druck" abschreibe. „Darzu ist aber jetzt nicht Gelegenheit."[220]

Müller vollendete das Manuskript und händigte es bei seinem Besuch in Europa im Jahr 1831 der Missionsdirektion aus. Bereits 1830 war nach Aussagen des Bruders de Fries ein guter Teil der Druckkosten für die grönländische Grammatik beisammen gewesen. De Fries versprach sogar, für den noch fehlenden Betrag eine Bürgschaft zu übernehmen.

Der Druck der grönländischen Grammatik wurde aber aus unbekannten Gründen immer wieder hinausgeschoben. Daher bat Müller 1833 darum, man möge ihm sein in Deutschland zurückgelassenes Manuskript schicken. Er hatte nun vor, Abschriften zu machen, um sie den in Grönland neu ankommenden Brüdern zum Erlernen der Fremdsprache zur Verfügung zu stellen. Als sich erneut eine Möglichkeit zur Publikation der Grammatik zeigte, wurden am Skriptum weitere Korrekturen auch durch Bruder Lehmann aus Neu-Herrnhut vorgenommen. Schließlich ging es 1837 erneut nach Deutschland. Müller bat aber darum, das Werk wegen eventueller Fehler in der deutschen Rechtschreibung dort noch einmal abzuschreiben. Dazu kam es jedoch nicht. Stattdessen sollte für jede der vier Missionsstationen eine Abschrift angefertigt werden. Damit hatten die in der Heimat tätigen Brüder aber offenbar Probleme. Denn 1840 waren die Kopien noch nicht an ihren Bestimmungsorten. Damals schrieb Johann Valentin Müller: „Sehr vermissen wir hier die von Euch gütigst besorgte Abschrift der grönländischen Grammatik, da sich in Friedrichsthal auch nicht ein Exemplar davon findet. In Lichtenau“ haben die „Brüder Ihrer und Asboe und in Neuherrnhut [...] die Brüder Ulbricht und, wie mir gesagt wurde, auch Brüder Herbrich und Richter sich früher schon eigenhändig Abschriften davon gemacht [...]. Sehr bitten wir daher, wenn es möglich wäre, uns das bewußte Exemplar dieses Buches zukommen zu lassen.“[221] 1843 bestätigte Müller den Besitz der so ersehnten Kopie. Er beklagte aber das Verschwinden des Originals seiner Grammatik. Dazu schrieb er: „Wo mag doch das Exemplar der grönländischen Grammatik von meiner Hand geschrieben, welches ich auf Verlangen vor einigen Jahren nach Europa gesandt und von welchem durch die gütige Fürsorge der U.A.C. eine Copie für jeden der 4 grönländischen Missionsplätze gefertigt wurde, geblieben seyn? Gar sehr lieb und erwünscht würde es mir seyn, wenn ich dasselbe endlich wieder bekommen könnte, da es mich überaus viel Mühe, Arbeit und Nachdenken gekostet und seit ich es aus den Händen gab nun ganz ohne Grammatik bin. Denn die hieher gesandte Copie davon hat Bruder Kleinschmitt im Gebrauch und Censur.“[222] Wahrscheinlich ging der Wunsch Müllers nicht in Erfüllung. Denn in keinem seiner Briefe bestätigte er den Erhalt des Manuskripts.

Das Original befindet sich heute im Archiv der Brüder-Unität in Herrnhut. Im gleichen Archiv liegt auch ein handgeschriebenes grönländisches Wörterbuch, „zusammengetragen von verschiedenen Missionaren und mit Fleiß verbessert, vermehrt und mit einem deutschen Register versehen von Valentin Müller, von 1813 bis 1854 gewesener Missionar in Grönland.“[223]

Johann Valentin Müller setzte sich im Interesse seiner Kollegen auch mit neueren Methoden zur Erlernung der schwierigen Fremdsprache auseinander. Sein Hang zum Grönländischen entwickelte sich allmählich zur Leidenschaft, die ihn immer wieder nach neuen Herausforderungen suchen ließ. 1833 störte es ihn empfindlich, im Religionsunterricht nur unzureichendes Material für seine Schüler zur Verfügung zu haben. Also beschloss er, die „Biblischen Geschichten aus dem alten und neuen Testament“ zu übersetzen.[224] In den folgenden Jahren war Müller reichlich mit anderen Dingen beschäftigt. Aus Zeitmangel musste er sich dazu entschließen, nur Geschichten aus dem Alten Testament zu übertragen. 1837 schrieb er an Bruder Breutel von der Missionsdirektion: „Mit der Übersetzung des Buches ‚Biblische Geschichten‘ konnte ich diesen Winter nur wenig vorwärts schreiten, da die übrigen Geschäfte fast meine ganze Zeit in Anspruch nahmen. Jeden Freitag in der Frühstunde las ich den Grönländern eine Lection daraus vor, so wie ich es aus der Feder bekam, wobey der Saal jederzeit mehr als gewöhnlich angefüllt war. Diesen Winter, wo ich auf mehr freie Zeit hoffen kann, werde ich thun, was ich kann, um das Alte Testament wo möglich zu Stande zu bringen. Habet dann, liebe Brüder, herzlich Dank für das Anerbieten Eurer

Okautsit

Testamentitokame agleksimarsut illeit.

1. Pingortitsinermik.

1 Mose 1 — 3.

Tamarsoarmik issuaenne Gude pingortitsiok Killangmiglo Nunamiglo. Nunalo errovillunelo sõkangitsorsõvok, Ittesõrsũblo kollàgut tàrpok, Erngillo Gudim annerneraetta kollangerpei.

Gudelo okarpok: Kaukalerle! kaukalerpok tava. Kaulo Gudim auiksartipa Tàrtomit, Kaulo taia Udlormik, Tàrtorlo Unnuarmik. Taima Unnungmik Udlãmiglo Udlok siudlek pingorpok. Udlum aipaue Gude killakartitsiok issuisimarsomik. Udlut pingajuaenue Gude okarpok: Erngit Killaum attanẽtut kattiterniarlutik ingmikut innekalerlit, Pannertok tekkuksaulerkollugo! Taimaiserpok tava. Pannertok Gudib taia Nunamik, Erngillo kattitertut Immauvingmik. Gude ama okarpok: Nunamit naulerillit

a 2 Ivgit

Die erste Seite der biblischen Geschichten des Alten Testaments, ins Grönländische übersetzt von Johann Valentin Müller (Herrnhuter Unitätsarchiv, NB. VII. R. 3. 127. d).

gütigen Mitwirkung in Hinsicht des Druckes desselben. Mit Bruder P. Latrobe habe ich bereits auch schon in der Hinsicht correspondirt.“[225]

Im folgenden Winter stellte Müller die Übersetzung der Geschichten aus dem Alten Testament fertig. Auf Wunsch des Bruders Peter Latrobe nahm er dann noch einige Kürzungen vor. 1839 übersandte er ihm die Reinschrift des Manuskripts. Da aber das Schiff, das die Post befördern sollte, wegen der schlechten Witterung „Winterlager halten mußte,“ kam es zu einer empfindlichen Verzögerung. In einem Brief vom 10. Juni 1840 an Bruder Breutel schrieb Müller u. a.: „Das deutsche Originalbuch, wonach die grönländische Übersetzung gemacht worden, hat den Titel ‚Biblische Geschichten aus dem alten und neuen Testament, bearbeitet von einigen Predigern im Canton Basel. Basel bei I. G. Neukirch.‘ Ins Grönländische ist indeß nur das alte Testament übersetzt.“[226] Das Werk wurde mit Unterstützung britischer Freunde 1840 gedruckt. Da die Bücher erst 1843 in Grönland eintrafen, überbrückte Müller die Zwischenzeit damit, den Grönländern in besonderen und gut besuchten „Bibellectionsversammlungen" weiterhin aus seinem Manuskript vorzulesen.[227]

1836 und 1837 bat Peter Latrobe seinen Mitbruder Johann Valentin Müller, auch die Psalmen ins Grönländische zu übertragen. Der Missionar versprach 1837, sich nach Beendigung der Arbeiten an den Geschichten aus dem Alten Testament der Aufgabe zu stellen. Seine Freude und Bedenken über den neuen Auftrag kleidete er in die Worte: „Es war immer eine meiner liebsten Arbeiten, in der grönländischen Sprache etwas zu thun zu haben, wozu aber gewöhnlich nicht viel Zeit blieb, da es sich meist immer so traf, daß meine collegialische Umgebung zu schwach war, mir viel von der täglich laufenden Missionsarbeit abzunehmen."[228]

Müller war sich noch weiterer Schwierigkeiten bewusst, die mit einer solchen Arbeit verbunden sein würden. Ohne Hebräischkenntnisse müsse er sich auf andere Hilfsmittel stützen. Als solche dienten ihm beispielsweise „die bekannte Hirschberger Bibel mit Erklärungen" und „Büchners Hand-Concordanz."[229] Er versprach, im Winter 1839/40 mit dem Übersetzungsversuch zu beginnen.

Müllers Lese- und Schreibtätigkeit wurde zunehmend von dessen Augenschwäche beeinträchtigt. 1838 bekundete er: „Freilich wollen meine Augen, mit denen ich früher eine mäßig feine Schrift Klafterweit entfernt lesen konnte, ihren Dienst nun versagen. Und ich muß bedauern, daß ich mich nicht nach einer für mich brauchbaren Brille umsah, als ich 1831 in Europa war."[230] Ein Jahr später bat er die Missionsdirektion, ihm und seiner Frau Brillen zu besorgen. Um für die Art der Gläser einen Anhaltspunkt zu geben, schickte er zwei Fäden unterschiedlicher Länge. Sie gaben die Entfernungen „der Schrift der deutschen Loosung von den Augen, wenn diese die Worte am besten lesen können," an. Der längere Faden gehörte zu ihm und der kürzere zu seiner Frau.[231] 1841 hatte das Ehepaar Müller immer noch keine Brillen. Die beiden Schnüre waren nämlich verloren gegangen. So sah sich der Missionar gezwungen, dem Heimkehrer Kögel zwei neue Fäden mitzugeben.[232]

Wie versprochen, begann Johann Valentin Müller alsbald mit der Übersetzung der Psalmen. Am 23. März 1840 konnte er berichten: „Im letzten Winter habe ich mich nun an die Übersetzung der Psalmen gewagt, und nachdem ich jede Stunde, die ich übrig hatte, bey Tages- und Lampenlicht darauf verwendet habe, bin ich nun bis zum 107. Psalm gekommen." (Dieses Danklied der Erlösten beginnt mit dem Vers „Danket dem Herrn; denn er ist freundlich, und seine Güte währet ewiglich.") „Und weiter werde ich es diesen Winter wol auch nicht bringen, da jetzt allerlei andere Arbeiten in den Tag treten, sowol in der Stube als außer dem Hause. Ich muß übrigens gestehen, daß ich dem lieben Bruder Latrobe schon dafür außerordentlich Dank schuldig bin, daß Er mich zu dieser Arbeit veranlaßt hat. Denn nie hätte ich früher geglaubt, daß die Psalmen wegen ihrem oft tiefen Sinn so viel Erbauliches und Belehrendes für die Grönländer darböten, wie sie es doch würklich thun, und ich fühle mich während dem Übersetzen derselben oft ganz entzückt und hingenommen, wenn ich so manche schöne Stellen vor mich bekomme. Und glaube auch behaupten zu können, daß man die Psalmen mit wenig Ausnahmen im Grönländischen ebenso deutlich geben kann, als man sie in der deutschen Sprache hat."[233] Müller arbeitete in der Folgezeit trotz seiner Sehschwäche mit großem Fleiß an der Übersetzung der Psalmen weiter. Am 16. März 1841 war er bereits beim Abschreiben und dabei bis zum 32. Lied gelangt. (Dieses handelt von der Seligkeit der Sündenvergebung und beginnt mit den Versen „Eine Unterweisung Davids. Wohl dem, dem die Übertretungen vergeben sind, dem die Sünde bedeckt ist! Wohl dem Menschen, dem der Herr die Missetat nicht zurechnet, in des Geist kein Falsch ist!") Schon am 20. Juni des gleichen Jahres konnte er melden: „Mit der Übersetzung der Psalmen und Durchsicht derselben wurde ich beim Auskauf jeder Stunde Zeit, die mir die täglich laufenden Geschäfte übrig laßen, am 5. Juni d. J. fertig, so daß ich sie nun mit der diesjährigen Schiffsgelegenheit an Bruder P. Latrobe kann abgehen lassen. Obgleich diese Übersetzung für nichts weniger als fehlerfrei ausgegeben werden kann und mir selbst dabei noch eins und anders zu wünschen übrig bleibt, so glaube ich andererseits doch darauf rechnen zu können, daß das Buch, wenn es einmal gedruckt in Gebrauch kommt, unserer Brüdermissionarien in Grönland wie auch der Grönländer Beifall haben wird."[234]

Der Druck ging dank der Hilfe britischer Missionsfreunde ohne Verzug vonstatten. Bereits 1842 gingen die fertigen Exemplare nach Grönland ab. Aber erst 1843 kamen sie an Ort und Stelle an.[235]

Mitten in der Übertragung der Psalmen steckend, bewegte Johann Valentin Müller bereits 1840 ein neues Vorhaben. Um „neben dem allgemeinen Schulunterricht auch einen etwas beßern, eigentlichen Religions- und Bibelunterricht [...] in Gang zu bringen," wünschte er sich „einen Auszug aus Luthers Katechismus im Grönländischen."[236] Im Winter 1841/42 fand Müller Zeit und Muße, auch dieses selbstgesteckte Ziel zu erreichen. Am 4. Juli 1842 konnte er der Missionsdirektion berichten, dass das Manuskript mit der gleichen Post zum Druck abgehe.[237] Schon ein Jahr später konnte er das fertige Werk zusammen mit den Biblischen Geschichten des Alten Testaments und den Psalmen in Empfang nehmen. Die Missionskonferenz Lichtenau, der Müller nun schon seit zwei Jahren wieder angehörte, schrieb dazu am 15. August 1843 u.a.: „Die genannten Bücher werden gewiß große Freude bei den Grönländern verursachen, und auch wir freuen uns gar sehr, daß wir dadurch in den Stand gesetzt sind, in unserm Schulunterricht noch mehr ausbreiten zu können. Von dem Catechismus können wir uns besonders gesegnete Folgen des Religionsunterrichts versprechen, so wie wir durch die biblischen Geschichten [in der Lage sind,] die Jugend nun auch mehr als es bisher geschehen konnte, mit dem alten Testament bekannt zu machen."[238]

Auf der Suche nach weiteren neuen Hilfen für den Missionsdienst in Grönland wies Müller 1841 auf die „Druck- und auch Übersetzungsfehler" hin, die sich in dem von ihm und seinen Kollegen benutzten Neuen Testament befanden. Er habe daher alles Verbesserungswürdige zusammengestellt, „was bei einer etwaigen neuen Auflage" berücksichtigt werden solle. Er setzte sich auch kritisch mit einer anderen, wissenschaftlich offenbar einwandfreien, aber „abstrakten" und „wortsteifen" Übersetzung des Werks auseinander. In diesem Zusammenhang warnte Müller, Bücher allzu großzügig an die Grönländer zu verteilen. „Erst muß durch die Gnade des Herrn ein Bedürfniß im Herzen entstehen nach dem, was im Buche steht, oder doch Lust auf Verlangen darnach erweckt werden, alsdann kann man auch darauf eher Rechnung machen, daß die Bücher geschätzt und möglichst in acht genommen werden."[239] 1842 wandte sich Müller an Bruder Peter Latrobe mit der Bitte, er möge sich bei der britischen Bibelgesellschaft für die Unterstützung des Drucks einer überarbeiteten Auflage des Neuen Testaments verwenden. Bereits ein Jahr später lag von ihr die Zusage der Übernahme der Druckkosten vor. Um den Plan, im Sommer 1844 „ein möglichst rein corrigirtes Exemplar" an Bruder Latrobe nach London abzusenden,[240] realisieren zu können, widmete sich Johann Valentin Müller im Winter 1843/44 den erforderlichen Korrekturarbeiten. Doch Nachrichten aus den „Nordgemeinen" machten Müllers Hoffnungen fast völlig zunichte. Dort war man nämlich der Meinung, „daß die Briefe der Apostel sich kaum zum Druck für die Grönländer eignen." Verbittert und vorwurfsvoll äußerte er 1845, dass es nicht an der Übersetzung des Buchs liege, „wenn ihre Grönländer es wenig achten, sondern vielmehr an der Bedürfnißlosigkeit nach geistlicher Nahrung. Denn, wer keinen Hunger fühlt, sucht auch keine Speise. Die Corrigation des Buches habe ich nun bei Seite gelegt, was ich auch an Bruder Latrobe gemeldet" habe.[241] Nach Jahren des Stillstands kam 1848 wieder Bewegung in die Frage des Drucks einer weiteren Auflage des Neuen Testaments. Auf Wunsch der U. A. C. setzte Müller die Revision der vorhandenen Übersetzung fort. Dazu schrieb er am 5. August 1848: „Was die Correctur des Grönländischen neuen Testaments betrifft, so will ich dieselbe nun vornehmen und mit des Herrn Hülfe dabei thun, was ich nach meinen schwachen Kräften immer vermag. Von anderer Seite ist freilich wenig Hülfe zu erwarten, so lieb sie mir auch wäre. Hätte ein anderer Bruder wollen diese Arbeit übernehmen, so hätte ich mit Vergnügen ihm wollen meinen Beitrag darzu liefern. Die Corrigation der 4 Evangelisten wird wenig Arbeit verursachen, so daß die wenigen Fehler im Buche selbst können corrigirt werden. Allein zu den Apostolischen Bücher und Schriften werde ich ein besonderes Verzeichniß der Fehler in denselben aufsetzen und beilegen müssen."[242] 1849 waren die Korrekturarbeiten beendet. Das Manuskript ging wohl noch im gleichen Jahr an Bruder Matthiesen in Kopenhagen.[243] Ein Jahr später bedankte sich Müller bei der Missionsdirektion für die Förderung des Drucks der zweiten Auflage.[244] Da in Friedrichsthal die erste Auflage vergriffen war und die Missionare von Lichtenau 1851 deswegen mit 12 Exemplaren aushelfen mussten, wurde das überarbeitete Testament 1851 dort sehnsüchtig erwartet. Noch im gleichen Jahr traf es in Lichtenau ein.[245] [246]

Müller übersetzte für die Jugend auch kleine Erbauungsschriften, die „der liebe Bruder Dr. Barth" aus Calw drucken ließ.[247]

Handwerker, Bauleiter und Schwerarbeiter

Etliche der in vielen Dingen ausschließlich auf ihre eigenen Fähigkeiten angewiesenen Missionare entwickelten sich zu regelrechten Allroundkönnern. Zu ihnen zählte Johann Valentin Müller. Nebenbei hatten die Herrnhuter Boten vor allem als Bauhandwerker und Bauleiter zu tun. Wegen der ungünstigen Witterung mussten sie an den Gebäuden oft Ausbesserungsarbeiten verrichten. Einigen Aufwand erforderten hauptsächlich die mit Brettern bedeckten Dächer. So erbat Johann Valentin Müllers Vorgesetzter in der Missionsstation Neu-Herrnhut, Heinrich Mentzel, 1814 von der Entsendestelle in Deutschland dringend Bretter, um „das durchlöcherte Dach zu bedecken."[248] Bauholz war nämlich in Grönland nicht direkt erhältlich und musste zusammen mit Lebensmitteln und anderen Dingen mit dem Schiff aus Europa herbeigeschafft werden. Da, wie bereits bekannt, in den Herbst- und Wintermonaten wegen des Eisgangs und der zugefrorenen Küstengewässer der Schiffsverkehr zwischen dem unwirtlichen Grönland und Dänemark eingestellt war, mussten die Missionare in der Regel mindestens ein Jahr auf die in Europa bestellten Waren warten. So war es auch bei den erwähnten Brettern. Diese kamen 1815 am Bestimmungsort an. Leider waren sie viel zu kurz und für den gewünschten Zweck ungeeignet. Deswegen musste neues Material und von doppelter Länge geordert werden.[249] Auch in Lichtenau war es ein immer wiederkehrendes Problem, die Dächer abzudichten. Als gute Schutzmaßnahme erwies sich das Teeren, das das Eindringen des Regenwassers in die Stuben deutlich erschwerte.

1829 war das dortige Versammlungshaus in einem desolaten Zustand. Wegen Einsturzgefahr wurde es mit „3 schweren Bäumen von hinten gestützt." Dennoch senkte sich der Bau zunächst kontinuierlich ab. Es war sogar zu befürchten, dass man ihn durch ein neues Gebäude ersetzen müsse. Daran war vorerst jedoch nicht zu denken, da die Missionsstation Friedrichsthal mit ihren Arbeiten am „Saalbau" einen großen Teil der finanziellen Mittel der Missionsdirektion erforderte. Mit der Zeit stabilisierte sich die Lage des Lichtenauer „Saalgebäudes" und es bestand in dieser Beziehung Anlass zu einigem Optimismus. Folglich waren weitere Maßnahmen nicht erforderlich.[250] In den Sommermonaten des folgenden Jahres nutzten die Herrnhuter Brüder in Lichtenau den üblichen „Stillstand" in der Missionsarbeit, um die Dächer mit vorrätigen Brettern neu zu decken beziehungsweise zu teeren. „Das Holzwerk der untern Stockwerke" wurde „mit rother Erde und Seehundsthran, das Saalthürmchen aber grün und weiß angestrichen, wodurch das Ganze ein recht angenehmes, neues Ansehen" erhielt, „vornehmlich aber die Gebäude gegen die Nässe geschützt" wurden.[251] 1832 war das 50 Jahre alte Hausdach in Lichtenau fast „ganz verfault, so daß das Wasser bey Regen [...] überall in den Boden und Stube" lief. Daher bat Müller die Entsendestelle, zirka 200 Bretter zur Neueindeckung zu schicken.[252]

An seinem neuen Wirkungsort Friedrichsthal angelangt, musste sich Müller sofort mit den dortigen, eine Nummer zu groß geratenen und teilweise unsachgemäß erstellten Baulichkeiten befassen. Der Winter 1834/35 war recht schneereich. Müller und seine Mitarbeiter wussten nicht, wie sie die „so übel angelegten Gebäude" frei halten sollten. „Die ganze hintere Front steckte 5 Ellen" (= 3 Meter) „hoch in einer Schneemasse, die nicht anders als nachtheilig für diese leidigen Blockhäuser seyn" konnte. „Mehrere malen haben" die Missionare „mit 10–12 Grönländerinen ganze halbe Tage gearbeitet, um nur die Dächer dieser Seite frei zu machen." Die während des Winters entstandene und stellenweise über 4 Meter hohe Eismasse am Nord- und Ostbereich des Wohnhauses zerschlugen sie in der ersten Aprilwoche 1835 in handliche Stücke. Die Brocken wurden auf einen speziell dafür angefertigten Schlitten geladen und von 12 Männern weggeschafft. Kosten, Arbeit und Ärger hätte man sich mit einer kleineren und damit angemesseneren Anlage in Friedrichsthal ersparen können. Der Stall, das Provianthaus und der Versammlungssaal waren um ein Drittel zu groß gebaut. Obwohl die Fenster dort über das erforderliche Maß hinaus dimensioniert waren, fehlte es in den Räumen an Licht, weil Fensteröffnungen jeweils nur auf einer Seite vorhanden waren.

Die Räumlichkeiten konnten deshalb nur teilweise genutzt werden. Außerdem waren die Scheiben zu dünn, um den herrschenden Winden zu widerstehen. Auch die Dächer waren nicht in Ordnung, weil man sie „der Länge nach" gedeckt hatte. Müller berichtete über dieses Dilemma wie folgt: „Unser Hausdach hatte 2 Lagen Bretter, die

[...] übereinander gelegt und auf der Wetterseite noch einen kostspieligen Überzug von Segeltuch“ hatten. „Dies alles wollte nicht helfen, bis man eine 3te Lage Bretter, die quere gelegt, darauf deckte. Und nun ist es dichte.“[253]

Wegen der Baumängel baten die Missionare 1835 die Missionsdirektion, auf dem Provianthaus und dem Stall die Bretter abnehmen und die Dächer mit neuem Material decken zu dürfen. Müller und seine Kollegen planten, sie statt „der Länge nach“ nun „der Quere nach“ zu belegen, „wie es bey einfachen Brettdächern überall erforderlich“ ist. Das abgetragene Holz sollte dann für den Fußboden des Kirchensaals, der anfangs bekiest gewesen war, verwendet werden. Daneben wünschten sie weitere Bretter, um die Räume des Wohnhauses, in denen „überall noch das rohe, undichte Blockwerk“ zu sehen war, verkleiden zu können.[254]

Johann Valentin Müller legte bei den Bauarbeiten selbst Hand an. Das kann einer Bemerkung in einem seiner Briefe aus dem Jahr 1838 entnommen werden. Danach ist er beim Verlegen von Brettern die „Saalbodentreppe“ hinuntergefallen, wobei er sich eine leichte Fußverletzung zugezogen hat.[255] Wenige Wochen später trug Müller vor, dass von 120 bestellten Brettern nur 60 Stück an unbrauchbarem Ausschuss eingetroffen waren. Für die schlechte Qualität machte er die „Bretterhändler in Copenhagen“ verantwortlich, die er für „große Betrüger“ hielt.[256]

Die Sorge wegen der Schäden an den Dächern wurde erneut in Johann Valentin Müllers Brief vom 3. Juli 1839 an Bruder Breutel von der Missionsdirektion zum Ausdruck gebracht. Der Schreiber legte darin dar, dass für die Dachdeckung Schindeln besser seien als Bretter. „Man würde dabey auch noch das kostspielige alljährliche Theeren ersparen.“ Er verwies auf das derart und einwandfrei gedeckte Provianthaus in Neu-Herrnhut. Dagegen waren die mit Brettern versehenen Friedrichsthaler Dächer „so undichte, daß man [...] dem Wassereindringen bey Regen“ einfach nicht Einhalt gebieten konnte. Obwohl man ständig herumlaborierte und immer wieder Teer auf das Holz schmierte, trat ein durchschlagender Erfolg nicht ein.[257]

Ein Jahr später war die Lage noch schlimmer. Damals regnete es vier Wochen lang fast täglich. Ein starker Südwind trieb das Wasser durch die dürftig gedeckten Bretterdächer. Besonders betroffen war das Provianthaus, das immer wieder „von der eingedrungenen Nässe“ befreit werden musste. Müller hoffte, dem Übel alsbald mit den neuen „60 Stück Brettern,“ die ihnen „vorigen Sommer zugesandt“ worden waren, mindestens notdürftig abhelfen zu können.[258]

Unmittelbar nach seiner Rückkehr in die Missionsstation Lichtenau im Jahr 1841 war Johann Valentin Müller mit einem relativ großen Bauprojekt befasst. Zur Behebung des empfindlichen Raummangels planten er und seine Mannschaft die Aufstockung des Wohnhauses. Die Errichtung eines gesonderten Schulhauses hielten sie für ganz unvorteilhaft. Mit einem zweiten Stock könnten „drei gesunde, leicht zu erwärmende Wohnstuben nebst Schlafkammern, ein sehr geräumiges Schul-Local wie auch das Provianthaus“ unter ein Dach gebracht werden. Ein separates Gebäude für den Unterricht würde die Zahl der Gebäude auf fünf erhöhen. Die dadurch bedingten langen Wege in freier Luft würden im Winter „bei Stöberwetter und Schnee für Europäer gar sehr übel“ sein, „zumal für jemand, der mit Gicht behaftet ist, was fast bei [...] allen mehr oder weniger der Fall“ sei.[259] Die Argumente für die Aufführung eines zweiten Stockwerks auf das Wohnhaus überzeugten die Oberen in Deutschland. Sie genehmigten das Vorhaben und sandten sogleich die erforderlichen Baumaterialien wie Bretter, Mauersteine, Kalk, Türen und Fenster. Dazu wiesen sie der Station Lichtenau noch den Bruder und gelernten Bauhandwerker Kruth zu.[260] Bereits im Sommer 1844 war „das Schwierigste und Schwerste gemacht.“ Ein sicheres Dach schützte das Wohnhaus. Allerdings bereitete in der Küche, in der sich „nebst dem Backofen“ auch eine „Brau- und Wascheinrichtung“ befand, der „Rauch, der noch keinen rechten Abzug“ hatte, den dort arbeitenden Frauen einige Qualen. Deswegen kam es vor allem zwischen Johann Valentin Müller und dem ledigen Bruder Samuel Kleinschmidt zu schweren Auseinandersetzungen, bei denen so manche christliche Tugend der Missionare auf der Strecke blieb.[261] Müller warf dem jüngeren Kollegen vor, diesem sei es „so ziemlich einerlei, ob die Schwestern dabei leiden oder gar die Augen einbüßen, wenn er nur seine geschmiedeten, eigensinnigen Pläne ausführen kann.“ In der misslichen Angelegenheit zeigte Müller Führungsschwäche. „Um des nöthigen Friedens willen“ ließ er „diese ordnungswiedrig behandelte Sache so gehen [...], um in der Hauptsache nichts zu hemmen und hindernd einzutreten.“ Sicherlich handelte Müller falsch, wenn er jedem Mitarbeiter bei den Bauarbeiten eine zu freie Hand ließ. So machte „gewöhnlich ein jeder da,“ wo er gerade tätig war, das, „was ihm gut dünkte.“ Vor Baubeginn wurde zwar in einer Hauskonferenz über die unterschiedlichen Ansichten gesprochen, „allein es wurde kein Beschluß ausgesprochen, sondern geäußert, daß man erst sehen müsse, wie sich die Sache machen ließ.“

Johann Valentin Müller bat schließlich darum, Bruder Kleinschmidt, der nach seiner Sicht den „Kopf eigenmächtig durchsetzen“ wollte, zu versetzen und ihn damit aus seinem Zuständigkeitsbereich zu entfernen. „Viel Köpfe, viel Sinn“ würden die „Leitung des Ganzen“ erschweren. Weiterhin wünschte er, den Kollegen Asboe nach dessen Rückkehr aus Deutschland nicht mehr in Lichtenau einzusetzen.[262] Nach Müllers Überzeugung war seine 1841 erfolgte Rückkehr nach Lichtenau die eigentliche Ursache des Konflikts. Bruder Asboe soll nämlich einmal vor versammelter Mannschaft gesagt haben, „die Veränderungen wären gewöhnlich ein zweckloses Machwerk.“ So wäre es nicht nötig gewesen, Müller von Friedrichsthal nach Lichtenau zu beordern.

„Aus dieser Gesinnung kam es," so schrieb Müller, dass Kollegen „mir meist überall widerstanden und geflißentlich anderer Meinung" waren „als ich" und versuchten, „auch die neu angekommenen Brüder durch Schmeichelei und unnütze Schwätzerei" für ihre „Parthei zu gewinnen."[263] Die Missionsdirektion reagierte mit der Versetzung des Bruders Samuel Kleinschmidt nach Neu-Herrnhut. Der zeigte sich darüber sehr überrascht, hielt die Maßnahme aber wegen der „Uneinigkeit" mit seinem Vorgesetzten Johann Valentin Müller für angebracht. Er sah sich als Dorn in dessen Auge und sagte über ihn, er wolle „gerne immer den Niedlichen spielen." Müller sei „doch nur der Gefürchtete." Er, Kleinschmidt, habe es sich auch zur Regel gemacht, bei Müllers „Ausfällen", so lange dieser ihn nicht namentlich nannte, so zu tun, als ob sie ihn nichts angingen. Das Zerwürfnis habe sich vorwiegend bei den umfangreichen Bauarbeiten am Wohnhaus gezeigt. Müller soll dabei gedroht haben, seinen Leuten „was anderes lehren" zu wollen, wenn sie sich „nicht schickten." Kleinschmidt machte Müller sogar den massiven Vorwurf, den Bericht der Missionskonferenz vom 28. Juli 1845 geschönt und in ihm „nicht unbedingt" die Wahrheit geschrieben zu haben.[264] Gegen diese und andere Anschuldigungen wehrte sich Müller nach Kräften. Es sei nicht seine Absicht gewesen, alles nach seinem Gutdünken zu regeln. Nicht sein Wille, „sondern die vorgefundenen Ordnungen und Methoden und Grundsätze" seien die Richtschnur seines Handelns und seiner Anordnungen gewesen. Von den alten Bestimmungen sei „leider auch gar Manches schon von unserm üblen Zeitgeist hinweggerissen und zernichtet worden."[265] Hier und auch an anderen Stellen äußerte sich Müller als Traditionalist und als wenig flexibler Mensch, der unbedingt am Althergebrachten festhalten wollte.

Für Samuel Kleinschmidts lange Fahrt nach Neu-Herrnhut wurden Ruderinnen engagiert. Als ihnen im August 1845 der Aufbruchstermin mitgeteilt wurde, weigerten sich aber alle Frauen, „bei der schon weit vorgerückten Jahreszeit und der beständig unruhigen See noch eine so weite Reise zu machen, da sie befürchten müßten, viel Ungemach dabey zu haben, und bedenklich wären, ob sie auch diesen Herbst noch würden zurückkommen können." Als auch gutes Zureden nicht weiterhalf, musste die Reise auf das kommende Jahr verschoben werden.[266]

Bereits am 3. November 1845 hatte man in Lichtenau das so sehnlichst gewünschte „neue Schul-Local zum Erstenmal in Gebrauch genommen." Es befand sich im unteren Stock des Missionshauses. Zuvor war der Unterricht im Gotteshaus erteilt worden. Der neue Schulsaal war 6,60 Meter lang und 4,50 Meter breit und damit „geräumig genug, die hier wohnende Jugend" und „jedes Geschlecht abgesondert aufzunehmen."[267] Eng hätte es allerdings werden können, wenn auch die Auswärtigen zahlreich zum Unterricht erschienen wären. Dagegen standen jedoch die staatlichen Verordnungen, welche die Bewegungsfreiheit der Grönländer stark einengten.

Die Lage der Gebäude und des Gartens der Station Lichtenau schilderte Johann Valentin Müller 1850 wie folgt: „Lichtenau hat bekanntlich eine sehr schöne Lage, die nicht selten von Europäern, wenn sie das Erstemal hirher kommen, bewundert wird. Dieses ist noch dadurch erhöht worden, daß statt dem frühern einstöckigen jetzt ein zweistöckiges Wohnhaus hier steht, welches von vorne oder Süden gesehen im obern Stock 9 und im untern 7 Fenster zeigt mit einer Länge von 60 Fuß" (= 18 Meter). „Und vor dem selben ist ein neuer Garten angelegt so breit als das Haus lang ist, der rechts bis an das Provianthaus und links bis an die Kirche läuft und ein Quadrat bildet. Ich bedaure, daß niemand von uns zeichnen kann, um die jetzige Ansicht des Platzes aufnehmen zu können."[268] Demnach war das Provianthaus nicht wie ursprünglich geplant in dem aufgestockten Wohnhaus untergebracht. 1913, also 63 Jahre später, erfüllte der Missionar Karl Julius Spindler den überlieferten Wunsch Müllers und malte die Station, auf der er während seiner von 1864 bis 1888 währenden Grönlandtätigkeit von 1868 bis 1873 gewirkt hatte. Das Bild entstand in Kleinwelka bei Bautzen, wo

Missionsstation Lichtenau. Aquarell von Karl Julius Spindler (1838–1918) (Herrnhuter Unitätsarchiv, GS 329).

Spindler seinen Ruhestand verlebte. Als Vorlagen benutzte er in Grönland gefertigte Skizzen. Rechts vom Wohnhaus sind zwei Gebäude zu sehen. Das vordere war das Provianthaus und das hintere wohl der Stall. (Das Bild schmückte 1999 das Dezemberblatt des Herrnhuter Kalenders „Kostbarkeiten". In einer Beschreibung dazu heißt es, der Maler habe seine Vorlagen „wohl auch durch Details aus der Phantasie wie z.B. die beiden Kühe im Vordergrund" ergänzt.[269] Wie aus Briefen und Tagebucheinträgen hervorgeht, ist diese Behauptung nicht unbedingt richtig, da auf der Lichtenauer Station mindestens zeitweise Großvieh gehalten wurde.[270])

Das von dänischer Seite propagierte Projekt, die Einheimischen mit „europäisch grönländischen Häusern" zu versorgen, wurde von den Missionaren aus verschiedenen Gründen verworfen. Zum einen würde man für diese Bauten unter anderem wegen ihrer Größe zu viel des raren Brennmaterials benötigen. Zum zweiten wäre „die häusliche Einrichtung ganz und gar nicht von der Art bey diesem Volke, daß jener Plan sich damit vertrüge." Zum dritten würde man Gefahr laufen, „daß die sich [...] häufenden Neuerungen und die unselige Verbeßerungssucht, die ihren Grund meist in der Begierde nach Geld" haben, „das arme Volk nur" verweichlichen „und dann in Noth und Verderben bringen."[271] Die Aktion fiel auch bei den Grönländern nicht auf fruchtbaren Boden. Diejenigen, die bereits ein derartiges Haus bewohnten, bekundeten, „denselben keinen Geschmack" abgewinnen zu können. Andere äußerten, solche Häuser nicht haben zu wollen, auch „wenn sie ihnen [...] geschenkt würden."[272]

Müllers Fertigkeiten als Bauhandwerker waren nicht nur bei der Reparatur und der Errichtung von Gebäuden gefragt. Im Sommer 1826 war er mit einem Kollegen und zwölf angeheuerten Grönländern mit einem Boot unterwegs, um in einem Fjord Brennholz zu sammeln. Die Gegend war recht unwegsam. Die Gruppe sah sich genötigt, zuerst zwei etwa elf Meter lange Stege über einen Bach zu schlagen. Dazu schleppten die Männer Bretter, Pfähle und Steine herbei. Mitten in der Arbeit, sie wollten gerade Steine zu einem Pfeiler aufschichten, „riß der Strom" die „Steine von gegen 3 Centner schwer mit sich fort, wie wir sie hinein senkten. [...] Wir mußten für diesesmal das Unternehmen aufgeben, da die Arbeit [...] Zeit erforderte und wir die mithabenden Grönländer nur auf 5 Tage gemiethet hatten."[273]

Nach einer Tagebuchnotiz von 1835 reparierten die in Friedrichsthal tätigen Missionare damals ein baufälliges Weiberboot und bauten ein neues Fahrzeug dieses Typs. In ihm hatten außer einer beträchtlichen Ladung sieben bis acht Personen Platz.[274] Im gleichen Jahr legten die Herrnhuter Sendboten mit den acht grönländischen „Dienstschwestern" am Strand eine Anlegestelle für die Fellboote an. Mit ihr war es möglich, sowohl bei Ebbe als auch bei Flut die Ladungen und die Fahrzeuge bequemer und sicherer als sonst an Land zu schaffen.[275]

Brennholzsammler und Bierbrauer

Wie bereits aus früheren Bemerkungen hervorging, war es für die Bewohner der Missionsstationen geradezu von existenzieller Bedeutung, für Koch- und Heizzwecke genügend Brennmaterial zur Verfügung zu haben. Daher waren sie gezwungen, in der eisfreien Zeit auf Holzsuche zu gehen. Dazu benötigten sie eine Genehmigung der dänischen Behörde. So erhielt die Station in Friedrichsthal auf ein entsprechendes Gesuch hin zunächst eine provisorische Genehmigung und am 29. Juli 1835 die Erlaubnis, „auf alle Zeiten hin in der Tessermio“ (= Tasermiut ?) „Fiorde Brennholz“ zu gewinnen. Die dortigen Holzvorkommen stellten sich jedoch als recht gering heraus. Von besagtem Ort konnte „kaum mehr als für 1–2 Stuben“ Brennmaterial geholt werden.[276]

Gewöhnlich fuhren die Missionare mit einem ihrer Boote die Küste entlang, um nach Treib- oder Strauchholz Ausschau zu halten. Der Weg führte sie dann gewöhnlich meilenweit von zu Hause weg. Mitunter kehrten sie erst am nächsten oder übernächsten Tag mit einer mehr oder weniger großen Ladung zurück. Manchmal fanden sie überhaupt nichts, gelegentlich aber so viel, dass sie nicht das ganze Gut auf dem Boot unterbringen konnten. War dies der Fall, fuhren sie bei günstigen Verhältnissen so oft, bis das gesamte Holz nach Hause geschafft war. 1821 fanden Johann Valentin Müller und sein Kollege Albert einmal nach einer 20-stündigen Fahrt eine riesige Menge Strauchholz. Damit konnte der eigene Bedarf für drei Jahre gedeckt werden. Der Transport war gewöhnlich äußerst beschwerlich und gefahrvoll, weshalb er nur in den Monaten Juni und Juli, „wo man keine Nacht hat,“ durchgeführt werden konnte. In diesen Monaten waren die Stechmücken für Menschen und Tiere in der Regel eine arge Plage, die besonders bei der Suche und dem Transport des Brennholzes kaum auszuhalten war.[277]

Im Juli 1823 wurde die Mühe der Missionsbrüder in Neu-Herrnhut bei der Treibholzsuche reichlich belohnt. Bei außerordentlich gutem Wetter und angenehmer Temperatur konnten sie insgesamt sechs Bootsladungen nach Hause transportieren.[278] Im Sommer und Herbst 1826 schafften sie und ihre „Dienstschwestern“ diverse Bootsladungen Brennholz aus den Fjorden herbei.[279] Derartige Erfolge konnten jedoch nicht darüber hinwegtäuschen, dass die Beschaffung von Brennmaterial an Ort und Stelle von Jahr zu Jahr schwieriger wurde. So waren im August 1835 zwei Missionsbrüder zusammen mit neun Grönländern unterwegs, um Holz für ihre Station zu sammeln. Auf mühsame Weise gelang es den Leuten, zweieinhalb Ladungen zu finden. Aber nur ein Drittel davon konnte der widrigen Umstände wegen nach Hause geholt werden.

Müller meinte dazu in einem Brief, tiefgreifende Konsequenzen ziehen zu müssen und zur Ersparnis des so spärlich vorhandenen Guts den Posten Friedrichsthal personell nicht allzu stark zu besetzen.[280] Einen anderen Ausweg suchten die Missionare darin, ihre Entsendestelle um die Lieferung von Steinkohle zu bitten. Die Versorgung mit diesem Brennstoff war für Friedrichsthal jedoch nicht geeignet. 1839 schrieb nämlich die dortige Missionskonferenz: „Auf die Verschreibung" (= Bestellung) „von Steinkohlen werden wir künftig verzichten müssen, weil der Transport derselben von Julianshaab hieher zu schwierig ist. Die 3 Tonnen dieses Materials, welche sich dieses Jahr für uns auf dem Schiff befinden, werden wir den Lichtenauer Geschwistern überlassen."[281]

Berichtet wurde bereits, dass sich Johann Valentin Müller in Grönland auch als Bierbrauer betätigt hat. Das Getränk wurde für den Eigenbedarf der Stationsmitglieder hergestellt.

Viehhalter, Gärtner und Jäger

Es war für die Missionare selbstverständlich, zu ihrem Lebensunterhalt möglichst viel selbst beizutragen und für etwas mehr Abwechslung in ihrem oft einförmigen Speiseplan zu sorgen. Im Stall oder auf der Weide standen Ziegen und Schafe und an geeigneten Plätzen sogar Kälber, Kühe und Ochsen. In den kurzen Sommerzeiten rangen sie dem Gartenboden sogar Salat und Gemüse ab. Allzuoft fiel die Ernte sehr spärlich aus. Dennoch waren sie über jedes frische Grün, das die Frauen servieren konnten, dankbar und froh. Ehe der Gartensalat geerntet werden konnte, aßen die Bewohner der Missionshäuser Salat aus Löwenzahn, der früh im Jahr und relativ ergiebig wuchs. Im Gegensatz zu den Europäern betrieben die Einheimischen weder Viehzucht noch Gartenbau. Seinen ersten Grönlandwinter 1813/14 dürfte Müller als ganz erträglich empfunden haben. Er klagte allerdings über ein offenbar harmloses Augenleiden, das im März 1814 wahrscheinlich „durch den vielen Schnee und die scharfe Luft verursacht wurde."[282] Das Frühjahr 1814 war kalt und nass. Bis in den Juli hinein dauerte das Schneewetter. Doch schließlich besserte sich die Witterung und es konnte „etwas Garten-Gemüse" erwartet werden.[283] Im August 1814 stellte der Leiter der Missionsstation Neu-Herrnhut und Müllers Vorgesetzter, Heinrich Mentzel, nüchtern fest, seit zwei Jahren keinen Proviantnachschub aus Deutschland beziehungsweise Dänemark mehr erhalten zu haben. Einzelne Lebensmittel wurden knapp. Gepökeltes Rindfleisch war dagegen noch zur Genüge vorhanden, weil der häufige Genuss gesalzener Speisen den europäischen Brüdern und Schwestern auch gesundheitlich nicht bekam. Daher verzehrten sie „meist [...] Rennthierfleisch und Vögel."[284] 1817 und 1818 fielen die „Gartenfrüchte" und das Viehfutter sehr spärlich aus.[285] Dagegen standen 1823 Salat und Milch im Überfluss zur Verfügung.[286]

Als 1825 in Lichtenau das „geschlachtete Rindfleisch" gegessen war, mussten sich die europäischen Brüder und Schwestern „den ganzen Winter bis Mitte Juni 1826" fast täglich mit „Eydervögeln" begnügen, die zuweilen auch zweimal am Tag serviert wurden. Sonntags und einmal während der Woche gab es Schaffleisch.[287] Im Oktober 1826 konnten sie zwei junge Kälber kaufen. Darüber zeigten sie sich sehr froh, da es „in den letzten Jahren mit" der „Schafzucht nicht recht glücken wollte." Um ihre Erfolge mit den Tieren zu verbessern, probierten sie so manches aus. Beispielsweise schoren sie die Schafe im November. Die Missionare in Lichtenau waren nämlich „aus vielfältiger Erfahrung überzeugt," diese Maßnahme sei für Tiere förderlich, die über den langen Winter eingesperrt seien.[288] Im Herbst 1829 waren die Herrnhuter Boten Lichtenaus in der glücklichen Lage, eine „junge Kuh und mehr als 20 junge und alte Ziegen und Schafe" schlachten zu können. Das Fleisch wurde teils eingesalzen, teils geräuchert oder „frisch zum Frieren aufgehängt." Die Erträge an Talg und Fett dienten für die Speisezubereitung und zur Fertigung von „Lichtern". Letztere wurden „zum Gebrauch in der Küche und in den Wohnstuben selbst gegossen."[289] 1832 ernteten die Stationsbewohner Lichtenaus „viele weiße Rüben," die wohl bis Juni des folgenden Jahres zum Mittagessen gereicht haben dürften. Zur Haltbarmachung wurde ein Teil der Rüben eingesalzen. Die gesamte Ernte bewahrten die Missionare „in dem Kellerchen," welches sie unter einer Stube ausgehoben hatten, auf. Hier wurden auch die aus Kopenhagen gelieferten Kartoffeln gelagert.[290]

Mitte Mai 1833 schaufelten Müller und sein Kollege Baus den zirka 60 Zentimeter hohen Schnee aus dem Garten, um dann Ende Mai Salat und Radieschen auszusäen. Anfang Juli begannen sie, fast täglich davon zu essen.[291] Damals war in Lichtenau das Ehepaar Müller gerade für „die gänzliche Besorgung des Rindviehes" verantwortlich. Die anderen Mitarbeiter hatten abwechslungs- und „monatsweise mit Hilfe einer Grönländerin während des Sommers nur das kleine Vieh – Schaafe und Ziegen – zu besorgen [...]. Nebst dem, daß" sie „ein Drittheil der Kuhmilch zum Kaffee usw. in der Haushaltung verbrauchten," hatte Müllers Frau von Mitte März bis Mitte Juli 1833 „schon 64 Pfund Butter von" der „Kuh gemacht."[292]

In Friedrichsthal standen im Februar 1835 sechs Ziegen und ein Bock im Stall.[293] Großvieh konnte dort nicht gehalten werden. Deswegen waren die Missionare über eine Sendung von reichlich „80 Pfund frisch [...] geschlachtetem Ochsenfleisch," die sie von den Lichtenauer Kollegen erhalten hatten, außerordentlich dankbar.[294] „An

Geflügel" hatten die Friedrichsthaler Stationsbewohner im Winter 1834/35 im Gegensatz zu anderen Jahren „sehr reichlich in [der] Küche." Es gab „ohngewöhnlich viele Ripper, von denen" Müller „selbst mehr als 80 Stück auf einigen Nachmittagsspaziergängen ganz in der Nähe" geschossen hatte. Von den Grönländern kaufte er noch weitere 600 Vögel der genannten Art.[295] Diese fingen die Einheimischen gewöhnlich mit einer Schlinge, die sich in der Mitte einer 12 bis 15 Meter langen Schnur befand. Die Vorrichtung wurde von zwei geübten Leuten gespannt und über dem wenig scheuen Federvieh hin und her bewegt, bis es glückte, einem der Vögel die Schlinge über den Hals zu ziehen. Ein aufeinander abgestimmtes Paar konnte auf solche Weise am Tag 12 bis 15 Vögel fangen. In Ermangelung anderer Nahrungsmittel gab es zu den Rippern gewöhnlich weiße Rüben.[296] Manchmal wurden auch Alken, eine Art eßbare Seevögel, etwas kleiner als Enten, aufgetischt. Bei der Jagd wurden die Tiere von den Grönländern mit Kajaks vom Meer aufs Land getrieben, wo sie weniger beweglich und daher eine leichtere Beute als im Wasser waren. Die erlegten Vögel boten sie auch ihren europäischen Brüdern zum Tausch an. Der Gegenwert einer Alke war eine 2 Zentimeter dicke und 5 Zentimeter lange Rolle Tabak oder ein „Nähring oder 5 ordinäre Nähnadeln oder 1 ½ Loth" (= 23 g) „Alaun oder ein ungegerbtes, weißhaariges," 60 Zentimeter langes und 4 Zentimeter breites „Stück Ziegenleder." Für einen „Eydervogel" wurde etwas mehr bezahlt.[297] Den Alaun ($Al_2 (SO_4)_3 * 18H_2O$) benötigten die Grönländer zum Färben ihrer Felle. (Alaun dient auch zum Gerben von Häuten.) Mitunter wurden den Missionaren mehr Vögel angeboten, als sie gebrauchen konnten.

Ein großes Problem war die Aufbewahrung der Nahrungsmittel, die bei wärmerer Witterung einige Schwierigkeiten bereitete. Das Alkenfleisch nahm dann einen tranigen Geschmack an, was den Europäern überhaupt nicht mundete. Dagegen ließen die Grönländer absichtlich manche Fische und gewisses Fleisch in einen bestimmten Grad der Verwesung übergehen, ehe sie davon ihre Mahlzeiten zubereiteten.

Wie bereits angedeutet, war es in Lichtenau üblich, „daß alle Brüder der Reihe nach monatsweise das" Großvieh „im Stall besorgen" mussten. Da diese Tätigkeit an anderen Orten im Aufgabenbereich eines einzelnen ledigen Bruders lag, wurde Lichtenau nicht von allen Missionaren als ein erstrebenswerter Ort angesehen. Für Johann Valentin Müller, dem es oblag, „den innern Gang dieser großen Gemeine zu leiten," war die Arbeit mit den Tieren eine besondere Belastung, zumal das Füttern, Melken und Misten des relativ großen Viehbestandes mit zeitweise sechs Kühen im Schnitt täglich drei Stunden erforderte. Weil der ledige Bruder Samuel Kleinschmidt vor dem Rindvieh eine panische Angst hatte, beschloss die Konferenz 1841 eine neue Arbeitsteilung. Nach ihr sollte Kleinschmidt künftig die Ziegen und die drei übrigen Brüder im Wechsel das Rindvieh versorgen.[298] Im Oktober 1845 schlachteten die Missionsbrüder von Lichtenau einen eineinhalb Jahre alten und über 400 Pfund schweren Ochsen, von dem sie mehr als 30 Pfund Fett erhielten.[299] 1847 standen dort zehn „Melkziegen" im Stall. Sie gaben „alle Morgen 10 Kannen Milch, welche zum Küchen- und Stubengebrauch" sowie für die Lämmer bestimmt waren. Eine „Melkkuh" gab täglich elf bis zwölf Kannen Milch, aus der Butter geschlagen wurde. Zum Viehbestand gehörte noch ein 18 Monate alter Ochse, für den ein Kaufmann aus Julianehaab lediglich 60 Reichstaler bot. Die Missionare beabsichtigten, das Tier im Herbst des folgenden Jahres selbst zu schlachten.[300]

Die Futterbeschaffung war gewöhnlich ein sehr aufwändiges Geschäft. Besonders das Trocknen des Grases gestaltete sich wegen des oft nassen Wetters zu einem wahren Glücksspiel. So brachten die Lichtenauer Missionare im Jahr 1846 erst am 8. Oktober das letzte Heu unter das Dach. Am 13. August 1847 klagte Müller über „viel Noth" mit der Heuernte, da es fast alle Tage stark regnete. Dazu schrieb er: „Gestern kamen die Brüder Asboe und Warmow und ich mit 2 Ladungen Gras nach Hause während der Regen in Strömen fiel. [...] Das traurige Regenwetter währt noch fort, das schöne Gras liegt ausgebreitet und verdirbt und alles leidet von großer Nässe."[301] Offenbar

Friedrichsthal in Grönland. Stich von C. J. Spindler, Zeichnung Leopold Kraatz (Herrnhuter Unitätsarchiv, TS. Mp. 124.8).

wurde das Wetter danach besser und die Heuernte noch relativ ordentlich. Denn im folgenden Jahr hatten die Lichtenauer glücklicherweise noch einen erheblichen Vorrat, den sie dann dringend benötigten. Der Sommer 1848 war nämlich „fast beispiellos ohne Regen," und das Gras wuchs nur spärlich.[302] Ab August 1850 herrschte in Lichtenau „warmes und fruchtbares Wetter," das eine „reiche Ernte" an weißen und gelben Rüben, an Krauskohl, Wirsing- und Weißkraut erwarten ließ. Ob sich die Hoffnung erfüllt hat, ist nicht bekannt. Im gleichen Jahr stand „auch das Blumenbeet [...] gleich bei der Haustür in vollem Flor."[303] Im folgenden Jahr gab es reichlich weiße Rüben. Diese dienten „größtenteils als Kuhfutter."[304] Im März 1854 berichtete Johann Valentin Müller der Entsendestelle voller Stolz, dass sie „durch Schlachten im letzten Herbst über 1100 Pfund vom [...] eigenen Vieh bekamen und an Milch fortwährend kein Mangel war" und „jetzt schon wieder 2 Kälber im Stall stehen."[305]

Medizinischer Berater, Totengräber und Wetterbeobachter

Die Missionare sahen es als einen wesentlichen Teil ihrer Aufgabe an, den Pflegebefohlenen bei ihren Krankheiten beizustehen, denn nicht selten hatten harte Schicksalsschläge nachteilige Folgen für die Grönländer. 1825 wurden zahlreiche Mitglieder der Gemeine Lichtenau von einer Krankheit befallen, die offenbar „aus dem Magen" kam und vielen Grönländern das Leben kostete. Ein sich epidemieartig ausbreitender und „Seitenstechen" verursachender Schnupfen war bereits Ende Juli 1824 unter den Einheimischen ausgebrochen und forderte damals innerhalb von drei Wochen zehn Tote.[306] Auch im Jahr 1826 grassierte die Seuche unter den Bewohnern.[307] Damals fehlte es zeitweise an Gesunden, um die Toten zu begraben. „Doch waren" die Erkrankten „meist wieder genesen, wenn sie das gereichte Glaubersalz" (= $Na_2SO_4 * 10H_2O$) und bei anhaltenden Beschwerden „das Harlemer Oehl richtig brauchten." (Glaubersalz ist ein altbekanntes Abführmittel. Haarlemer Öl ist eine Lösung von Schwefel in Leinöl und Terpentin. Es wurde als medizinisches Universalmittel verwandt.) In ihrem Haus, in welchem es zeitweise „wie in einer kleinen stättischen Apotheke" zuging,[308] besaßen die Missionare noch Vorräte an „Kampfer Tropfen, die aber nur sehr vorsichtig gebraucht" wurden, sowie an „Lilienthalischer und Bohrischer Essenz."[309] (Kampfer benutzte man u. a. als lähmungswidrige, krampfstillende Medizin, als resorbierendes Mittel bei Krankheiten des Darms, bei Krankheiten des Herzens und der Haut, bei brandigen Zuständen und Rheumatismus sowie als Zahnschmerzmittel. Trotz intensiver Bemühungen war es dem Autor nicht möglich, Informationen zur

Lilienthalischen Essenz zu finden. Diese wurde sicherlich nach einem Ort, Kloster, Apotheker oder Arzt benannt. Borwasser (Bohrische Essenz) ist eine wässrige Lösung der Borsäure H_3BO_3. Es wurde bei ‚Fieberdelirien', Nervenleiden, Krämpfen sowie als antiseptisches Mittel eingesetzt.) Für die auswärtigen Grönländer ließen die Missionare prophylaktisch von ihren „mehr als 50 Gläsern mit einzelnen Portionen Arzeney [...] viele Portionen Glaubersalz nach allen Richtungen abgehen." Da die Abgabe und Einnahme der verschickten Medizin nicht überwacht werden konnte, wurde davon oft nicht „der rechte Gebrauch gemacht."[310] Gefördert wurde die Ausbreitung von Seuchen durch die Gewohnheit der Grönländer, sich zur Abkühlung „auf den benebelten Rasen" zu legen. Zuweilen mussten die Missionare ihnen deshalb ernsthafte Vorwürfe machen und sie in ihre Zelte weisen.[311] Im Spätsommer 1829 wurden die Grönländer von einem „tödtlichen Schnupfen" heimgesucht. Viele litten unter einer Krankheit „ganz eigener Art," nämlich an einer Schwellung an den Händen, Armen, Beinen, am Kopf und teilweise sogar am ganzen Körper. Brach eine Geschwulst auf, war der Patient gerettet, andernfalls „erfolgte ein schneller Tod." In dieser Zeit waren die europäischen Brüder und Schwestern „unablässig mit der Zubereitung von Verbänden und Umschlägen und mit dem Ausgeben von Arzneyen beschäftigt." Zahlreichen Leidenden konnten sie so „einige Linderung und Hülfe verschaffen."[312]

Im Dezember 1832 war es bitterkalt. Mehrere Einheimische hatten an Händen und Füßen Erfrierungen, die sie sich auf dem Wasser und sogar in ihren Häusern zugezogen hatten. Auch hier leisteten die Missionare und deren Frauen medizinische Hilfe so gut sie konnten.[313] Die feuchten Erdhäuser, in die sich die von ihren Außenplätzen kommenden Grönländer im Herbst zurückzogen, waren eine Quelle zahlreicher Erkältungskrankheiten. Dann war es für die europäischen Geschwister an der Tagesordnung, Medizin und Kräutertee auszugeben.

Im November 1835 lag eine einheimische Frau schwer danieder, und die Angehörigen und Freunde rechneten mit ihrem baldigen Ableben. Sie glaubten, die unruhige Kranke könne nur deswegen nicht sterben, „weil sie noch eine verborgene Sünde bey sich habe." Daher rief man Missionare an ihr Bett. Diese besuchten die geschwächte Frau, engagierten auf Stationskosten zwei Wärterinnen und erteilten ihnen genaue Instruktionen, wie die Kranke zu behandeln sei. Vor allen Dingen verboten sie den bestellten Pflegerinnen, „unzweckmäßige Reden mit und um dieselbe" zu führen. Von der Stunde an beruhigte sich die Frau, und ihr Zustand besserte sich von Tag zu Tag.[314]

1842 herrschte in Lichtenau sehr schlechtes Wetter. Bei beinahe unaufhörlichem Regen kam es Anfang November unter den Einheimischen zu einer schlimmen Seuche. Fast alle wurden von einem „Geschwulst, der Rose," und schließlich von einem „furchtbaren Nerven- und Faulfieber" befallen. „Vom 7. November bis 24. December" starben von der dortigen Gemeine „62 Personen," also nahezu ein Zehntel der Mitglieder, „und später noch vier" weitere Menschen. Mitunter gab es drei oder vier, einmal sogar sechs Todesfälle an einem Tag. „Da es an Händen zum Gräber machen" fehlte, aber die Leichen rasch beerdigt werden mussten, sah sich Müller „genöthigt, selbst einmal mit Rodehacke und eiserner Brechstange auf den Gottesacker voran zu gehen" und Gräber auszuheben. „Einige ledige Mannsleute, die noch auf den Beinen waren," forderte er auf, seinem Beispiel zu folgen. Er wies sie an, mehrere alte Gräber, die aus Steinen und Erde aufgemauert waren, zu öffnen und die Toten hineinzulegen. Von „früh bis in die Nacht" hatten Müller und seine Frau damals „mit den Bedürfnissen der Kranken zu thun." Die Stationsbewohner selbst blieben im Wesentlichen von der Seuche verschont. Nur Johann Valentin Müller hatte „8 Tage an der Rose im Gesicht zu leiden. [...] Schulen, Bettag, Abendmahl, alles mußte im November ausfallen. Das Weihnachtsfest wurde ohngewöhnlich stille begangen, theils weil es noch viele Schwache und Kranke gab, theils war fast in allen Familien Trauer."[315]

In einem anderen Schreiben ist vermerkt, dass Müllers „Frau [...] auch das Doktoramt" versah.[316] Den ganzen Winter 1853/54 ging „eine Art Ruhr Krankheit unter dem Volk umher. Daher" hatte sie „meist täglich zu thun [...] mit Habergrütz, Suppekochen, Theemachen und Medizin- und Pflasterausgaben, zumal [...] sich manche Hände und Füße erforen hatten." 1854 grassierte „ein sehr bösartiger Ausschlag unter dem Volk, [...], an dem viele [...] darnieder lagen." Das Ehepaar Müller half, wo es nur konnte und für nötig erachtete. Es sah jedoch darauf, die Wohltaten nur dort zu gewähren, wo sie dringend erforderlich waren. Keinesfalls wollte es mit der Unterstützung „die Trägheit" der Grönländer fördern.[317]

Die Missionare stellten regelmäßige Wetterbeobachtungen an, schrieben die Ergebnisse nieder und sandten die Listen zur Auswertung nach Deutschland. So ging 1847 „an Dr. Barth [...] wieder eine Wettertabelle."[318]

Enttäuschungen und Ruhestand

Deprimierende Ereignisse

1817 erreichte Johann Valentin Müller eine Nachricht über das Verhalten und Handeln seines leiblichen Bruders Georg Michael Müller, die ihn außerordentlich betrübte. Am 29. Juli 1817 schrieb er an Bruder Wied nach Berthelsdorf, dass er erfahren habe, „daß mein Bruder in Gnadau die Gemeine verlaßen und zwar auf eine sehr auffallende Weise, deren Grund ich noch nicht hinlänglich erfahren. So wie ich vernommen, hat er durch sein Betragen auch meine Eltern abgeneigt und Irre an der Gemeine gemacht. Dieses kostet mich gegenwärtig viele Thränen. Und da ich ihn, als ich von Herrnhut abreißte, gerichtliche Vollmacht über mein ganzes Vermögen gegeben hatte, so steht zu fürchten, daß auch dieses nach der Eltern Tod eine übele Wendung nehmen kann."[319] Diese Bemerkungen veranlassen uns, erneut auf Georg Michael Müller einzugehen. Wie bereits bekannt, lebte er ursprünglich in der Gemeine Kleinwelka. Später ging er nach Herrnhut, wo er als Schuhmachermeister im Bruderhause tätig war. Mitte 1814 akzeptierte er das Angebot, die „Schuhmacherey" im Bruderhaus von Gnadau, das wenige Kilometer südsüdöstlich von Magdeburg liegt, „auf eigene Rechnung zu übernehmen."[320] Die neue Stelle trat er Ende Oktober 1814 an.[321] Bereits im März des folgenden Jahres übernahm er in der neuen Gemeine auch das Amt des „Knabenbruders",[322] womit er fortan mit der Aufsicht über die männliche Jugend betraut war. Ein Jahr später, am 23. März 1816, wurde in der Ältestenkonferenz von Gnadau Folgendes protokolliert: „Der Schuhmachermeister im Bruderhause, Bruder Müller, wünscht sehr, zu heirathen. Man glaubt aber, manche Bedenken dagegen obwalten lassen zu dürfen, theils weil dadurch dem alten Bruder Gerlach Abbruch geschehen dürfte, theils weil es noch nicht erwiesen scheint, daß Bruder Müller durch den Ertrag seines Gewerbes eine Familie würde nähren können."[323] Die Notiz und das folgende Geschehen lassen als gesichert erscheinen, dass Georg Michael Müller zu diesem Zeitpunkt seine künftige Frau bereits kannte. Die Nachricht von der Entschlossenheit Müllers und seiner Braut, einander unter allen Umständen zu heiraten, gelangte spätestens in jenen Tagen an das Ohr der Oberen. Unter dem 6. April 1816 ist nämlich zu lesen, „daß der ledige Schumachermeister Georg Michael Müller und die ledige" Schwester „Dorothea Christoph einander die Ehe versprochen. Bis zur

Ausführung ihres Vorhabens müssen sie beide in den Chorhäusern geduldet werden.“ In einem Nachtrag hierzu lautet es: „Erst gegen Ende May sind sie miteinander abgereist.“[324] Mit der Beziehung und dem Heiratsversprechen lehnte sich das Paar nach dem Verständnis der Brüder-Unität gröblich gegen die Allmacht Gottes und damit gegen die Ordnung der Kirche auf. Ohne Losentscheid verließen beide Hals über Kopf Gnadau und reisten unverzüglich nach Neckarhausen. In Ladenburg verband sie der reformierte Pfarrer am 10. Juli 1816 zur Ehe. Elina Dorothea Müller, geborene Christoph, stammte aus Christiansfeld „im Holsteinischen.“ In dem 70 km nördlich von Flensburg liegenden Christiansfeld existierte seit 1772 eine Brüdergemeine. Das Paar hatte neun Kinder.[325] Ob die oben zitierte Andeutung des Johann Valentin Müller jun. über das Verhalten seiner Eltern so zu verstehen ist, dass der Vater aufgrund des geschilderten Vorfalls die Brüdersozietät verlassen hatte, ist wahrscheinlich, aber nicht gesichert. Georg Michael Müller und seine Frau dürften die wenige Jahre nach ihrem Ausscheiden aus der Brüdergemeine ergangene Bestimmung, nach der künftig auf das Heiratslos verzichtet werden sollte, als Beweis für die Richtigkeit ihres Handelns und als Ironie des Schicksals empfunden haben.

Johann Valentin Müllers geäußerte Befürchtung, sein zu erwartendes Erbe sei in Gefahr veruntreut zu werden, bewahrheitete sich nach dem Tod seines Vaters am 18. Juli 1830.[326]

Georg Michael Müllers Frau Elina Dorothea starb am 4. August 1836 in Neckarhausen.[327] Die Nachricht erreichte den Grönlandmissionar erst 1838. Am 23. Juni 1838 schrieb dieser an Bruder Breutel in Berthelsdorf: „Habe auch herzlich dank für Deine mir liebevoll bezeugte Theilnahme wegen dem bedeutenden geistlichen Verlust, den ich an meinem gottlosen Bruder erleide. Einen Brief an ihn und einen dergleichen an den lieben, treuen Bruder C. W. Just habe ich in dem Diarium“ (= Tagebuch) „Deiner gütigen Beförderung an letztgenannten lieben Bruder bittend beygelegt. Wenn Du Belieben und etwa so viel Zeit hast, kannst Du gerne hinein sehen, was ich beyder über diese böse Sache geschrieben. Ich kann nun zwar wol mit Petrus sagen: ‚Herr, ich habe Alles verlassen.‘ Aber fern sey die Frage ‚Was wird mir dafür?‘, sondern ich habe nur hinzuzusetzen: ‚Ich bin ein unnützer Knecht und habe noch lange nicht gethan, was ich zu thun schuldig war.‘“[328] Demnach sandte Johann Valentin Müller an C. W. Just und an seinen verwitweten Bruder je ein Schreiben. Ersterer war wohl Mitglied der Gemeine von Christiansfeld, wo Müllers verstorbene Schwägerin zur Welt gekommen war oder mindestens einige Zeit gelebt hatte. Da die beiden Briefe als verloren anzusehen sind, müssen wir uns mit den oben angegebenen Andeutungen über deren Inhalt begnügen.

Wegen der Entwicklung der elterlichen Hinterlassenschaft – die Mutter Maria Barbara war bereits am 5. Dezember 1820, also neuneinhalb Jahre vor dem Vater, in Neckarhausen gestorben[329] – sah sich der in Grönland tätige Sohn am 3. Juli 1839 veranlasst, an Bruder Breutel Folgendes zu schreiben: „Für Deine liebevolle Theilnahme über den Verlust meines Erbtheils danke ich Dir ebenfalls auf Beste. Wir haben es nun fahren lassen, denkend, daß es unsern Kindern nicht gut gewesen seyn würde, wenn sie dasselbe erhalten hätten. Nur bedauere ich, daß sich der liebe Bruder Just noch hat mühen und in dieser unlustigen Sache so weitläufig hat befassen müssen.“[330] Das elterliche „Wohnhaus samt Scheune und Garten im oberen Dorf“ von Neckarhausen, „vorn die Straße, hinten Simon Brecht, einerseits Georg Dings Wittib, anderseits Simon Brecht,“ war nämlich nach einem Eintrag vom 9. März 1831 im Grundbuch Neckarhausen zum Schätzwert von 1.025 Gulden und ohne Erwähnung des sicherlich gleichfalls erbberechtigten Johann Valentin Müller jun. wohl aufgrund der erteilten Vollmacht an dessen Bruder Georg Michael Müller gefallen.[331]

Bereits 1840 war sich der in der Fremde befindliche Missionar der Tragödie, die sich um seinen Bruder in Neckarhausen abgespielt hatte, voll bewusst. Denn in einem Brief vom 10. Juni dieses Jahres lesen wir: „Den lieben Bruder W. Just bitte ich sonders herzlich zu grüßen und Ihm zu sagen: Ich habe von meinem bösen Bruder“ Georg Michael Müller „Nachricht über Christiansfeld eingezogen. Meine Forderung bei letzterem ist ganz verloren und kein Groschen mehr zu erwarten, da er sich, nachdem er mehr als 6000 Gulden verpraßt,“ in Neckarhausen „in den elendesten Umständen befindet.“[332] Georg Michael Müller war in Neckarhausen „Gerichtsmann“ und „Rentmeister“ und von 1832 bis 1835 der erste von den wahlberechtigten Bürgern des Orts bestimmte Bürgermeister gewesen.[333] Nach der Gemeindeordnung vom 31. Dezember 1831 war eine sechsjährige Amtszeit vorgeschrieben gewesen.[334] Georg Michael Müller hatte höchstwahrscheinlich wegen seiner Schulden den Posten verloren. Sein Nachfolger im Amt war Matthias Hauck. Nicht ausgeschlossen erscheint, dass das nur mit einer geringen Aufwandsentschädigung bedachte Ehrenamt des Bürgermeisters von Neckarhausen[335] dem Schuster Georg Michael Müller den Blick für seine persönlichen Verhältnisse verstellt hatte, sodass er nicht in erforderlichem Maße bei seinen sprichwörtlichen Leisten geblieben war und sich deswegen in den finanziellen Ruin gestürzt hatte. Von mindestens acht Gläubigerparteien hatte er Geld geliehen: von Anna und Sophia Bless aus Mannheim 700 Gulden, von Lomile Loewenthal aus Mannheim 160 Gulden, von Sophia und Elisabetha Kronbach aus Neckarhausen 500 Gulden, von Ephraim Guthmann aus Mannheim 175 Gulden, von Bürgermeister Albert aus Großsachsen 150 Gulden, von Herrn Verwalter Böhm aus Neckarhausen 3.000 Gulden, von „Secretaire Braunschen Wittib“ aus Karlsruhe 100 Gulden und von „Michael Krauß alt“ aus Neckarhausen 130 Gulden. Am 22. Februar 1837 hatte in Neckarhausen die Versteigerung der Liegenschaften „des in Gant“ (= Konkurs) „gerathenen Alterbürgermeisters Müller“ stattgefunden. Bei ihr war das von den Eltern stammende Wohnhaus für 1.500 Gulden an den Verwalter Böhm gegangen. Zwei „1 1/2 Viertel“ große Felder waren für 253 Gulden und 233 Gulden an die Witwe von Georg Ding sowie an Peter Orth gefallen.[336] Georg Michael Müller starb am 29. Mai 1867 in Neckarhausen.[337] Erst die Gemeindeordnung von 1921 sollte die Aufwandsentschädigung für den Bürgermeister durch eine ordentliche Besoldung ersetzen.[338] Diese Maßnahme eröffnete endlich auch materiell nicht besonders gut gestellten Personen die Möglichkeit, sich ohne Nachteile um ein solches Amt zu bewerben.

Johann Valentin Müller im Ruhestand und einige Stationen des Sohns Heinrich Müller

Am 10. November 1854 schlossen Johann Valentin Müller und seine Frau Johanne Dorothea in Herrnhut nach 22-jährigem schmerzlichem Getrenntsein „mit Freudentränen“ ihren geliebten Sohn Heinrich in die Arme. Mit ihm begaben sie sich nach Niesky, wo sie den Winter 1854/55 verbrachten.[339] Heinrich Müller war nach zweijährigem Wirken an der Unitätsanstalt in Niesky 1847 als Lehrer an das dortige Pädagogium berufen worden. Im gleichen Jahr war seine Wahl zum Mitglied des Aufseherkollegiums der Gemeine erfolgt. Zum Zeitpunkt der Rückkehr seiner Eltern war er noch in Niesky tätig gewesen. Anfang Mai 1855 ging er als Brüderpfleger und Gehilfe des Direktors an die zehn Jahre zuvor gegründete Knabenanstalt in Gnadenberg, das 30 km ostsüdöstlich von Nürnberg liegt. Wenige Wochen später, nämlich am 17. Juni, erfolgte in Herrnhut seine Ordination zum Diakon.[340] Heinrichs Eltern verließen kurz vor ihm Niesky und erreichten am 30. März 1855 ihren künftigen Wohnort Gnadenfrei. Dort bezogen sie im Haus der Geschwister Krieg „eine passende und geeignete Wohnung.“

Das weitere Schicksal von Johann Valentin und Johanne Dorothea Müller entnehmen wir aus ihren Lebensläufen: „Eine Operation ausgenommen, welcher sich meine liebe Frau 1856“ – nach dem Lebenslauf von Müllers Frau war dies im Jahr 1857 – „an ihrem einen Auge, an dem sich der graue Star ausgebildet hatte, unterziehen mußte“ und die „mit des Heilands Hilfe glücklich ausfiel, waren wir die ersten sieben Jahre recht wohl und gesund, so daß wir des Sommers [uns] noch viel in der freien Luft bewegen und spazieren gehen konnten. Erst im Sommer 1862 bekam ich einen heftigen Anfall von Gicht, woran ich über drei Wochen darnieder lag, mich aber doch wieder erholte. Im Juli 1864 aber wiederholte sich der krampfhafte Anfall in verstärktem Grade. Kaum aber hatte ich mich zur Noth erholt, so erkrankte meine Frau, die mich bis dahin unverändert gepflegt hatte." Sie klagte „über Abnahme der Kräfte, kurzen Athem und Schwere der Beine und musste sich Anfang März" 1865 „auf einige Wochen ganz zu Bett legen." Sie „erholte sich zwar so weit wieder, daß sie den Sommer 1865" über „ihre kleinen häuslichen Geschäfte verrichten konnte." Sie „erkrankte aber Anfang November aufs neue [...] heftig an der Brustwassersucht und ging am 2. Dezember selig heim, mich nunmehr als 78-jährigen Greis zurücklassend, nachdem wir" nicht ganz „46 Jahre innig, vergnügt und glücklich miteinander gelebt hatten. [...] Ihr Alter hat die nun selig Vollendete gebracht auf 72 Jahre 1 Monat 15 Tage."[341]

Die Beschreibung eines weiteren Abschnitts von Johann Valentin Müllers Leben stammt aus der Feder seines Sohns Heinrich, über dessen unerschütterlichen Glauben die Eltern zutiefst glücklich gewesen waren. Sie hatten ihn in Gedanken und im Gebet noch ein Stück seines Wegs begleitet. Der hatte ihn 1856 als Brüderpfleger nach Neuwied am Rhein geführt. Im November 1858 hatte ihn der Ruf erreicht, als Pfarrer und „Ehechorhelfer" in der 1735 gegründeten Gemeine Sarepta bei Wolgograd (später Stalingrad) zu wirken. Vor seiner Abreise nach Russland war Heinrich am 4. Januar 1859 im schlesischen Gnadenfrei mit der Schwester und Lehrerin Luise Emilie Bleßmann getraut und am 9. Januar daselbst zum Presbyter ordiniert worden. Die Reise zum neuen Bestimmungsort hatte sie über Warschau, St. Petersburg und Moskau geführt und hatte von Ende Januar bis 10. März 1859 gedauert. Am 5. Juni 1860 war dem Ehepaar der Sohn Paul Theodor geschenkt worden. Am 2. Dezember 1860 war die noch junge Ehefrau gestorben. Über sieben Monate danach, und zwar am 24. Juli 1861, hatte Heinrich Müller in zweiter Ehe die „gerade [...] als Schwesternarbeiterin und Leiterin der Mädchenschule nach Sarepta berufene Schwester Friederike Auguste Stamm" geheiratet. 1862 war er allein nach Deutschland gereist, um als Abgeordneter der Ältestenkonferenz erstmals an der Provinzialsynode in Herrnhut teilzunehmen. In Sarepta hatte Heinrich über seinen Aufgabenbereich hinaus rund 400 deutsche Kolonisten seelsorgerlich betreut. Am 18. Juli 1865 war dem Ehepaar die Tochter Marie Emilie geboren worden. Infolge gesundheitlicher Probleme auch seiner Frau und der kleinen Tochter legte Heinrich Müller im März 1866 sein Amt nieder und kehrte mit der Familie nach Deutschland zurück, wo sie sich in Gnadenfrei, dem Wohnort des Vaters, Schwiegervaters und Großvaters Johann Valentin Müller niederließen. Nachdem sich der Allgemeinzustand gebessert hatte, versorgte Heinrich Müller für sieben Wochen ein Vikariat in Ebersdorf, das 70 km südöstlich von Erfurt liegt. Kurz nach der Rückkehr aus Ebersdorf starb am 16. Dezember 1866 der Sohn Paul Theodor. Ein knappes Jahr später, am 12. November 1867, wurde Heinrich und Friederike Auguste Müller der Sohn Heinrich Theodor geboren. Im Sommer 1868 übernahm Heinrich Müller eine siebenwöchige Vertretung des Predigers in Gnadau. Nach der vollständigen Rekonvaleszenz trat Heinrich Müller Ende September 1868 die Stelle des Pfarrers in Neuwied an.[342]

Hier wollen wir uns wieder Johann Valentin Müller zuwenden und aus Heinrichs Ergänzung des Lebenslaufs zitieren: „Der [...] Vater glaubte [...] nichts anderes, als daß er“ seiner Frau „bald würde folgen dürfen. Er fühlte sich ja nun so einsam und verlassen auf Erden. Der Herr aber hatte andere Gedanken. Im Sommer 1866 hatte er die Freude, uns, seine Kinder mit zwei Enkeln, noch einmal in diesem Leben sehen zu dürfen, ein Wiedersehen, das freilich auch für ihn mit mancher Sorge und Kummer, Leid und Schmerz verbunden war. Bis in den Winter 1867 genoß er noch eine für sein Alter ausnehmend gute Gesundheit. Durch kein noch so schlechtes Wetter ließ er sich abhalten, alle Tage den Weg zu uns zu machen, um insbesondere auch unser Töchterchen“ Marie Emilie „zu sehen und ein Stündchen mit ihr zu spielen. Gegen Weihnachten aber stellten sich seine alten rheumatischen Schmerzen in der Seite und zwar so heftig wieder ein, daß ihm das Gehen immer schwerer wurde und er zuletzt das Haus nicht mehr verlassen konnte. Je mehr er bisher gewohnt gewesen war, sich in allen Stücken selbst zu helfen und zu besorgen, um so schwerer wurde es ihm, nun fremde Dienstleistung annehmen zu müssen. Und je weniger er im bisherigen Leben von Krankheit, Nöthen und Schmerzen gewußt, um so schwerer wollte ihm diese letzte Schule seines Herrn oft noch werden“ und „um so mehr sehnte er sich von dieser Erde, auf der er nicht mehr heimisch war, nach der himmlischen Heimath und Ruhe.“[343]

Nach dem Umzug seines Sohns Heinrich nach Neuwied im September 1868 fertigte eine dem Schreiber dieser Zeilen unbekannte Person den folgenden letzten Teil des Lebenslaufs von Johann Valentin Müller: „Die Trennung“ von Heinrich und seiner Familie „war dem lieben Greis nicht leicht, doch richtete er sich mit der ganzen Entschiedenheit seines Charakters nun ganz darauf ein, seine Tage in stiller Einsamkeit fruchtbar zu machen für die Ewigkeit. Zu seiner Freude wurde ihm eine Wohnung im Brüderhaus bereitet, worüber er sehr dankbar war. Bis an sein Ende hat er ohne Spur vom sonst so gewöhnlichen, mürrischen und unzufriedenen Wesen des Greisenalters immer mit freudenstrahlendem Blick und lautem herzlichen Dank bezeugt, wie gut er es habe in seiner stillen Wohnung, bei seiner bequemen Bedienung, durch die oftmaligen freundlichen Besuche der Brüderarbeiter, die ihm auf jede Weise gern gefällig waren, und vor allem durch die unermüdlich sich gleichbleibende treue und besorgte Pflege seines lieben Bruders Nowag. Nur zweimal hat er seine Brüderhauswohnung noch verlassen, um an dem Heiligen Abendmahl theilzunehmen. Die

Altersbeschwerden eines kurzem Atems und schwacher Augen nahmen sichtlich zu. Die Nacht vom 27. zum 28. Februar“ 1869 „verbrachte er sehr beengt. Am Morgen des 28. Februar schien schon ein Stockfluß nahe, doch konnte er wieder Lust schöpfen. Auf Befragen erklärte er um $^1/_2$ 9 seinem Pfleger, daß sein Herz von früh bis in die Nacht auf einen Heiland und auf die Erlösungsstunde gerichtet sei und schloß mit dem Spruch: ‚Die Leiden dieser Zeit sind nicht werth der Herrlichkeit, die an uns soll offenbar werden.‘ [Römer 8, 18] ‚Aber,‘ fügte er hinzu, ‚die Herrlichkeit kann man hier nicht begreifen.‘ Nachdem er noch am Vormittag seiner Bedienung das monatliche Kostgeld gegeben und alles wie gewöhnlich pünktlich bedacht hatte, ereilte ihn plötzlich ohne Todeskampf ein Stockfluß, wodurch die Bande des Todesgefängnisses für den befreiten Geist gelöst wurden. Die Zeit seiner Erdenwallfahrt war 81 Jahre 10 Monate. Er war ein Mann in allem seinen irdischen Thun, er war ein Mann in Christo, gereift zum festen Tritt und graden Schritt und auf dem schmalen Weg zur Stadt Gottes.“[344]

Aus dem Leben Heinrich Müllers nach dem Tod seines Vaters

Nicht ganz zwei Jahre nach der Übernahme des Pfarramts in Neuwied starb am 25. Juni 1870 Heinrich Müllers zweite Frau im Alter von 36 Jahren. Am 30. Oktober des folgenden Jahrs verheiratete er sich in Herrnhut in dritter Ehe mit Marie Cornelie Verbeek. Das Ehepaar hatte vier Kinder, den Sohn Paul Woldemar sowie die Töchter Auguste Dorothea, Hedwig Marie und Anna Margarethe. Die beiden ältesten Mädchen starben im frühen Alter. Die Familie blieb bis 1878 in Neuwied. Im März dieses Jahres wurde Heinrich gebeten, „in die Unitäts-Ältesten-Konferenz als Mitglied des damaligen Helfer- und Erziehungsdepartements einzutreten“ und damit eine Funktion in der Leitung der Kirche zu übernehmen. Bereits am 23. Mai trat er das Amt in Berthelsdorf an. Am 26. Juni 1879 erfolgte seine Wiederwahl in die Unitätsältestenkonferenz, deren Vorsitz er ab 16. September 1884 bis 1896 innehatte. Noch auf der Generalsynode 1879 war er zum Bischof gewählt, durch Los bestätigt und am 29. Juni geweiht worden. Ebenso war ihm damals die Oberleitung der höheren wissenschaftlichen Institute, des theologischen Seminars in Gnadenfeld/Oberschlesien, des Pädagogiums und der mit ihm verbundenen Unitätsanstalt in Niesky, übertragen worden. 1880 führte ihn eine Visitationsreise nach Sarepta. Im Jahr 1893 weihte Heinrich Müller in Neuwied seinen Sohn Heinrich Theodor zum Diakon. Dieser ging als Brüderpfleger nach Herrnhut und 1902 als Missionar nach Suriname. Auch der jüngste Sohn Paul Woldemar wurde von seinem Vater zum Diakon ordiniert. Am 28. September

1896 setzte sich Heinrich Müller im Alter von 70 Jahren zur Ruhe. Wenige Tage vorher war er mit seiner Familie von Berthelsdorf nach Herrnhut gezogen. Am 18. April 1907 starb die jüngste Tochter Anna Margarethe. Nicht ganz eineinhalb Jahre später verschied am 10. September 1908 der Sohn Paul Woldemar, der als Vikar und Brüderpflager in Gnadenfeld tätig gewesen war. Heinrich Müller starb am 5. Mai 1912 in Herrnhut im Alter von nicht ganz 86 Jahren.[345]

Anhang

Anmerkungen

1 *Aus: Herrnhuter Brüdergemeine; Kirchengeschichte für die; Durnbaugh, The Brethren in; Fillbrunn und Meinecke, Geschichte der Familie; Meyer, Zinzendorf; Reichel, Gottesdienst in der; Steinecke, Die Diaspora.*
2 *Evangelisches Kirchenbuch Ladenburg.*
3 *Ortssippenbuch Edingen-Neckarhausen, S. 288 ff.*
4 *Gemeinderechnung Neckarhausen 1779.*
5 *Fütterer, Neckarhausen, S. 265.*
6 *Gemeinderechnung Neckarhausen 1798; Fillbrunn, Die Geschichte der Feuerwehr, S. 29.*
7 *Brief der Missionsdirektion [...] an Dr. Erich Roth [...] und Abschriften.*
8 *Meyer, Zinzendorf, S. 72.*
9 *Bericht des Besuchs des Bruders Duvernoy.*
10 *Ortssippenbuch Edingen-Neckarhausen, S. 291.*
11 *Meyer, Zinzendorf, S. 71.*
12 *Brief der Missionsdirektion [...] an Dr. Erich Roth [...] und Abschriften.*
13 *Deurer, Umständliche Beschreibung, S. 139 ff.*
14 *Fütterer, Neckarhausen, S. 260.*
15 *Backes und Fillbrunn, Fähre Neckarhausen, S. 31 f.*
16 *Fütterer, Neckarhausen, S. 50 ff.*
17 *Fillbrunn und Meinecke, Volksschule, S. 21.*
18 *Brief der Missionsdirektion [...] an Dr. Erich Roth [...] und Abschriften.*
19 *Fillbrunn und Meinecke, Volksschule, S. 17.*
20 *Brief der Missionsdirektion [...] an Dr. Erich Roth [...] und Abschriften.*
21 *Fillbrunn und Meinecke, Geschichte der Familie, S. 9 ff.*
22 *Evangelisches Kirchenbuch Ladenburg.*
23 *Brief der Missionsdirektion [...] an Dr. Erich Roth [...] und Abschriften.*
24 *Fütterer, Neckarhausen, S. 53 f.*
25 *Ortssippenbuch Edingen-Neckarhausen, S. 201.*
26 *Dieser Abschnitt fußt im Wesentlichen auf Jung-Stilling, Lebensgeschichte.*
27 *Goethes Werke, Bd. 5, S. 205.*
28 *Goethes Werke, Bd. 5, S. 378 ff.*
29 *Archiv von Oberndorff.*
30 *Ortssippenbuch Edingen-Neckarhausen, S. 292.*
31 *Protokolle der Ältestenkonferenz Neuwied, Protokoll vom 18. Juni 1800.*
32 *Protokolle des Aufseherkollegiums Neuwied, Protokoll vom 27. Juni 1800.*
33 *Protokolle der Ältestenkonferenz Neuwied, Protokoll vom 28. Juni 1800.*
34 *Protokolle der Ältestenkonferenz Niesky, Protokoll vom 6. September 1800.*
35 *Protokolle der Ältestenkonferenz Herrnhut, Protokoll vom 8. September 1800.*
36 *Protokolle der Ältestenkonferenz Niesky, Protokoll vom 13. September 1800.*
37 *Protokolle der Ältestenkonferenz Kleinwelka, Protokolle vom 20. September 1800 und*

3. Januar 1801.

38 *Bericht des Bruders Adam Heisser.*

39 *Ortssippenbuch Heidelberg-Handschuhsheim, S. 425.*

40 *Protokolle der Ältestenkonferenz Neuwied, Protokolle vom 10. Mai 1800 und 18. Juni 1800.*

41 *Protokolle der Ältestenkonferenz Kleinwelka, Protokolle vom 30. August 1801, 24. Oktober 1801 und 28. September 1803.*

42 *Protokolle der Ältestenkonferenz Kleinwelka, Protokoll vom 6. Juni 1804.*

43 *Protokolle des Aufseherkollegiums Kleinwelka, Protokoll vom 7. Juni 1804.*

44 *Brief der Missionsdirektion [...] an Dr. Erich Roth [...] und Abschriften.*

45 *Protokolle der Ältestenkonferenz Kleinwelka, Protokoll vom 13. Juni 1804.*

46 *Protokolle der Ältestenkonferenz Niesky, Protokolle vom 30. Juni, 22. September, 6. Oktober, 3. November und 29. Dezember 1804.*

47 *Brief der Missionsdirektion [...] an Dr. Erich Roth [...] und Abschriften.*

48 *Protokolle der Ältestenkonferenz Kleinwelka, Protokoll vom 8. Juli 1811.*

49 *Brief der Missionsdirektion [...] an Dr. Erich Roth [...] und Abschriften.*

50 *Ebenda.*

51 *Ebenda.*

52 *Korrespondenz von Neu-Herrnhut, Brief Müllers vom 29. Juli 1817.*

53 *Brief der Missionsdirektion [...] an Dr. Erich Roth [...] und Abschriften.*

54 *Brief der Missionsdirektion [...] an Dr. Erich Roth [...] und Abschriften; Korrespondenz von Neu-Herrnhut, Brief Müllers vom 2. April 1813 mit Nachtrag vom 5. April.*

55 *Brief der Missionsdirektion [...] an Dr. Erich Roth [...] und Abschriften; Korrespondenz von Neu-Herrnhut, Brief Müllers vom 7. Juli 1813.*

56 *Brief der Missionsdirektion [...] an Dr. Erich Roth [...] und Abschriften.*

57 *Die Quellen befinden sich im Unitätsarchiv 02745 Herrnhut.*

58 *Lebenslauf von Heinrich Müller, S. 2.*

59 *Der Autor hält es für wahrscheinlich, dass Briefe, die Johann Valentin Müller an Gräfin Stolberg gesandt hat, im Landeshauptarchiv Sachsen-Anhalt, Dienstgebäude Wernigerode, Postfach 101206, 38842 Wernigerode, aufbewahrt sind. Leider ist es ihm nicht möglich gewesen, die dort gelagerte Korrespondenz des Hauses Stolberg zu sichten.*

60 *Diarium von Neu-Herrnhut, 17. August 1813, S. 720.*

61 *Brief der Missionsdirektion [...] an Dr. Erich Roth [...] und Abschriften.*

62 *Diarium von Neu-Herrnhut, 22. August 1813, S. 721.*

63 *Diarium von Neu-Herrnhut, S. 721 ff.*

64 *Korrespondenz von Neu-Herrnhut, Brief Müllers vom 11. August 1814; Brief der Missionsdirektion [...] an Dr. Erich Roth [...] und Abschriften.*

65 *Korrespondenz von Neu-Herrnhut, Brief Müllers vom 14. Juli 1815.*

66 *Korrespondenz von Neu-Herrnhut, Brief der Missionskonferenz vom 26. Juli 1816.*

67 *Korrespondenz von Neu-Herrnhut, Brief Müllers vom 29. Juli 1816.*

68 *Korrespondenz von Neu-Herrnhut, Brief Müllers vom 18. April 1817.*

69 *Korrespondenz der Missionsdirektion nach Neu-Herrnhut, Brief vom 3. März 1817 (Nr. 24); Korrespondenz von Neu-Herrnhut, Brief Müllers vom 29. Juli 1817.*

70 *Brief der Missionsdirektion [...] an Dr. Erich Roth [...] und Abschriften.*

71 *Ebenda.*

72 *Korrespondenz von Neu-Herrnhut, Brief der Johanna Dorothea Glafe vom 10. Januar 1820. Obwohl das Schreiben in Gnadenfrei verfasst und abgeschickt wurde, ist es in der angegebenen Akte aufbewahrt.*

73 *Korrespondenz von Lichtenau, Brief Müllers vom 10. Juli 1833 (Nr. 27).*

74 *Brief der Missionsdirektion [...] an Dr. Erich Roth [...] und Abschriften.*

75 *Korrespondenz von Neu-Herrnhut, Brief der Missionskonferenz vom 25. Juni 1820 und Brief Müllers vom 27. Juni 1820.*

76 *Korrespondenz von Neu-Herrnhut, Brief Müllers vom 19. Juni 1821 und Brief der Missionskonferenz vom 20. Juni 1821.*
77 *Korrespondenz von Lichtenau, Brief Müllers vom 19. August 1843.*
78 *Korrespondenz von Lichtenau, Brief Müllers vom 13. Juli 1847 (Nr. 129).*
79 *Korrespondenz von Neu-Herrnhut, Brief Müllers vom 1. Juni 1822 und Brief der Missionskonferenz vom 4. Juni 1822.*
80 *Korrespondenz von Neu-Herrnhut, Brief Müllers vom 25. August 1821.*
81 *Korrespondenz von Neu-Herrnhut, Brief Müllers vom 1. Juni 1822 und Brief der Missionskonferenz vom 4. Juni 1822.*
82 *Korrespondenz von Neu-Herrnhut, Brief Müllers vom 14. Juli 1823 und Brief der Missionskonferenz vom 22. Juli 1823.*
83 *Korrespondenz von Neu-Herrnhut, Brief Müllers vom 22. Mai 1824.*
84 *Korrespondenz von Lichtenau, Brief Müllers vom 7. Juli 1824 (Nr. 186).*
85 *Korrespondenz von Lichtenau, Brief Müllers vom 9. Oktober 1825 (Nr. 191).*
86 *Diarium von Lichtenau, S. 1 ff.*
87 *Korrespondenz von Lichtenau, Brief Müllers vom 9. Oktober 1825 (Nr. 191).*
88 *Korrespondenz von Lichtenau, Brief Müllers vom 22. Juni 1826 (Nr. 195).*
89 *Brief der Missionsdirektion* [...] *an Dr. Erich Roth* [...] *und Abschriften.*
90 *Korrespondenz von Lichtenau, Brief Müllers vom 14. Mai 1827 (Nr. 199).*
91 *Diarium von Lichtenau, 19. Dezember 1826, S. 94.*
92 *Korrespondenz von Lichtenau, Brief Müllers vom 22. Juni 1826 (Nr. 195).*
93 *Diarium von Lichtenau, 23. und 25. August 1826, S. 67.*
94 *Korrespondenz von Lichtenau, Brief Müllers vom 22. Juni 1828 (Nr. 203).*
95 *Korrespondenz von Lichtenau, Brief der Missionskonferenz vom 27. Juni 1828 (Nr. 204).*
96 *Korrespondenz der Missionsdirektion nach Lichtenau, Brief vom 4. Februar 1829 (Nr. 107).*
97 *Korrespondenz von Lichtenau, Brief Müllers vom 30. Juni 1828 (Nr. 206).*
98 *Korrespondenz von Lichtenau, Brief Müllers vom 30. Juli 1829 (Nr. 208).*
99 *Korrespondenz von Lichtenau, Brief der Missionskonferenz vom 31. Juli 1829 (Nr. 210).*
100 *Korrespondenz von Lichtenau, Brief Müllers vom 1. Juni 1830 (Nr. 2) und Brief der Missionskonferenz vom 3. Juli 1830 (Nr. 4).*
101 *Korrespondenz von Lichtenau, Brief Müllers vom 10. August 1830 (Nr. 7).*
102 *Lebenslauf von Heinrich Müller, S. 3.*
103 *Korrespondenz von Lichtenau, Brief Müllers vom 25. Juli 1832 (Nr. 21).*
104 *Müller: Bericht von der Reise.*
105 *Korrespondenz von Lichtenau, Brief Müllers vom 25. Juli 1832 (Nr. 21).*
106 *Korrespondenz von Lichtenau, Brief Müllers vom 18. März 1833 (Nr. 22).*
107 *Korrespondenz von Lichtenau, Brief Müllers vom 10. Juli 1833 (Nr. 27).*
108 *Korrespondenz von Lichtenau, Brief Müllers vom 14. August 1834 (Nr. 37).*
109 *Ebenda.*
110 *Korrespondenz von Friedrichsthal, Brief Müllers vom 24. Februar 1835 (Nr. 60).*
111 *Diarium von Friedrichsthal, 13. Dezember 1835.*
112 *Korrespondenz von Friedrichsthal, Brief Müllers vom 24. Juni 1835 (Nr. 62).*
113 *Diarium von Friedrichsthal, 6. November 1835.*
114 *Korrespondenz von Friedrichsthal, Brief Müllers vom 30. Juni 1836 (Nr. 71).*
115 *Korrespondenz von Friedrichsthal, Brief Müllers vom 8. Juli 1837 (Nr. 79).*
116 *Lebenslauf von Heinrich Müller, S. 4.*
117 *Korrespondenz von Friedrichsthal, Brief Müllers vom 10. Juni 1840 (Nr. 102).*
118 *Korrespondenz von Friedrichsthal, Brief Müllers vom 8. Juli 1837 (Nr. 79).*
119 *Korrespondenz von Friedrichsthal, Brief der Missionskonferenz vom 13. Juli 1837 (Nr. 77).*
120 *Korrespondenz von Friedrichsthal, Brief der Missionskonferenz vom 3. Juli 1839 (Nr. 88).*

121 *Diarium von Friedrichsthal, 1. Dezember 1835.*
122 *Korrespondenz von Friedrichsthal, Brief Müllers vom 23. März 1840 (Nr. 93).*
123 *Korrespondenz von Friedrichsthal, Brief Müllers vom 8. Juli 1837 (Nr. 79), Nachtrag.*
124 *Korrespondenz von Friedrichsthal, Brief der Missionskonferenz vom 13. Juli 1837 (Nr. 77).*
125 *Korrespondenz der Missionsdirektion nach Friedrichsthal, Brief vom 18. Februar 1838 (Nr. 19).*
126 *Korrespondenz von Friedrichsthal, Brief Müllers vom 8. Juli 1837 (Nr. 79).*
127 *Korrespondenz von Friedrichsthal, Brief der Missionskonferenz vom 13. Juli 1837 (Nr. 77).*
128 *Korrespondenz von Friedrichsthal, Brief der Missionskonferenz vom 2. Juli 1838 (Nr. 84).*
129 *Korrespondenz von Friedrichsthal, Brief Müllers vom 26. Juli 1838 (Nr. 82).*
130 *Korrespondenz von Friedrichsthal, Brief der Missionskonferenz vom 3. Juli 1839 (Nr. 88).*
131 *Korrespondenz von Friedrichsthal, Brief Müllers vom 23. März 1840 (Nr. 93).*
132 *Korrespondenz von Friedrichsthal, Brief Müllers vom 16. März 1841 (Nr. 105).*
133 *Korrespondenz von Friedrichsthal, Brief Müllers vom 16. August 1839 (Nr. 91).*
134 *Korrespondenz von Friedrichsthal, Brief Müllers vom 10. Juni 1840 (Nr. 102).*
135 *Korrespondenz von Friedrichsthal, Brief Müllers vom 24. Juli 1840 (Nr. 104).*
136 *Korrespondenz von Friedrichsthal, Brief der Missionskonferenz vom 18. Juni 1841 (Nr. 108).*
137 *Korrespondenz von Lichtenau, Brief Müllers vom 13. Juli 1847 (Nr. 129).*
138 *Korrespondenz von Friedrichsthal, Brief Müllers vom 16. März 1841 (Nr. 105).*
139 *Korrespondenz von Friedrichsthal, Brief der Missionskonferenz vom 18. Juni 1841 (Nr. 108) und Brief Müllers vom 20. Juni/4. Juli 1841 (Nr. 109).*
140 *Korrespondenz von Friedrichsthal, Brief Müllers vom 20. Juni/4. Juli 1841 (Nr. 109). Der zweite Teil des Briefs wurde in Lichtenau geschrieben.*
141 *Korrespondenz von Lichtenau, Brief Müllers vom 4. Juli 1842 (Nr. 82).*
142 *Korrespondenz von Lichtenau, Brief Müllers vom 11. August 1842 (Nr. 84).*
143 *Korrespondenz von Lichtenau, Brief der Missionskonferenz vom 15. August 1843 (Nr. 94).*
144 *Korrespondenz von Lichtenau, Brief der Missionskonferenz vom 1. Juli 1846 (Nr. 118).*
145 *Korrespondenz von Lichtenau, Brief Müllers vom 19. August 1843.*
146 *Korrespondenz von Lichtenau, Brief Müllers vom 30. Juni 1846 (Nr. 117).*
147 *Lebenslauf von Heinrich Müller, S. 8 ff; Korrespondenz von Lichtenau, Brief Müllers vom 30. Juni 1846 (Nr. 117).*
148 *Korrespondenz von Lichtenau, Brief Müllers vom 30. Juni 1846 (Nr. 117).*
149 *Korrespondenz von Lichtenau, Brief der Missionskonferenz vom 1. Juli 1846 (Nr. 118).*
150 *Korrespondenz von Lichtenau, Brief Müllers vom 13. Juli 1847 (Nr. 129).*
151 *Ebenda.*
152 *Korrespondenz von Lichtenau, Brief Müllers vom 13. August 1847 (Nr. 133).*
153 *Korrespondenz von Lichtenau, Brief der Missionskonferenz vom 16. Juli 1847 (Nr. 130).*
154 *Korrespondenz der Missionsdirektion nach Lichtenau, Brief vom 11. Februar 1846 (Nr. 136).*
155 *Korrespondenz von Lichtenau, Brief der Missionskonferenz vom 18. Juli 1848 (Nr. 136).*
156 *Korrespondenz von Lichtenau, Brief Müllers vom 16. September 1848 (Nr. 141).*
157 *Fütterer, Neckarhausen, S. 55 ff.*
158 *Korrespondenz von Lichtenau, Brief Müllers vom 11. Juni 1852 (Nr. 160).*
159 *Korrespondenz von Lichtenau, Brief der Missionskonferenz vom 18. Juli 1848 (Nr. 136).*
160 *Diarium von Lichtenau, 18. September 1845, S. 181 f.*
161 *Korrespondenz von Lichtenau, Brief Müllers vom 16. September 1848 (Nr. 141).*
162 *Korrespondenz von Lichtenau, Brief der Missionskonferenz vom 18. Juli 1848 (Nr. 136).*
163 *Korrespondenz von Lichtenau, Anmerkungen Müllers vom 2. Juli 1849 (Nr. 148).*
164 *Korrespondenz von Lichtenau, Brief der Missionskonferenz vom 25. Juli 1850 (Nr. 152).*
165 *Korrespondenz von Lichtenau, Brief Müllers vom 15. August 1851 (Nr. 156).*
166 *Korrespondenz von Lichtenau, Brief der Missionskonferenz vom 17. Juni 1852 (Nr. 161).*
167 *Korrespondenz von Lichtenau, Brief Müllers vom 11. Juni 1852 (Nr. 160).*

168 *Korrespondenz von Lichtenau, Brief Müllers vom 24. Juli 1850 (Nr. 151).*
169 *Korrespondenz von Lichtenau, Brief Müllers vom 15. August 1851 (Nr. 156).*
170 *Korrespondenz von Lichtenau, Brief Müllers vom 11. Juni 1852 (Nr. 160).*
171 *Korrespondenz von Lichtenau, Brief Müllers vom 15. August 1851 (Nr. 156).*
172 *Korrespondenz von Lichtenau, Brief Müllers vom 11. Juni 1852 (Nr. 160).*
173 *Korrespondenz von Lichtenau, Brief Müllers vom 16. August 1852 (Nr. 165).*
174 *Korrespondenz von Lichtenau, Brief Müllers vom 10. März 1853 (Nr. 167).*
175 *Korrespondenz von Lichtenau, Brief Müllers vom 22. Juli 1853 (Nr. 171).*
176 *Korrespondenz von Lichtenau, Brief der Missionskonferenz vom 17. Juli 1854 (Nr. 174).*
177 *Korrespondenz von Lichtenau, Brief Müllers vom 22. Juli 1853 (Nr. 171).*
178 *Korrespondenz von Lichtenau, Brief der Missionskonferenz vom 17. Juli 1854 (Nr. 174).*
179 *Korrespondenz von Lichtenau, Brief der Missionskonferenz vom 17. Juli 1854 mit Zusatz des Kopenhagener Bruders Matthiesen vom 28. Oktober 1854 (Nr. 174); Brief der Missionsdirektion [...] an Dr. Erich Roth [...] und Abschriften.*
180 *Brief der Missionsdirektion [...] an Dr. Erich Roth [...] und Abschriften.*
181 *Korrespondenz von Lichtenau, Brief der Missionskonferenz vom 9. Juli 1818 (Nr. 155).*
182 *Korrespondenz von Lichtenau, Brief Müllers vom 9. Oktober 1825 (Nr. 191).*
183 *Bericht von Lichtenau von Juli 1829 bis Juli 1830, S. 737 ff.*
184 *Bericht von Lichtenau von Juli 1829 bis Juli 1830, S. 752.*
185 *Bericht von Lichtenau von Juli 1830 bis Mitte Juli 1831, S. 641 f.*
186 *Diarium von Friedrichsthal, 27. Januar 1835.*
187 *Korrespondenz von Friedrichsthal, Brief Müllers vom 23. Juni 1838 (Nr. 81).*
188 *Bericht von Lichtenau von Juli 1829 bis Juli 1830, S. 751.*
189 *Korrespondenz der Missionsdirektion nach Friedrichsthal, Brief vom 24. Februar 1839 (Nr. 20).*
190 *Korrespondenz von Lichtenau, Brief Müllers vom 10. Juli 1833 (Nr. 27).*
191 *Korrespondenz von Friedrichsthal, Brief der Missionskonferenz vom 3. Juli 1839 (Nr. 88).*
192 *Diarium von Friedrichsthal, 28. März 1835.*
193 *Korrespondenz von Friedrichsthal, Brief Müllers vom 23. März 1840 mit Nachtrag vom 7. April 1840 (Nr. 93).*
194 *Korrespondenz von Friedrichsthal, Brief Müllers vom 10. Juni 1840 (Nr. 102).*
195 *Korrespondenz von Friedrichsthal, Brief Müllers vom 20. Juni 1841 mit dem in Lichtenau verfassten Nachtrag vom 4. Juli 1841 (Nr. 109).*
196 *Ebenda.*
197 *Diarium von Lichtenau, 15. März 1845, Seite 154 f.*
198 *Diarium von Lichtenau, 9. Februar 1845, Seite 151 f.*
199 *Korrespondenz von Lichtenau, Brief Müllers vom 12. August 1844 (Nr. 101).*
200 *Korrespondenz von Lichtenau, Brief der Missionskonferenz vom 16. Juli 1847 (Nr. 130).*
201 *Korrespondenz von Lichtenau, Brief Müllers vom 1. August 1845 (Nr. 123).*
202 *Korrespondenz von Lichtenau, Brief Müllers vom 5. August 1848 (Nr. 138).*
203 *Korrespondenz von Lichtenau, Brief der Missionskonferenz vom 17. Juni 1852 (Nr. 161).*
204 *Korrespondenz von Friedrichsthal, Brief Müllers vom 24. Februar 1835 (Nr. 60).*
205 *Korrespondenz von Friedrichsthal, Brief Müllers vom 30. Juni 1836 (Nr. 71).*
206 *Korrespondenz von Neu-Herrnhut, Brief der Missionskonferenz vom 25. Juni 1820.*
207 *Korrespondenz von Neu-Herrnhut, Brief der Missionskonferenz vom 20. Juni 1821.*
208 *Korrespondenz von Neu-Herrnhut, Brief der Missionskonferenz vom 4. Juni 1822.*
209 *Korrespondenz von Friedrichsthal, Brief Müllers vom 8. Juli 1837 (Nr. 79).*
210 *Korrespondenz von Friedrichsthal, Brief der Missionskonferenz vom 9. Juni 1840 (Nr. 101).*
211 *Korrespondenz von Friedrichsthal, Brief der Missionskonferenz vom 9. Juni 1840 (Nr. 101).*
212 *Korrespondenz von Friedrichsthal, Brief Müllers vom 16. August 1839 (Nr. 91).*
213 *Korrespondenz von Lichtenau, Brief der Missionskonferenz vom 28. Juli 1845 (Nr. 110).*

214 *Korrespondenz von Lichtenau, Brief Müllers vom 24. Juli 1850 (Nr. 151).*
215 *Diarium von Lichtenau, September 1845, S. 178 ff.*
216 *Korrespondenz von Lichtenau, Brief Müllers vom 13. August 1847 (Nr. 133).*
217 *Korrespondenz von Lichtenau, Brief Müllers vom 17. März 1854 (Nr. 173).*
218 *Lebenslauf von Heinrich Müller, S. 2.*
219 *Korrespondenz von Neu-Herrnhut, Brief Müllers vom 1. Juni 1822.*
220 *Korrespondenz von Lichtenau, Brief Müllers vom 22. Juni 1828 (Nr. 203).*
221 *Korrespondenz von Friedrichsthal, Brief Müllers vom 10. Juni 1840 (Nr. 102).*
222 *Korrespondenz von Lichtenau, Brief Müllers vom 19. August 1843 (ohne Nummer).*
223 *Grönländisches Wörterbuch.*
224 *Korrespondenz von Lichtenau, Brief Müllers vom 10. Juli 1833 (Nr. 27).*
225 *Korrespondenz von Friedrichsthal, Brief Müllers vom 8. Juli 1837 (Nr. 79).*
226 *Korrespondenz von Friedrichsthal, Brief Müllers vom 10. Juni 1840 (Nr. 102).*
227 *Korrespondenz von Lichtenau, Brief Müllers vom 19. August 1843 (ohne Nummer); Korrespondenz von Friedrichsthal, Brief Müllers vom 20. Juni 1841 und 4. Juli 1841 (Nr. 109).*
228 *Korrespondenz von Friedrichsthal, Brief Müllers vom 8. Juli 1837 (Nr. 79).*
229 *Korrespondenz von Friedrichsthal, Brief Müllers vom 23. Juni 1838 (Nr. 81).*
230 *Ebenda.*
231 *Korrespondenz von Friedrichsthal, Brief Müllers vom 3. Juli 1839 (Nr. 88).*
232 *Korrespondenz von Friedrichsthal, Brief Müllers vom 20. Juni 1841 und 4. Juli 1841 (Nr. 109).*
233 *Korrespondenz von Friedrichsthal, Brief Müllers vom 23. März 1840 (Nr. 93).*
234 *Korrespondenz von Friedrichsthal, Brief Müllers vom 16. März 1841 (Nr. 105).*
235 *Korrespondenz von Lichtenau, Brief der Missionskonferenz vom 15. August 1843 (Nr. 94).*
236 *Korrespondenz von Friedrichsthal, Brief Müllers vom 10. Juni 1840 (Nr. 102).*
237 *Korrespondenz von Lichtenau, Brief Müllers vom 4. Juli 1842 (Nr. 82).*
238 *Korrespondenz von Lichtenau, Brief der Missionskonferenz vom 15. August 1843 (Nr. 94).*
239 *Korrespondenz von Friedrichsthal, Brief Müllers vom 20. Juni 1841 und 4. Juli 1841 (Nr. 109).*
240 *Korrespondenz von Lichtenau, Brief der Missionskonferenz vom 15. August 1843 (Nr. 94).*
241 *Korrespondenz von Lichtenau, Brief Müllers vom 1. August 1845 (Nr. 123).*
242 *Korrespondenz von Lichtenau, Brief Müllers vom 5. August 1848 (Nr. 138).*
243 *Korrespondenz von Lichtenau, Brief Müllers vom 12. August 1849 (Nr. 146).*
244 *Korrespondenz von Lichtenau, Brief Müllers vom 24. Juli 1850 (Nr. 151).*
245 *Korrespondenz von Lichtenau, Brief Müllers vom 15. August 1851 mit Nachtrag vom 4. September 1851 (Nr. 156).*
246 *Im Unitätsarchiv Herrnhut befindet sich unter der Nummer NB.VII.R.3.166 eine Übersetzung des Buchs „Biblische Geschichten aus dem Alten und Neuen Testament“ in die Sprache der Inuit von Labrador. Die auf dem Vorsatzblatt handschriftlich angebrachte Frage „Übers. v. Valentin Müller?“ muss verneint werden.*
247 *Korrespondenz von Lichtenau, Brief Müllers vom 12. August 1849 (Nr. 146).*
248 *Korrespondenz von Neu-Herrnhut, Brief des Heinrich Mentzel vom 11. August 1814.*
249 *Korrespondenz von Neu-Herrnhut, Brief der Missionskonferenz vom 29. Juni 1815.*
250 *Korrespondenz von Lichtenau, Brief der Missionskonferenz vom 31. Juli 1829 (Nr. 210).*
251 *Bericht von Lichtenau von Juli 1829 bis Juli 1830, S. 753.*
252 *Korrespondenz von Lichtenau, Brief Müllers vom 25. Juli 1832 (Nr. 21).*
253 *Korrespondenz von Friedrichsthal, Brief Müllers vom 24. Februar 1835 (Nr. 60).*
254 *Korrespondenz von Friedrichsthal, Brief der Missionskonferenz vom 24. Juni 1835 (Nr. 63).*
255 *Korrespondenz von Friedrichsthal, Brief Müllers vom 23. Juni 1838 (Nr. 81).*
256 *Korrespondenz von Friedrichsthal, Brief Müllers vom 26. Juli 1838 (Nr. 82).*
257 *Korrespondenz von Friedrichsthal, Brief Müllers vom 3. Juli 1839 (Nr. 89).*
258 *Korrespondenz von Friedrichsthal, Brief Müllers vom 23. März 1840 (Nr. 93).*

259 *Korrespondenz von Lichtenau, Brief der Missionskonferenz vom 11. Juli 1842 (Nr. 85).*
260 *Korrespondenz von Lichtenau, Brief der Missionskonferenz vom 15. August 1843 (Nr. 94); Brief Müllers vom 19. August 1843 mit Nachtrag vom 1. September 1843 (ohne Nummer).*
261 *Korrespondenz von Lichtenau, Brief der Missionskonferenz vom 28. Juli 1845 (Nr. 110); Brief Samuel Kleinschmidts vom 3. August 1845 (Nr. 112).*
262 *Korrespondenz von Lichtenau, Brief Müllers vom 12. August 1844 (Nr. 101).*
263 *Korrespondenz von Lichtenau, Brief Müllers vom 1. August 1845 (Nr. 123).*
264 *Korrespondenz von Lichtenau, Brief Samuel Kleinschmidts vom 3. August 1845 (Nr. 112).*
265 *Korrespondenz von Lichtenau, Brief Müllers vom 30. Juni 1846 (Nr. 117).*
266 *Diarium von Lichtenau, August 1845, S. 175.*
267 *Diarium von Lichtenau, 3. November 1845, S. 189 ff.*
268 *Korrespondenz von Lichtenau, Brief Müllers vom 21. August 1850 (Nr. 153).*
269 *Kostbarkeiten aus dem, Kalender 1999.*
270 *Korrespondenz von Lichtenau, Brief der Missionskonferenz vom 27. Juni 1828 (Nr. 204); Briefe Müllers vom 21. Juli 1841 (Nr. 80) und vom 17. März 1854 (Nr. 173); Diarium von Lichtenau, 30. Mai und Anfang Juni 1845, S. 167 f, 5. Juli 1845, S. 172, 18. Oktober 1845, S. 185, u.a.*
271 *Korrespondenz von Friedrichsthal, Brief der Missionskonferenz vom 13. Juli 1837 (Nr. 77).*
272 *Diarium von Lichtenau, 18. September 1845, S. 181.*
273 *Korrespondenz von Lichtenau, Brief Müllers vom 22. Juni 1826 (Nr. 195).*
274 *Diarium von Friedrichsthal, 23. Mai 1835.*
275 *Diarium von Friedrichsthal, 1. Juli 1835.*
276 *Diarium von Friedrichsthal, 29. März, 29. Juli und 10. August 1835.*
277 *Korrespondenz von Neu-Herrnhut, Brief Müllers vom 19. Juni 1821; Diarium von Lichtenau, 5. Juli 1845, S. 172.*
278 *Korrespondenz von Neu-Herrnhut, Brief Müllers vom 14. Juli 1823 mit Nachtrag vom 22. Juli 1823.*
279 *Diarium von Lichtenau, 28. September, S. 75, u.a.*
280 *Korrespondenz von Friedrichsthal, Brief Müllers vom 24. August 1835; Diarium von Friedrichsthal, 5. und 10. August 1835.*
281 *Korrespondenz von Friedrichsthal, Brief der Missionskonferenz vom 3. Juli 1839 (Nr. 88).*
282 *Korrespondenz von Neu-Herrnhut, Brief Müllers vom 11. August 1814.*
283 *Korrespondenz von Neu-Herrnhut, Brief Heinrich Mentzels vom 11. August 1814.*
284 *Ebenda.*
285 *Korrespondenz von Lichtenau, Brief der Missionskonferenz vom 9. Juli 1818 (Nr. 155).*
286 *Korrespondenz von Neu-Herrnhut, Brief Heinrich Mentzels vom 14. Juli 1823.*
287 *Korrespondenz von Lichtenau, Brief Müllers vom 22. Juni 1826 (Nr. 195).*
288 *Diarium von Lichtenau, 8. Oktober 1826, S. 77, und 21. November 1826, S. 88.*
289 *Bericht von Lichtenau von Juli 1829 bis Juli 1830, S. 743.*
290 *Korrespondenz von Lichtenau, Brief Müllers vom 18. März 1833 (Nr. 22).*
291 *Korrespondenz von Lichtenau, Brief Müllers vom 10. Juli 1833 (Nr. 27).*
292 *Ebenda.*
293 *Korrespondenz von Friedrichsthal, Brief Müllers vom 24. Februar 1835 (Nr. 60).*
294 *Diarium von Friedrichsthal, 7. Oktober 1835.*
295 *Korrespondenz von Friedrichsthal, Brief Müllers vom 24. Februar 1835 (Nr. 60).*
296 *Diarium von Friedrichsthal, 2. Januar 1835.*
297 *Diarium von Friedrichsthal, 6. Dezember 1835.*
298 *Korrespondenz von Lichtenau, Brief Müllers vom 21. Juli 1841 (Nr. 80).*
299 *Diarium von Lichtenau, 18. Oktober 1845, S. 185.*
300 *Korrespondenz von Lichtenau, Brief Müllers vom 24. Juli 1847 (Nr. 132).*
301 *Korrespondenz von Lichtenau, Brief Müllers vom 13. August 1847 (Nr. 133).*

302 *Korrespondenz von Lichtenau, Brief Müllers vom 5. August 1848 (Nr. 138).*
303 *Korrespondenz von Lichtenau, Brief Müllers vom 21. August 1850 (Nr. 153).*
304 *Korrespondenz von Lichtenau, Brief Müllers vom 17. Juni 1852 (Nr. 161).*
305 *Korrespondenz von Lichtenau, Brief Müllers vom 17. März 1854 (Nr. 173).*
306 *Korrespondenz von Lichtenau, Brief Müllers vom 9. Oktober 1825 (Nr. 191).*
307 *Korrespondenz von Lichtenau, Brief der Missionskonferenz vom 20. Juni 1826 (Nr. 194).*
308 *Korrespondenz von Lichtenau, Brief Müllers vom 14. Mai 1827 (Nr. 199).*
309 *Diarium von Lichtenau, 1. Juli 1826, S. 60.*
310 *Diarium von Lichtenau, 5. Juli 1826, S. 61.*
311 *Korrespondenz von Lichtenau, Brief Müllers vom 14. Mai 1827 (Nr. 199).*
312 *Bericht von Lichtenau von Juli 1829 bis Juli 1830, S. 732 f.*
313 *Korrespondenz von Lichtenau, Brief Müllers vom 18. März 1833 (Nr. 22) und Brief der Missionskonferenz vom 29. Juni 1833 (Nr. 24).*
314 *Diarium von Friedrichsthal, 10. November 1835.*
315 *Korrespondenz von Lichtenau, Brief Müllers vom 16. Juli 1843 (Nr. 91).*
316 *Korrespondenz von Lichtenau, Brief Müllers vom 10. März 1853 (Nr. 167).*
317 *Korrespondenz von Lichtenau, Brief Müllers vom 17. März 1854 (Nr. 173).*
318 *Korrespondenz von Lichtenau, Brief Müllers vom 24. Juli 1847 (Nr. 132).*
319 *Korrespondenz von Neu-Herrnhut, Brief Müllers vom 29. Juli 1817.*
320 *Protokolle der Ältestenkonferenz Gnadau, Protokoll vom 16. Juli 1814.*
321 *Protokolle der Ältestenkonferenz Gnadau, Protokoll vom 29. Oktober 1814.*
322 *Protokolle der Ältestenkonferenz Gnadau, Protokoll vom 4. März 1815.*
323 *Protokolle der Ältestenkonferenz Gnadau, Protokoll vom 23. März 1816.*
324 *Protokolle der Ältestenkonferenz Gnadau, Protokoll vom 6. April 1816.*
325 *Ortssippenbuch Edingen-Neckarhausen, S. 292.*
326 *Ortssippenbuch Edingen-Neckarhausen, S. 291.*
327 *Ortssippenbuch Edingen-Neckarhausen, S. 292.*
328 *Korrespondenz von Friedrichsthal, Brief Müllers vom 23. Juni 1838 (Nr. 81).*
329 *Ortssippenbuch Edingen-Neckarhausen, S. 291.*
330 *Korrespondenz von Friedrichsthal, Brief Müllers vom 3. Juli 1839 (Nr. 89).*
331 *Grundbuch Neckarhausen, Eintrag vom 9. März 1831.*
332 *Korrespondenz von Friedrichsthal, Brief Müllers vom 10. Juni 1840 (Nr. 102).*
333 *Fütterer, Neckarhausen, S. 266.*
334 *Probst, Seckenheim, S. 618.*
335 *Ebenda.*
336 *Pfandbuch Neckarhausen.*
337 *Ortssippenbuch Edingen-Neckarhausen, S. 292.*
338 *Probst, Seckenheim, S. 618.*
339 *Brief der Missionsdirektion [...] an Dr. Erich Roth [...] und Abschriften; Lebenslauf von Heinrich Müller, S. 14.*
340 *Lebenslauf von Heinrich Müller, S. 11 ff.*
341 *Brief der Missionsdirektion [...] an Dr. Erich Roth [...] und Abschriften.*
342 *Lebenslauf von Heinrich Müller, S. 16 ff.*
343 *Brief der Missionsdirektion [...] an Dr. Erich Roth [...] und Abschriften.*
344 *Ebenda.*
345 *Lebenslauf von Heinrich Müller, S. 26 ff.*

Quellen- und Literaturverzeichnis

Archiv von Oberndorff, Generallandesarchiv Karlsruhe, Abteilung 69 von Oberndorff/1504.

Backes, Klaus/Fillbrunn, Günter, Fähre Neckarhausen – Geschichte und Geschichten, hg. von der Gemeinde Edingen-Neckarhausen, 1995.

Bericht des Besuchs des Bruders Duvernoy Anno 1784; Unitätsarchiv 02745 Herrnhut, R. 19. B. h. 10 (Blatt 3a).

Bericht des Bruders Adam Heisser von seinem Besuch unter unsern auswärtigen Geschwistern und Freunden in der Wetterau, dem Vogelsberg und einem Teil der Pfalz in den letzten Monaten des Jahres 1800, Unitätsarchiv 02745 Herrnhut, R. 19. B. h. 13 (Nr. 29).

Bericht von Lichtenau von Anfang August 1824 bis Ende August 1825, in: ‚Nachrichten aus der Brüdergemeine', 1827, Bd. 1, Unitätsarchiv 02745 Herrnhut, GN 1827 Bd. 1.

Bericht von Lichtenau von September 1825 bis Mai 1826, in: ‚Nachrichten aus der Brüdergemeine', 1829, Bd. 1, Unitätsarchiv 02745 Herrnhut, GN 1829 Bd. 1.

Bericht von Lichtenau von Juni 1826 bis Anfang Mai 1827, in: ‚Nachrichten aus der Brüdergemeine', 1829, Bd. 1, Unitätsarchiv 02745 Herrnhut, GN 1829 Bd. 1.

Bericht von Lichtenau von Mai 1827 bis Ende Juni 1828, in: ‚Nachrichten aus der Brüdergemeine', 1829, Bd. 1, Unitätsarchiv 02745 Herrnhut, GN 1829 Bd. 1.

Bericht von Lichtenau von Ende Juni 1828 bis Ende Juni 1829, in: ‚Nachrichten aus der Brüdergemeine', 1831, Bd. 1, Unitätsarchiv 02745 Herrnhut, GN 1831 Bd. 1.

Bericht von Lichtenau von Juli 1829 bis Juli 1830, in: ‚Nachrichten aus der Brüdergemeine', 1832, Bd. 1, Unitätsarchiv 02745 Herrnhut, GN 1832 Bd. 1.

Bericht von Lichtenau von Juli 1830 bis Mitte Juli 1831, in: ‚Nachrichten aus der Brüdergemeine', 1833, Bd. 1, Unitätsarchiv 02745 Herrnhut, GN 1833 Bd. 1.

Biblische Geschichten aus dem Alten Testament, übersetzt ins Grönländische von Valentin Müller, Unitätsarchiv 02745 Herrnhut, NB VII. R. 3. 127. d.

Biblische Geschichten aus dem Alten und Neuen Testament, übersetzt in die Eskimosprache von Labrador (die auf dem Vorsatzblatt handschriftlich angebrachte Frage „Übers. v. Valentin Müller?" muss verneint werden), Unitätsarchiv 02745 Herrnhut, NB. VII. R. 3. 166.

Brief der Missionsdirektion der Brüdergemeine an Pfarrvikar Dr. Erich Roth, Neckarhausen, vom 9. Juni 1932, und Abschriften der Lebensläufe von Johann Valentin Müller und seiner Frau Johanne Dorothea Müller, geborene Glafe, Archiv der evangelischen Kirchengemeinde Neckarhausen in 68535 Edingen-Neckarhausen, A2 76/7.

Brief des Leiters des Unitätsarchivs 02745 Herrnhut, Dr. Paul Peucker, an den Verfasser vom 30. April 2003.

Burkhardt, Heinz, Evangelische Brüdergemeine, Archiv, 78126 Königsfeld/Schwarzwald, Mitteilungen an den Verfasser.

Der Neue Brockhaus, Lexikon in 5 Bänden, Wiesbaden 1962.

Deurer, E. F., Umständliche Beschreibung der im Jänner und Hornung 1784 die Städte Heidelberg, Mannheim und andere Gegenden der Pfalz durch die Eisgänge und Überschwemmungen betroffenen grosen Noth, Mannheim 1784.

Diarium von Friedrichsthal, Unitätsarchiv 02745 Herrnhut, R. 15. J. b. VI.2.

Diarium von Lichtenau 1825–1832, Unitätsarchiv 02745 Herrnhut, R. 15. J. b. IV. 9.

Diarium von Lichtenau, Unitätsarchiv 02745 Herrnhut, R. 15. J. b. IV. 12.

Diarium von Neu-Herrnhut 1796–1820, Unitätsarchiv 02745 Herrnhut, R. 15. J. b. I. 4. a.

Die Ausstellung im Archiv der Brüder-Unität in Herrnhut, herausgegeben im Auftrag der Direktion der Europäisch-Festländischen Brüder-Unität, 02745 Herrnhut, 1993.

Durnbaugh, Donald F., The Brethren in Colonial America, Illinois/USA, 1967.

Evangelisches Kirchenbuch Ladenburg, Archiv des Evangelischen Oberkirchenrats 76133 Karlsruhe.

Evangelisches Kirchenbuch Ladenburg 1649–1821 im Ortssippenbuch Ladenburg, Teil 1, hg. v. Heimatbund Ladenburg, 1983.

Evangelisches Kirchenbuch Neckarhausen, Archiv der evangelischen Kirchengemeinde Neckarhausen in Edingen-Neckarhausen.

Fillbrunn, Günter, Die Geschichte der Feuerwehr von Neckarhausen, in: Festschrift ‚100 Jahre Freiwillige Feuerwehr Neckarhausen', hg. v. der Freiwilligen Feuerwehr Edingen-Neckarhausen, Abteilung Neckarhausen, 2000.

Fillbrunn, Günter, Geschichte der Familie Fillbrunn, Bde. 1 und 9, Selbstverlag, Edingen-Neckarhausen 1996 und 1997.

Fillbrunn, Günter/Meinecke, Elke, Geschichte der Familie Fillbrunn, Bd. 2, Selbstverlag, Edingen-Neckarhausen 2001.

Fillbrunn, Günter/Meinecke, Elke, Über eine amerikanische Kirche Schriesheimer Ursprungs, Beiträge zu den Schriesheimer Jahrbüchern 1998, 1999 und 2000, hg. v. Archiv der Stadt Schriesheim, 1998, 1999, 2000.

Fillbrunn, Günter/Meinecke, Elke, Volksschule/Graf-von-Oberndorff-Schule Neckarhausen – Geschichtliches und Geschichten, hg. v. der Graf-von-Oberndorff-Schule Edingen-Neckarhausen, Edingen-Neckarhausen 2004.

Fütterer, Paul, Neckarhausen – Geschichte und Gegenwart, Neckarhausen 1973.

Gemeinderechnungen 1779 und 1798 Neckarhausen, Archiv der Gemeinde Edingen-Neckarhausen, Abteilung Neckarhausen.

Geschichten aus dem Alten Testament, ins Grönländische übersetzt von Johann Valentin Müller, Unitätsarchiv 02745 Herrnhut, NB. VII. R. 3. 127. d.

Goethes Werke, in 5 Bänden, hg. v. Heinrich Düntzer, Stuttgart und Leipzig 1882.

Grönländisches Wörterbuch, Unitätsarchiv 02745 Herrnhut, NB. VII. R. 3. 100. k.

Grundbücher Nr. 3 und 4 der Gemeinde Neckarhausen, Archiv der Gemeinde Edingen-Neckarhausen, Abteilung Neckarhausen.

Herrnhuter Brüdergemeine, hg. v. der Direktion der Brüder-Unität in 73087 Bad Boll und 02745 Herrnhut, 1997.

Jung-Stilling, Lebensgeschichte, München 1968. Vollständiger Text nach den Erstdrucken (1777–1817) mit einem Nachwort von Wolfgang Pfeiffer-Belli.

In dem Buch sind die folgenden Erstdrucke wiedergegeben:

Heinrich Stillings Jugend. Eine wahrhafte Geschichte, Berlin und Leipzig, bey George Jacob Decker, 1777.

Heinrich Stillings Jünglings-Jahre. Eine wahrhafte Geschichte, Berlin und Leipzig, bey George Jacob Decker, 1778.

Heinrich Stillings Wanderschaft. Eine wahrhafte Geschichte, Berlin und Leipzig, bey George Jacob Decker, 1778.

Heinrich Stillings häusliches Leben. Eine wahrhafte Geschichte, Berlin und Leipzig 1789, bey Heinrich August Rottmann, Königlicher Hofbuchhändler.

Heinrich Stillings Lehr-Jahre. Eine wahrhafte Geschichte. Mit dem sehr ähnlichen Bildniß des Verfassers von H. Lips in Zürich, Berlin und Leipzig 1804, bey Heinrich August Rottmann, Königlicher Hofbuchhändler.

Heinrich Stillings Alter. Eine wahrhafte Geschichte. Oder Heinrich Stillings Lebensgeschichte, Sechster Band. Herausgegeben nebst einer Erzählung von Stillings Lebensende von dessen Enkel Wilhelm Schwarz, Doct. d. Philos. u. Candid. Theol. Hierzu ein Nachwort von Dr. F. H. C. Schwarz, Großherzogl. Bad. Kirchenrath, Prof. d. Theol. zu Heidelberg, Heidelberg, bey Mohr und Winter, 1817.

Kirchengeschichte für die Unterweisung im Bereich der evangelischen Landeskirche Baden, Evangelischer Presseverband für Baden e.V. Karlsruhe, 1969.

Korrespondenz von Friedrichsthal mit der Missionsdirektion, Unitätsarchiv 02745 Herrnhut, R. 15. J. b. VI. 12. a, Briefe Nr. 60, 62, 63, 66, 69, 71, 72, 77, 79, 81, 82, 84, 86, 88, 89, 91, 93 (mit Einlage), 97, 101, 102, 105, 108, 109.

Korrespondenz von Lichtenau mit der Missionsdirektion, Unitätsarchiv 02745 Herrnhut, R. 15. J. b. IV. 21. a, Briefe Nr. 155, 186, 191, 192, 194, 195, 199, 202, 203, 204, 206, 208, 210, 214.

Korrespondenz von Lichtenau mit der Missionsdirektion, Unitätsarchiv 02745 Herrnhut, R. 15. J. b. IV. 21. b, Briefe Nr. 2, 4, 7, 12, 14, 16, 21, 22, 24, 27, 30, 36, 37, 80, 82, 83, 84, 85, 91, 94, ohne Nummer zwischen Nr. 94 und 95, 101, 102, 106, 109, 110, 112, 113, 114, 117, 118, 123, 129, 130, 132, 133, 136, 138, 141, 146, 147, 148, 151, 152, 153, 155, 156, 157, 160, 161, 165+166, 167, 169, 171, 173, 174.

Korrespondenz von Neu-Herrnhut mit der Missionsdirektion, Unitätsarchiv 02745 Herrnhut, R.15.J.b.I.24.b, Briefe vom 3.3.1813, 2.4.1813, 22.5.1813, 7.7.1813, 11.8.1814, 29.6.1815,

14.7.1815, 26.7.1816, 29.7.1816, 18.4.1817, 29.7.1817, 10.1.1820, 25.6.1820, 27.6.1820, 19.6.1821, 20.6.1821, 25.8.1821, 1.6.1822, 4.6.1822, 14.7.1823, 22.7.1823, 22.5.1824.

Korrespondenz der Missionsdirektion nach Friedrichsthal, Unitätsarchiv 02745 Herrnhut, R. 15. J. b. VI. 13, Briefe Nr. 19, 20.

Korrespondenz der Missionsdirektion nach Lichtenau, Unitätsarchiv 02745 Herrnhut, R. 15. J. b. IV. 22, Briefe Nr. 107, 136, 143, 144.

Korrespondenz der Missionsdirektion nach Neu-Herrnhut, Unitätsarchiv 02745 Herrnhut, R. 15. J. b. I. 26. b, Briefe Nr. 20, 22, 23, 24.

Kostbarkeiten aus dem Herrnhuter Unitätsarchiv, Kalender 1998, Herausgeber: Direktion der Brüder-Unität in 73087 Bad Boll, 02745 Herrnhut und NL-3703 Zeist, 1997.

Kostbarkeiten aus dem Herrnhuter Unitätsarchiv, Kalender 1999, Herausgeber: Direktion der Brüder-Unität in 73087 Bad Boll, 02745 Herrnhut und NL-3703 Zeist, 1998.

Kostbarkeiten aus dem Herrnhuter Unitätsarchiv, Kalender 2000, Herausgeber: Direktion der Brüder-Unität in 73087 Bad Boll, 02745 Herrnhut und NL-3703 Zeist, 1999.

Kostbarkeiten aus dem Herrnhuter Unitätsarchiv, Kalender 2001, Herausgeber: Direktion der Brüder-Unität in 73087 Bad Boll, 02745 Herrnhut und NL-3703 Zeist, 2000.

Lebenslauf von Heinrich Müller, Bischof der Brüderkirche, Verlag der Missionsbuchhandlung, Herrnhut, Unitätsarchiv 02745 Herrnhut.

Meyer, Dietrich, Zinzendorf und die Herrnhuter Brüdergemeine, Göttingen 2000.

Meyers Konversations-Lexikon, 18 Bände, 5. Auflage, Leipzig und Wien 1895.

Müller, Johann Valentin, und Frau, Bericht von der Reise der Geschwister Valentin Müller von Kopenhagen nach Lichtenau in Grönland vom 31. März bis 7. Juli 1832, in: ‚Nachrichten aus der Brüdergemeine', 1833, Bd. 1, Unitätsarchiv 02745 Herrnhut, GN 1833 Bd. 1.

Müller, Johann Valentin, Grönländische Grammatik, Unitätsarchiv Herrnhut, NB. VII. R. 9. 101. b. 3.

Ortssippenbuch Edingen-Neckarhausen, hg. v. Förderverein Gemeindemuseum, Edingen-Neckarhausen, 2000.

Jordan, Martin, Ortssippenbuch Heidelberg-Handschuhsheim, Heidelberg 1988.

Peucker, Paul, Herrnhuter Wörterbuch, Kleines Lexikon von brüderischen Begriffen, Herrnhut 2000.

Pfandbuch der Gemeinde Neckarhausen, Archiv der Gemeinde 68535 Edingen-Neckarhausen, Abteilung Neckarhausen.

Ploetz, Karl, Auszug aus der Geschichte, Bielfeld 1951.

Probst, Hansjörg, Seckenheim, Mannheim 1981.

Protokolle der Ältestenkonferenz Gnadau, Unitätsarchiv 02745 Herrnhut, R. 06. D. II. b. 4. d.

Protokolle der Ältestenkonferenz Herrnhut, Unitätsarchiv 02745 Herrnhut, R. 06. A. b. 41. d.

Protokolle der Ältestenkonferenz Kleinwelka, Unitätsarchiv 02745 Herrnhut, R. 06. C. b. 4. b und R. 06. C. b. 4. c.

Protokolle der Ältestenkonferenz Neuwied, Unitätsarchiv 02745 Herrnhut, R. 07. G. b. 4. c.
Protokolle der Ältestenkonferenz Niesky, Unitätsarchiv 02745 Herrnhut, R. 06. B. I. b. 15. d und R. 06. B. b. 15. e.
Protokolle des Aufseherkollegiums Gnadau, Unitätsarchiv 02745 Herrnhut, R. 06. D. II. b. 5. b.
Protokolle des Aufseherkollegiums Herrnhut, Unitätsarchiv 02745 Herrnhut, R. 06. A. b. 49. b.
Protokolle des Aufseherkollegiums Kleinwelka, Unitätsarchiv 02745 Herrnhut, R. 06. C. b. 5. a.
Protokolle des Aufseherkollegiums Neuwied, Unitätsarchiv 02745 Herrnhut, R. 07. G. b. 7. a.
Reichel, Hellmut, Gottesdienst in der Herrnhuter Brüdergemeine, in: ‚Gottesdienst, Vielheit in der Einheit', hg. v. der Arbeitsgemeinschaft Christlicher Kirchen Baden-Württemberg, Rottenburg.
Steinecke, Otto, Die Diaspora der Brüdergemeine in Deutschland, Dritter Teil, Süd- und Westdeutschland, Halle/Saale 1911.